困知记

全译

阎韬 译

巴蜀书社

图书在版编目（CIP）数据

困知记全译／阎韬译. -- 成都：巴蜀书社，
2024.1
ISBN 978-7-5531-2100-0

Ⅰ. ①困… Ⅱ. ①阎… Ⅲ. ①理学-中国-明代
②《困知记》-译文 Ⅳ. ①B248.54

中国国家版本馆 CIP 数据核字（2023）第 206259 号

困知记全译
KUNZHIJI QUANYI

阎韬 译

出 品 人	王祝英
责任编辑	王　楠
封面设计	王　琪
发　　行	巴蜀书社
	四川省成都市锦江区三色路 238 号新华之星 A 座 36 楼
	邮编 610023　总编室电话：（028）86361843
网　　址	www.bsbook.com
经　　销	新华书店
印　　刷	四川宏丰印务有限公司
版　　次	2024 年 1 月第 1 版
印　　次	2024 年 1 月第 1 次印刷
成品尺寸	140mm×203mm
印　　张	17.5
字　　数	400 千
书　　号	ISBN 978-7-5531-2100-0
定　　价	69.00 元

第一版编委会

主　编

任继愈

编　委

（按姓氏笔画排序）

再版说明

中国古代哲学是中华优秀传统文化的重要组成部分，集中反映了中华民族认识世界、改造世界的过程，体现出中华民族的超群智慧和深厚文化底蕴，在新时代仍具有重要的价值和意义，充满了生机与活力。为积极弘扬中华优秀传统文化，推动中华民族现代文明建设，我们对20世纪90年代我社出版的经典哲学丛书《中国古代哲学名著全译丛书》进行修订再版，以飨读者，也是践行习总书记提出的文化自信的重大举措。

为方便时下读者阅读，本次再版，我们做了如下调整。

（1）对原二十四种哲学名著做了精选，保留其中十八种。

（2）对各译本内容的结构进行了优化调整，将原文、注释和译文分段对应，将原注释及译文部分的脚注放到原文之下，以便更好地发挥注释、译文、脚注等对原文阅读的辅助作用。

（3）为体现时代发展、哲学研究发展、语言发展和新时代文化发展要求，对原版内容中的一些专业提法及语言描述等做与时俱进的优化修改。

本丛书译注者中，任继愈等几位先生虽然已经仙逝，但他们与文字永存。

本次再版，得到李申等几位先生的大力支持。在此，表示衷心感谢。再版工作的不足之处，恳请读者提出宝贵意见，以便本丛书不断臻于完善。

巴蜀书社

2023 年 6 月

原书总序

在国务院古籍出版规划统一方针指导下，我们与巴蜀书社合作，编辑了这套《中国古代哲学名著全译丛书》。

世界各民族不论大小，都对人类文明有所贡献，中华民族有五千年的历史，它对人类文明已经做出过伟大的贡献。伟大的贡献，有赖于民族思想文化的成熟。中国哲学，是中华民族思想文化成熟的标志。

五千年来，中华民族经历了无数的忧患和灾难。但是，忧患和灾难并未使它消沉，反而使它磨炼得更加坚强，在与困难和挫折的斗争中，它发展了、前进了。在前进的过程中，中华民族认识着世界，改造着世界，同时也改变着自身。

中华民族认识世界、改造世界的过程，在中国哲学中得到了集中的反映。其深阔的内容，明睿的智慧，在古代社会，和其他民族相比，都达到了极高的水平。中国哲学，在当时，无愧于自己的时代；在今天，是我们宝贵的文化遗产。随着人类社会的不断前进，随着对历史的深入剖析，中国哲学的内容和它的价值，将日益被更广大的人群所认识、所接受。

中华民族这个伟大的民族，有责任对世界文明做出更多的贡献。我们今天面临的任务，是要创造新的物质文明和新的精神文明，要完成这个历史任务，从中国古代哲学中寻求借鉴，提高广大人民的文化素养，是个必要的途径。

借鉴中国古代哲学，广大读者首先遇到的麻烦，是语言文字的障碍。本丛书的目的，就是为广大读者扫除这个障碍，使得更多的人能从中国古代的哲学著作中得到启迪，锤炼他们的智慧。

汲取前人的文化财富（包括哲学、文学、科学、艺术），都应该直接取自原作，这是不言而喻的道理。事实上，能做到这一点的，总是少数人。所以从古到今，都有一些人在从事翻译工作。有不同文字的互译，也有古籍今译。缺少这个工作，人类创造的精神产品，就不可能成为广大人民的财富。

古文今译，并不是现在才有的。司马迁撰写《史记》，曾把商周的文献典籍译成当时流行的语言，树立了成功的范例，使佶屈聱牙的古代文献，被后世更多的读者所理解。古希腊哲学为后世欧洲哲学的源头，今天的欧洲人（包括今天的雅典人）了解古希腊哲学，很少有人直接阅读古希腊文原著，人们多是通过各自民族的现代译文去了解古希腊哲学，这是学术发展的趋势和方向。

任何译作（古文今译，异国语文互译）都难做到毫不走样。但我们要求本丛书的译文除了对原文忠实外，还要尽力保持原著的神韵风格。这是我们争取的目标，并希望以此和广大读者共勉。

任继愈

罗钦顺的哲学思想

罗钦顺是明代著名的气论哲学家，字允升，号整庵，江西泰和人。生于明宪宗成化元年（1465），卒于明世宗嘉靖二十六年（1547）。举弘治六年进士，曾任翰林院编修、南京国子监司业、太常卿、南京吏部右侍郎、南京吏部尚书等职，后虽被任为礼部、吏部尚书，皆固辞不就。致仕之后二十多年住在乡下，潜心格物致知之学，对理学做出了自己的贡献。

一

由于主客观的诸多原因，罗钦顺没有能充分展示自己的政治才干，但是他对当时的政治社会状况有比较清醒的认识，也曾提出过一些改革的措施。明中叶社会矛盾加剧，皇亲国戚大肆扩大皇庄，因此额田锐减过半，明王朝为维持军事官僚机构，大量征收赋税，江南尤其严重，农民忍无可忍，暴动、起义连续不断。罗钦顺本人就经历过刘六、刘七领导的农民大起义。他对当时社会做过极为深刻的分析：

> 文王之民，无冻馁之老，是五十者鲜不衣帛，七十者鲜不食肉也。今之槁项黄馘辈岁得一布袍，朝夕得一盂蔬食，苟延残喘，为幸已多，何衣帛食肉之敢望邪！少壮之民，窘于衣食者十常八九，饥寒困苦之状，殆不可胜述。中间一二，岁计粗给，或稍有赢余，贪官污吏又从而侵削之，受役公门不过一再，而衣食之资有不荡然者，鲜矣。此皆有目者之所共见，诚可哀也。仁人君子，能不思所以拯之之策耶！（《困知记》三续）

他很想解决这些问题，认为在当时条件下，国家要大治，首要的一条是"格君心之非"，帝王是国家之主，他的心术正了，社会问题皆可以从根本上解决。但是君主要有伊尹、周公那样的宰相来帮助，才能比较容易地"出暗即明"。而要做出伊、周的事业，必须要有颜、孟的学术，所以加强儒学教育、培养人才是至关重要的。这些都是儒家学者很久以来就唱的伦理政治的老调，原因没有找对，解决办法也很迂阔，但是对皇权的批评态度是可取的。与此同时，罗钦顺对明代的一些具体制度、政令等也提出了改革的要求。他认为：

> 法有当变者，不可不变，不变即无由致治。然欲变法，须是得人。诚使知道者多，尚德者众，无彼无己，惟善是从，则于法之当变也，相与议之必精，既变也，相与守之必固，近则为数十年之利，远则数百年之利亦可致也。以天下之大，知道者安敢以为无人？诚得其人以为之表率，薰陶鼓舞，自然月异而岁不同，近则五年，远则十年，真才必当接踵而出矣。且谈道与议法，两不相悖而实相资，三五年间，亦何事之不可举耶！（《困知记》卷上）

他曾提出以移民来解决土地问题，建立正常的理财制度，限制皇家超标准开支的设想。囿于他的立场，只能提出这种不触动统治阶级根本利益的极其温和的改革办法。但当权者连这些改革也不肯实行，儒士们只能眼睁睁看着矛盾日深、国事日非，无可奈何。

罗氏对儒家学术有着很深的迷信，以为社会上之所以出现种种弊端，原因在于孔孟之道未能大行于天下。儒者的当务之急就是要把儒学的精神发扬出来，既反对功利主义，又反对佛老，培养出具有高度道德觉悟的儒者，并由他们带领天下的人向至善的目标前进。

罗钦顺认为，妨碍儒道大明的势力有种种，如功利之学、佛老之学等，其中最危险的是王阳明的学说。在他看来，王学是披着儒学外衣的禅学，有极大的欺骗性，必须对它进行批判和揭露，铲除其恶劣影响。理学的主流派程朱学派基本观点是正确的，但是也有分割理气的二元论倾向，需要修正。他的目标是将理学向前推进一步，使之大明于天下。

罗氏著作有《困知记》《整庵存稿》，前者是他二十年学术研究成果的总结，是研究他思想的主要资料。

二

程朱学派主张性即理，以为性虽然存在于人心，但是心与性毕竟是有根本区别的。性是理，理是形而上者，是纯粹至善，而人心则是形而下者，是可善可恶的。因此人要想为善而不为恶，成为圣贤，只有一条路，就是使自己的心认识理而且依理而行。陆王学派的看法正好相反，认为心即是理，两者没有形而上、下的根本区别：人的本心即是性，也就是理，因而只要发明本心就可以为善，可以做圣贤。在这个问题的争论中，罗氏是站在程朱一边而反对陆王的。他认为如果不承认性或理原则上不同于人心，从而混心性为一谈，一切以人心为准，那么人的思想言行便失去了依据，不但会产生过与不及的问题，而且会以恶为善，冥行妄作，最终导致天下大乱。佛教禅宗破坏纲纪伦常，其理论失误就在这里，而今陆王学派也跟在禅宗后面亦步亦趋，否认心性的区别，把心说成性。他们对于禅宗是"阳离阴合，貌诋心从"，而对于儒家则是"诬孟子以就达磨，裂冠毁冕，拔本塞源"。他们不但自误而且误人，许多有志于学道的人被他们所迷惑，希望有高明特立的君子站出来，以身障其流而扑其焰，从而使儒家大道复明于天下。所以他给自己提出的根本任务就是明辨心与性，这也是他的《困知记》的重要纲领。

《困知记》开头便说：

> 夫心者，人之神明，性者，人之生理。理之所在谓之心，心之所有谓之性。不可混而为一也。（《困知记》卷上）

> 至精者性也，至变者情也，至神者心也。所贵乎存心者，固将极其深，研其几，以无失乎性情之正也。若徒有见乎至神者，遂以为道在是矣，而深之不能极，而几之不能研，顾欲通天下之志，成天下之务，有是理哉！（同上）

这就是说，性是天理，而心是神明，亦即意识。人们常说存心，存心的目的是为了极深研几，不失性情之正，绝不是以心的神明为性为理。这就是他最重视的心性之辨。

在罗氏看来，心与性的关系是体与用的关系，它们的本质区别正在这里。性作为理，是本体，是"纯粹精"，是静正有常的；而心作为知情意是本体的发用，是神妙不测、变动不居的。这种体用的差别在作为万物本原的天地中就已经存在。天地的本体是太极阴阳，而它的妙用则是神化。"天地间非阴阳不化，非太极不神，然遂以太极为神，以阴阳为化则不可。夫化乃阴阳之所为，而阴阳非化也。神乃太极之所为，而太极非神也。为之为言，所谓莫之为而为者也。"（《困知记》卷上）阴阳是体，它的妙用是化；太极是体，它的妙用是神。神化是太极阴阳自然而然地具有的作用，虽然它们是不能分割的，但体毕竟是体，用毕竟是用，两者不能混淆。罗氏又说："道之在人则道心是也，神之在人则人心是也。"对于人来说，太极即是天命之性，阴阳即人之体魄，神即人心神明，化即身体之运动。在天则太极与神有体用之别，在人则性与心也有这样的区别。

因此，以心为性或以良知为天理，对于人来说就已经是不通的了，如果把它推广到万物身上就更加说不通。理学家们认为万物都是具有天理的，也都是具有自己的本性的。他们常说的一句话就是"天下无性外之物"。但是很明显，除了人之外没有任何一种生物是有良知的。罗氏抓住这一点向阳明进攻。他说："今以良知为天理，即不知天地万物皆有此良知否乎？天之高也，未易骤窥，山河大地吾未见其有良知也。万物众多，未易遍举，草木金石吾未见其有良知也。……殊不知万物之所得以为性者，无非纯粹精之理。虽顽然无知之物，而此理无一不具。不然即不得谓之各正，即是天地间有无性之物矣。

以此观之，良知之非天理，岂不明甚矣乎！"（《答欧阳少司成崇一·又》，《困知记·附录》）罗钦顺认为，心（良知）即天理的观点将导出一种错误的结论，这就是说，道理只存在于良知之中，没有良知的万物，它们的理是人强加在它们身上的。阳明关于致知格物的说法恰好提供一个实例，他说，致吾心良知之天理于事事物物，这就是致知的过程，而事事物物因此皆得其理，即是格物的过程。罗钦顺指出，这实际上就是认为，"道理全在人安排出，事物无复本然之则矣"（《答欧阳少司成崇一》，《困知记·附录》）。罗钦顺不能容忍认为物理是由人安排出来的主观主义和相对主义观点。他曾经以《中庸》里指出的重要事实"鸢飞鱼跃"质问阳明，你说的格物"正其不正以归于正"，对于鸢之飞鱼之跃，怎样正其不正以归于正？从自然物来说罗氏的质问当然是正确的。陆象山特别是其弟子杨简确实有这种天地万物都是我心的创造物的观点，王阳明虽然在一些场合也表露过这种看法，但他的主旨是在说明社会伦理道德规范（理）与道德行为（事或物）对人或人心的依存关系，从这个角度来说，阳明的理论也并不是完全没有道理的。因为如果根本没有人与人心，怎么会有伦理道德的理论、规范与行动呢？罗氏批评了陆王的谬误，但因本身站在朱子"性即理"的立场上，对其中的合理成分没能给予应有的肯定。

对心性关系的理解，直接影响到修养工夫。程朱认为性是理，理存在于万物，所以要认识理，不但要察之于身，而且要察之于万事万物，就是要即物而穷其理。陆王认为，心即理，心外无理，所以要明理，只要明心，明心即可见性见理。罗氏认为，陆王的修养方法就是禅宗的明心见性，只明心而不格物穷理，那就会师心自用，背离儒家大道。他说，禅学与陆王"于天地万物之理不复置思，故常陷于一偏，蔽于一己，而终不可与入尧舜之道"（《困知记》卷上）。只有程朱将致知与穷理结合起来，才是正确的工夫。在他看来，程朱的格物穷理就是将性情之道与天地万物之道整合成为一个统一的道，也就是程朱所说合内外之道。他对这个整合过程做了十分详尽的说明："夫此理之在天下，由一以之万，初匪安排之力，会万而归一，岂容牵合之私？是故察之于身，宜莫先于性情，即有见焉，推之于物而不通，非至理也。察之于物，固无分于鸟兽草木，即有见焉，反之于心而不合，非至理也。必灼然有见乎一致之妙，了无彼此之殊，而其分之殊者自森然其不可乱，斯为格致之极功。"认为社会伦理道德要与万物之理一致，不一致即有问题的看法是不正确的，因为这样做是将社会与自然混为一谈了。这是程朱派所共有的信仰，例如朱子即认为，必然而不容已的自然规律与当然而不可易的道德规范是一回事。但是从另一方面来看，社会道德规范毕竟是整个社会集体的产物而不是哪一个人独断的结果，个人的道德观念是从社会学来的，也就是社会风俗习惯、道德观念内化的产物，只有内化的过程完成了，人才会有自觉的道德意识与道德行动。所以，如果将罗钦顺的外物限制在风俗与道德规范，那么他所说的由外至内、由内至外的过程也还是有一定真理性的。

在工夫方面还有一个存心与尽心的关系问题值得探讨。陆王认为只要存了心，即立心求道就可以做到明理，同时达到尽心。陆象山说："苟此心之存则此理自明，当恻隐处自恻隐，当羞恶当辞逊，是非在前自能辨之。"（《陆象山全集》卷三十四）在罗钦顺看来，这种存心也就等于尽心的理论，与禅宗的顿悟是一样的，以为只要顿悟或存心便可以一了百当，用不着做艰苦的修养工夫。这样实际是易简得过了头，他们没有看到，存心并不等于尽心，从存心到尽心之间有一个艰苦的格物过程。不存心当然就不能格物，但是不格物也就不能尽心。罗氏说："理之所在谓之心，故非存心则无以穷理。心之所有谓之性，故非知性则无以尽心。……求放心只是初下手工夫，尽心乃其极致，中间紧要便是穷理。穷理须有渐次，至于尽心知性则一时俱了，更无先后可言。如理有未穷，此心虽立，终不能尽。"（《困知记》卷上）

再次是尊德性与道问学的关系问题。所谓尊德性，即是在心的觉悟上下工夫，而道问学则是格物穷理。陆王批评程朱不重视尊德性，只知茫无边际地搞道问学。其实人的道德生活最重要的是尊德性，如不尊德性就失了头脑，也搞不好道问学。罗氏认为这种与道问学对立起来的尊德性，与禅宗的明心之说并无二致。尊德性虽说重要，但是它离不开道问学。因为要想尊德性必须先知道什么是德性，如果不知，难免不认错德性，走向释老的道路，这样问学就会一差到底。但是考察一下之所以认错德性的原因，还是少了问学的工夫。所以尊德性与道问学是相互依存的，不适当地突出任何一个而贬低另一个都会造成工夫上的偏差。罗氏说，一定要像孟子所说的那样，一方面博学详说，同时又能回到至约的理，才是正确的。陆王那样不要博只要约，将自己的见识局限在方寸之间，想要不错是不可能的。

三

　　罗钦顺是一位有独立见解的哲学家，对思想界的偶像朱子也敢于提出不同看法，进行争辩，认为只有这样才是真正尊信朱子，才能保卫与发展理学。他与小程、朱子最大的分歧是在理气关系问题上，在他看来，宋代理学家中只有大程关于理气一元的观点是正确的，而小程与朱子所讲的与大程不同，乃是分割理气的二元观点。

　　程朱的天理是儒家伦理道德准则在天上的投射，所以他们极力抬高天理的地位，说它是天地万物的本体，是一切善事的根源，具有永恒性、无限性与超物质性，它对气的支配犹如人驾驭奔马。但是为了说明世界万物的运动，特别是恶事的来源，又要强调气的作用，如说什么气强理弱，有时理又管不住气等等。这样便把理与气对立起来，天下就成了二本而不是一本、二元而不是一元了。

这种二元倾向由于有陆王相反观点的对照，显得更为不妥。陆王的中心概念是心，无论理气都是心的一种表现。陆对理气之间的分别不很重视，王则认为："理者气之条理，气者理之运用。无条理则不能运用，无运用亦无以见其条理者矣。"（《答陆元静》，《传习录》中）在一般读书人眼中，这种理气合一的思想当然比理气对立的思想更有吸引力。

　　罗钦顺显然是受了当时成为一般趋势的理气一元思想的影响，不过他把这说成是学习大程思想的心得。他认为，小程与朱子在这个问题上与大程"小有未合"，但是至当归一，应该用正确的观点纠正不正确的观点，用一元论纠正二元论。朱子说，理泊在气上。罗氏认为，只有一个实的东西才有泊这个动作，理有什么形体或形象可以用泊这个词。朱子说，"是理不离乎气，亦不杂乎气"。罗氏指出，这似乎已把二者的关系说得十分微妙了，但是用语言分析的方法来进行检验，即可以看出它窒碍难通，如以"父慈子孝"这句话来说，"谓慈之理不离乎父，孝之理不离乎子，已觉微有罅缝矣。谓慈之理不杂乎父，孝之理不杂乎子，其可通乎？"把理气看作两个东西，就不可避免产生这种问题。朱子在解释气悖理而行时，所举理由是"气强理弱""理管摄它不得"。罗认为如果这样说，就与周敦颐、朱子所肯定的太极是"造化枢纽，品物根柢"有了矛盾，如果不能管摄，还算什么根柢、枢纽？如果说枢纽、根柢只是指本原处而言的，"岂有太极在本原处便能管摄，到得末流处遂不能管摄邪？是何道理？"（《答陆黄门浚明》，《困知

记·附录》）

在批评朱子理气二元思想的同时，罗钦顺也提出了自己的理气一元观点。他说：

通天地，亘古今，无非一气而已。气本一也，而一动一静，一往一来，一阖一辟，一升一降，循环无已。积微而著，由著复微，为四时之温凉寒暑，为万物之生长收藏，为斯民之日用彝伦，为人事之成败得失。千条万绪，纷纭胶轕，而卒不可乱，莫知其所以然而然，是即所谓理也。初非别有一物，依于气而立，附于气以行也。或者因易有太极一言，乃疑阴阳之变易，类有一物主宰乎其间者，是不然矣。（《困知记》卷上）

又说：

理须就气上认取，然认气为理则不是。此处间不容发，最为难言，要在人善观而默识之。'只就气认理'与'认气为理'两言明有分别，若于此看不透，多说亦无用也。（《困知记》卷下）

理只是气之理，当于气之转折处观之。往而来，来而往，即是转折处也。夫往而不能不来，来而不能不往，有莫知其所以然而然，若有一物主宰乎其间而使之然者，此理之所以名也。（《困知记》续卷上）

这就是说，理是气运动的条理，它就存在于气的运行之中，但是它又不是与气截然不同的另外一个实体，而是依于气而立，附于气以行。事物的运动虽然是千条万绪、纷纭错杂的，但是它总是显示一种"不可乱"的条理性，好像有一个东西在主宰，但是其实并没有什么东西在主宰，这是一种不宰之宰，它就是理。罗氏曾批评明代理学家胡居仁关于气有聚散而理无聚散的说法。有人以为罗氏主张理也有聚散，质问理散了到哪里去了。罗氏回答道，由于理不是一个实物所以说不上有聚散的问题，它只表现在气的聚散之中，气之聚即是聚之理，气之散便是散之理。正是因为气有聚散，所以才有理。这个思想非常接近黑格尔所说的，规律是稳定的现象，或现象中稳定的东西。只要具备一定的条件，这个稳定的东西，不宰之宰就必然会出现。罗钦顺的理气观是他哲学思想中最精彩的部分。正如黄宗羲所说，"先生之论理气，最为精确"。有了罗氏的理论，朱子的理与气是二物、气强理弱等观点是对还是错，可以不辨自明了。

在理气关系上还有一个问题，即一与多的问题。理是一还是多，气是一还是多？有人认为，如果说一，不但理是一，气也是一；如果说万，不但气是万，理也是万。罗氏对于这个提法基本上是认可的，但是他认为，有一个更正确的提法即"理一分殊"。罗氏在研究理学的时候，曾经拿程朱的许多论断来体认，但是都没有开悟，后来拿"理一分殊"来体认，终于豁然开朗。理一分殊本是程子对于张子《西铭》思想的评价，罗氏认为它最具理论价值，性命之妙用这四个字来解释最为切近。他说："盖人物之生，受气之初，其理惟一，成形之后，其分则殊。其分之殊，莫非自然之理，其理之一，常在分殊之中。此所以为性命之妙也。语其一，故人皆可以为尧舜，语其殊，故上智与下愚不移。"（《困知记》卷上）这里的分就是位分的分。在他看来，理之一是由气决定的，分之殊也是由气决定的。在受生之初无论人与物在气上都是一样的，所以具有相同的性，成形之后，人与物、人与人都各不相同，所以才有了位分的差异。他认为理一分殊理论的优越性在于，一方面坚持了理气一元的观点，同时又避免了宋儒将性区分为天命之性与气质之性的错误。

人既有天命之性，又有气质之性，是宋儒张载、二程首创，并由朱子继续发挥的理论。朱子认为，太极之理堕在气质之中，构成了人物的天命之性，而人物所具有的清浊厚薄的气则构成其自身的气质之性；并说这种性论极有功于圣门，有利于后学。但是罗钦顺的看法正好相反。他认为：人之性本是统一的，但程张朱子却将它分而为二，张子甚至说，君子是不把气质之性当作性的，实在分析得过于支离。究其原因，在于将理气看作两个本原。他指出如果以理一分殊的理论来论性，"自不须立天命气质之两名，粲然其如视诸掌矣"（《困知记》卷上）。在罗氏看来，理一分殊的意义在于，一方面体现了程朱区分天命与气质的本意，但是又不犯分割理气的错误；另一方面又说明了，对理的认识，要通过对分殊的考察来得到，也就是由多到一，而不是由一到一。正如前一章所说，要把性情之理与万物之理会通为一才是对的，单从性情和单从万物看都不正确。由此可见，理一分殊是罗钦顺将理气问题与心性问题贯通在一起的纽带。

罗氏对程、张、朱子的批评是很正确的，打破了人们对他们发明的人性论的迷信。但是对于问题的解决，罗钦顺并没有实质性的贡献。他的提法也只是在表面上解决了问题，实质性的问题，如为什么受生之初理是一样的，成形之后分就不同了，就没有给人以满意的回答。而且由自然（气）因素来解释人的本性，本身即是不科学的。后来有人与罗氏辩论，指出他的理一即是天命之性，分殊即是气质之性。对此，罗也是承认的，但是他说他的提法至少解决了"一性而两名"的问题。由此可以看出，理一分殊的局限性，连罗氏本人也是明白的。

由于坚持理气一元，罗钦顺对欲的看法与许多理学家都大不一样。他说："天人一理，而其分不同。'人生而静'，此理固在于人，分则属乎天也。'感物而动'此理固出乎天，分则属乎人矣。"在他看来，欲（感物而动）与性（人生而静），按照位分来说，一个属于人，一个属于天，但它们都是理。既然欲也是理，那么当然就是不能去掉。先儒将欲看成是恶，主张"去人欲""遏人欲"都是不正确的："夫欲与喜怒哀乐皆性之所有者，喜怒哀乐又可去乎？"（《困知记》卷下）欲本身并不是恶。如果有节制地满足欲望，使行为符合当然之则，那就是善；只有不知节制，为满足欲望而破坏道德准则，那才是恶。罗氏关于欲的较为符合实际的观点，给了戴震等后代学者以相当大的启发。

四

罗钦顺为了探究陆王学说的理论基础，对佛家理论做过深入的分析，这一部分的分量比较重，也达到了相当的高度。高景逸说："先生于禅学尤极探讨，发其所以不同之故。自唐以来排斥佛氏，未有若是之明且悉者。"（《明儒学案》卷四七）因此罗氏批评佛教及禅宗的部分可以单独加以研究。

罗钦顺曾由于一个偶然的机缘，学过佛，参过禅。据说他在北京为官时，依照一位老僧的提示，体验过"佛在庭前柏树子"的话头，他思考了一个通宵，天明将起床时忽然全身流汗，悟了禅理。从此对佛家经书、公案都能一读即通。他到南京做国子监司业之后，天天阅读儒家经书，方才感到佛家之说根本站不住脚，于是有了新的觉悟。因为有这个条件，所以他自认为能抓住佛家思想的要害，故能批评得比较深刻。

他认为佛家的第一个理论错误即是否定天地万物的实在性。宋代诸儒对佛教都有所批评。罗氏特别欣赏张载下面一段话："佛氏不知天命，而以心法起灭天地，以小缘大，以末缘本，其不能穷，而谓之幻妄，真所谓疑冰者欤！"罗氏说："此言与程子本心之见相合，又推到释氏穷处，非深知其学之本末，安能及此？"程子与张子都认为佛家以心为本，用心中的观念来说明天地万物，将一切都说成是幻妄，罗氏认为他们的见解非常深刻。他在分析一位知名禅师的诗时，着重指出诗中虽然谈到万象，但是佛家并不知道万象是什么。他说万象在佛教的经典中即是万法，因为它们都生于心，所以说心能主宰它们。但是心所主宰的不过是五阴、十二人、十八界，也就是指向外物并与外物对应的观念。"自此而外，仰而日月星辰，俯而山河大地，近而君臣父子、兄弟夫妇朋友，远而飞潜动植、水火金石，一切视以为幻妄而空之矣，彼安得有所谓万象乎哉！"（《困知记》续卷上）罗氏认为，否定外部世界是佛家在信徒中建立否定儒家伦理出世主义的理论基础。

罗氏认为，佛家的第二个理论错误是抛弃了天理，而以心之神明代替它，从心性关系说，就是"有见于心，无见于性"。佛氏对心看得很透，能教人发挥心的作用，将世界看成真空假有，而支撑这空有合一的世界的即是人心。他们对儒家所讲的天理、性命毫无所知。"废弃人伦，灭绝天理"，为求得个人的解脱，落发出家，不要君臣父子，不讲忠孝礼义，置家国天下于不顾。一切站在儒家立场上的学者，对佛家的出世主义都是不满意的，象山、阳明也批评佛家"自私自利"，"不可以治天下国家"。但罗氏在这里是要进一步指出，佛家、禅宗不懂得心性之辨，不知道在人心之中有一个与心不同的静正有常的天理——性，这是造成佛家自私自利的理论根源。没有了性，人心就会荡无绳检，从而任意妄为。他之所以把陆王之学称为禅学，就因为他认为它们在这一点上是一致的。

他又认为佛家的第三个错误是"分本末为两截，混真妄为一途"。所谓本是指阿赖耶识，末则是六识七识。他指出，佛家认为本与末截然不同，本为真实，末为虚妄，这是说不通的，是将本末对立起来了，从根本上说六识七识也是真实的。佛家教人在发心之初把一切都看成是虚妄的，因为一切都与六识七识有关，而在悟入之后又应该把一切都看成是真实的，因为一切都是阿赖耶识的表现。就是说"方其未悟之先，凡视听言动不问其当然与不当然，一切皆谓之妄，及其既悟，又不问其当然与不当然，一切皆谓之真"。这就是混真妄为一途，是更严重的错误。实际上应把真妄严格对立起来，人的视听言动都有道德标准，它规定了什么是应该做的，什么是不该做的。当然而不可易的，也就是自然而不可违的，那就是真。相反，既不当然又不自然的就是妄。罗氏强调，为人处世，不但要明确区分何者为真何者为妄，而且要存真去妄，也就是为善去恶："以此治其身心，以此达诸家国天下，此吾儒所以立人极之道，而内外本末无非一贯也。"（《困知记》续卷上）如果听信了佛氏的话，人们不知什么是当存的，什么是当去的；当存不存，当去不去，必然导致人欲肆而天理灭。

佛家的第四个错误是大讲生死轮回。罗钦顺认为，"生死轮回，绝无此理。万有一焉，只是妖妄"。人贪图享受，今生嫌不够，还要贪图来生享受，所以会相信佛教的生死轮回理论。这完全是不懂道理。有生就有死，这是自然之理，梦想长生不死或有来世生活的，都是否定造化。

罗氏还认为，佛家在实践上的主要危害是废弃人伦、灭绝天理，不足以开物成务，而禅宗的所谓洒脱，也不过是随顺世缘、毫无原则的"水上葫芦"，与儒家的洒脱有根本区别。罗钦顺坚持正统理论，对佛教完全否定，甚至要对佛教采取韩愈的火攻之策。他不知道佛道与儒教一样都是当时社会生活条件的产物，不过儒家采取积极态度，而佛道采取消极态度而已。区别虽有，但是都是从不同角度服务于当时社会的，所以佛道也同儒家一样受到统治阶级与一般百姓的欢迎，绝不能用简单办法消灭。

五

元代以来，在理学营垒中，朱陆两派一面相互争论、批评，另一面又在相互融合。学者们在朱陆间取长补短，和会兼综。到了明代，这种趋势更加蔚然成风，罗钦顺的基本立场是拥护程朱而反对陆王，但是他又自觉不自觉地从和会朱陆的潮流中汲取营养，力图使自己的理论能驳倒陆王，并在程朱的基础上有所进步。他在批评陆王、批评程朱以及批评佛教方面的确提出了不少的精辟见解，令人折服并影响后代。他因此成为明代理学界的重要代表人物。

罗钦顺对朱子理气二元的批评得到陆王派的赞扬，却受到程朱派的反对，如林次崖便说他的批评是"横生议论"。而他对阳明的批评，受到程朱派的赞扬，却遭到陆王派的反对。刘宗周因他主张心性之辨而说他"不知性"。在对罗氏的批评意见中，刘宗周与其弟子黄宗羲揭露其体系内部矛盾的意见最值得重视。他们认为，罗氏的理气合一观与其心性之辨观正好是对立的。刘氏说："心性之名，其不可混者犹之理与气，而其终不可得而分者，亦犹之乎理与气也。"（《明儒学案·师说》）黄氏说得更为明白："第先生之论心性颇与其论理气自相矛盾。夫在天为气者，在人为心，在天为理者，在人为性。理气如是，则心性亦如是，决无异也。……先生以为，'天性正于受生之初，明觉发于既生之后，明觉是心而非性'。信如斯言，则性体也，心用也。性是人生以上，静也。心是感物而动，动也。性是天地万物之理，公也。心是一己所有，私也。明明先立一性，以为此心之主，与理能生气之说无异，于先生理气之论，无乃大悖乎！岂理气是理气，心性是心性？二者分，天人遂不可相通乎！"（《明儒学案·诸儒学案中一·文庄罗整庵先生钦顺》）这是正确的。如果坚持理气一元的话，那么就得承认心性也是一元的。反过来，如果坚持心性之辨，那就也得坚持理气之辨。其实，在理气关系的领域中，理一分殊与理气一元即已存在矛盾。从理气一元观点说，应该是气一则理一，气万则理万。但是罗氏却偏偏主张理只有一个，不同的不是理，区别只在位分上，这是不合理的。

瑕瑜互见，这是许多哲学体系中常见的现象。罗钦顺哲学的贡献与经验教训在正反两个方面都有益于中国哲学的发展。正如黄宗羲所说："呜呼，先生之功伟矣！"

目　录

序

【原 文】

余才微而质鲁，志复凡近。早尝从事章句，不过为利禄谋尔。年几四十，始慨然有志于道。虽已晚，然自谓苟能粗见大意，亦庶几无负此生。而官守拘牵，加之多病，工夫难得专一。间尝若有所见矣，既旬月，或逾时，又疑而未定。如此者盖二十余年，其于钻研体究之功亦可谓尽心焉耳矣。

近年以来，乃为有以自信。所以自信者何？盖此理之在心目间，由本而之末，万象纷纭而不乱，自末而归本，一真湛寂而无余。惟其无余，是以至约。乃知圣经所谓"道心惟微"者，其本体诚如是也。故人心道心之辨明，然后大本可得而立。大本诚立，酬酢固当沛然，是之谓"易简而天下之理得"。

山林暮景，独学无朋，虽自信则尔，非有异同之论，何由究极其归趣乎？每遇病体稍适，有所寻绎，辄书而记之。少或数十言，多或数百言，既无伦序，且乏文采，间有常谈俗语，亦不复刊削，盖初非有意于为文也。积久成帙，置之座间，时一披阅，以求其所未至。同志之士有过我者，则出而讲之，不有益于彼，未必无益于我也。虽然，《书》不云乎，"非知之艰，行之惟艰"，三复斯言，愧惧交集。

《记》分为上下两卷，通百有五十六章，名以"困知"，著其实尔。

嘉靖七年岁次戊子十有一月己亥朔日南至

泰和　罗钦顺序

【译　文】

我才能平平，资质鲁钝，志向也很平庸。早年曾经从事章句之学，不过是为了谋求利禄而已。年近四十才立志学道，虽然已经晚了，但自认为如果能粗见道之大意，也不辜负这一生了。但是由于官事的限制，加上多病，工夫难以做到专一。有时好像有所体悟，但过了一旬、一月或两三个月，又产生怀疑，定不下来，像这样大概有二十多年。对于钻研体验的工夫，我是尽了心的。

　　近年以来，我终于有了自信。我自信的是什么呢？这儒家的道理在我心目间，从本推到末，直至纷纭错杂的万象，都是有条不紊的；从末归到本，直至唯一真实湛然寂静之理，将一切都概括无余。正是因为概括无余，所以它是至为简约的。由此知道圣人经书上所以说"道心微妙"，是因为它本来就是那个样子。所以先将人心与道心的区别弄明白①，然后才能使大本在心内确立起来②。大本确立之后，待人处世当然不成问题，这就叫作"方法易简却把握了天下之理"。

　　我晚年在山林之中独自钻研，缺少朋友，虽然有足够的自信，但如果没有不同意见的争论，怎能探究其最终的是非对错呢？我在病体稍得宽舒的情况下，有了探索就记录下来。这些东西，少的有几十字，多的有几百字，既没有次序，也没有文采，里面还有日常白话和俗语，也不删去，因为我本来无意做文章。时间长了积成了一厚本，放在桌上时常翻看，寻找不足之处。同道之中有人来访，就拿出来讨论一下，也许对他无益，但是未必于我无益。虽然进行了这样的研究，但是《书经》上不是说"难的不是知，难的是行"吗？反复吟诵这句话，因未能力行而感到惭愧、恐惧。

序

---

① 罗钦顺主张严心性之辨，认为人心与性或理有根本区别，并以道心为性或理，故有此说。
② 《中庸》以喜怒哀乐未发时人心的不偏不倚状态（中）为大本，朱熹说大本即是天命之性。

三

这些文字分为上下两卷，共一百五十六章。取名"困知"，是揭示实际情况。

嘉靖七年十一月初一冬至（1528 年 12 月 12 日）

泰和　罗钦顺

卷上（凡八十一章）

一、孔子教人，莫非存心养性之事，然未尝明言之也，孟子则明言之矣。夫心者，人之神明，性者，人之生理。理之所在谓之心，心之所有谓之性，不可混而为一也。《虞书》曰："人心惟危，道心惟微。"《论语》曰："从心所欲不逾矩。"又曰："其心三月不违仁。"《孟子》曰："君子所性，仁义礼智根于心。"此心性之辨也。二者初不相离，而实不容相混。精之又精，乃见其真。其或认心以为性，真所谓"差毫厘而谬千里"者矣。

【译文】

孔子教人的无非是存心养性的事，但是他从未明说什么是心性，到了孟子就明说了。心是人的精神，性是人生之理。理所在之处叫作心，心中所有的东西叫作性，不可以把它们混为一谈。《书经·虞书》说："人心是危险的，道心是微妙的。"《论语》说"从心所欲而不逾越规矩"，又说"他的心能长期不违背仁"。《孟子》说："君子把植根于心中的仁义礼智当作性。"这都表明了心与性的区别。心与性本是不相离的，但是又不能相混。分析得精而又精，才能见到这个真理。那些把心看作性的，真是差之毫厘而谬以千里呀。

【原　文】

　　二、《系辞传》曰："无有远近幽深，遂知来物，非天下之至精。其孰能与于此？""通其变，遂成天地之文。极其数，遂定天下之象。非天下之至变，其孰能与于此？""寂然不动，感而遂通天下之故。非天下之至神，其孰能与于此？"夫《易》，圣人之所以极深而研几也。《易》道则然，即天道也。其在人也，容有二乎！是故，至精者性也，至变者情也，至神者心也。所贵乎存心者，固将极其深，研其几，以无失乎性情之正也。若徒有见乎至神者，遂以为道在是矣，而深之不能极，而几之不能研，顾欲通天下之志，成天下之务，有是理哉！

【译　文】

　　《周易·系辞传》说："不论远的、近的、隐蔽、深邃的事物，都能知其未来的吉凶，如果不是天下至精的东西，谁能做到这一点？""会通《易》的变化，于是成就天下事物的文采；穷极大衍之数的变化，于是确定天下万物的形象，如果不是天下的至变，又有谁能做到这一点？""寂静不动，物来相感即知天下的变故，如果不是天下至神又有谁能做到这一点？"《易》是圣人用来研究最深的理和最微妙的运动的。《易》的道是这样，也就是天道。人道能够有两样吗？因此，至精的是性，至变的是情，至神的是心。我们重视存心，就是为了研究性的精蕴和情的微妙运动，以便不失其性情本来的中正。如果只是看到那个至神的心，就以为道就在这，既不研究性，也不研究情，却要通天下人的心思，成天下的事业，哪有这个道理！

【原 文】

三、道心，"寂然不动"者也，至精之体不可见，故微。人心，"感而遂通"者也，至变之用不可测，故危。

【译 文】

道心是寂然不动的，它至精的本体不可见，所以说它"微"。人心是有物来感即能通的，它至变的作用不可测，所以说它"危"。

【原文】

四、道心，性也；人心，情也。心一也，而两言之者，动静之分，体用之别也。凡静以制动则吉，动而迷复则凶。"惟精"，所以审其几也。"惟一"，所以存其诚也。"允执厥中"，"从心所欲不逾矩"也，圣神之能事也。

【译文】

道心是性，人心是情。心是一个，但是要从两方面说，是为了表明动和静的区分、体和用的不同。凡是以静来制约动的便吉利，动而不知返回本心的便凶。"惟精"是用来审察心的动机的，"惟一"是用来保持人心之诚的，"允执厥中"也就是从心所欲而不逾越规矩的意思，这是圣人的本领。

【原文】

五、释氏之"明心见性"与吾儒之"尽心知性"，相似而实不同。盖虚灵知觉，心之妙也，精微纯一，性之真也。释氏之学，大抵有见于心，无见于性，故其为教，始则欲人尽离诸相，而求其所谓空，空即虚也；既则欲其即相、即空，而契其所谓觉，即知觉也；觉性既得，则空相洞彻，神用无方，神即灵也。凡释氏之言性，穷其本末，要不出此三者，然此三者皆心之妙，而岂性之谓哉！使其据所见之及，复能向上寻之，"帝降之衷"亦庶乎其可识矣。顾自以为"无上妙道"，曾不知其终身尚有寻不到处，乃敢遂驾其说，以误天下后世之人，至于废弃人伦，灭绝天理，其贻祸之酷，可胜道哉！夫攻异端，辟邪说，孔氏之家法也。或乃阳离阴合，貌诋心从，以荧惑多士，号为孔氏之徒，谁则信之！

【译 文】

佛家的"明心见性"与我们儒家的"尽心知性"很相似，但实际不同。虚灵知觉是心的妙用，精微纯一是性的本真。佛家的学说只了解心而不了解性，所以它教人，开始要人离开一切相，去求它所谓的空，空就是虚；然后要求人就这个相和空来达到觉，也就是知觉。得到了觉之后，那么对空与相都清楚了，即可以达到神用无方的地步，神也就是灵。凡佛家对性的解说，如果弄清其原委，都离不开这三条。但这三条都是心的灵妙，哪里是性呢？如果他们就自己之所见，更向上探讨，对"帝降之衷"亦即人的本性，也是可以认识的。但是他们却以为自己的一套是最高的道，不知有终身探索不到的地方，于是大胆宣传自己的学说，害了天下后世的人，使他们废弃了人伦、灭绝了天理，造成十分严重的灾祸。向异端进攻，批判邪说，这是儒家的规矩。有人表面上与之划界，实际上与之合流，嘴上骂，心里尊，以迷惑学子，却号称孔子之徒，有谁相信他！

【原 文】

　　六、盈天地之间者惟万物，人固万物中一物尔。"乾道变化，各正性命"，人犹物也，我犹人也，其理容有二哉？然形质既具，则其分不能不殊。分殊故各私其身，理一故皆备于我。夫人心虚灵之体，本无不该，惟其蔽于有我之私，是以明于近而暗于远，见其小而遗其大。凡其所遗所暗，皆不诚之本也。然则知有未至，欲意之诚，其可得乎？故《大学》之教必始于格物，所以开其蔽也。格物之训，如程子九条，往往互相发明，其言譬如千蹊万径，皆可以适国，但得一道而入，则可以推类而通其余，为人之意尤为深切。而今之学者，动以不能尽格天下之物为疑，是岂尝一日实用其工？徒自诬耳。且如《论诰》"川上"之叹，《中庸》"鸢飞鱼跃"之旨，《孟子》"犬牛人性"之辨，莫非物也，于此精思而有得焉，则凡备于我者，有不可得而尽通乎？又如《中庸》言："大哉，圣人之道！洋洋乎！发育万物，峻极于天。优优大哉！礼仪三百，威仪三千。待其人而后行。"夫三百、三千，莫非人事，圣人之道，固于是乎在矣。至于"发育万物"，自是造化之功用，而以之言圣人之道，何耶？其人又若何而行之耶？于此精思而有得焉，天人物我，内外本末，"幽明之故"，"死生之说"，"鬼神之情状"，皆当一以贯之而无遗矣。然则所谓万物者，果性外之物也耶！

【译　文】

充满天地之间的是万物，人本是万物中的一种。"天道发展变化，使万物各得其性与命"，在这一点上，人就像物一样，我则与别人一样，其理难道有两个？但是有了形质之后，人物的位分便不能不殊异。因为位分殊异，所以人物都以己身为我。因为道理是一个，所以万物之理在我身上都是齐备的。人心是虚灵的，本来没有什么不能包容，只因被自私的观念蒙蔽了，所以对于眼前的看得清，长远的看不清，小事看得见，大事看不见。凡是看不见、看不清的都是不诚的本源。这样看来，认识不到却要意诚，是不可能的。因此《大学》教人，定从格物开始，用以解除人心的蔽塞。格物的意思，如程子所说的九条①，常常是相互说明的。好比千万条路，都可以通到都城，只要一条路走通了，那么就可以类推而知其余的道路，为别人着想的情意特别深切。但是现在的求学者，动不动就以不能把天下之物格完为借口怀疑格物，这些人难道真的用过一

①　程子九条，指《大学或问》中所引程子关于"格物致知所当用力之地与其次第工夫"的九条语录。

卷上

二一

天格物之功吗？只不过是自欺而已。

比如《论语》"川上"的叹息，《中庸》"鸢飞鱼跃"的思想，《孟子》辨犬牛人之性的学说①，这些都是物，对这些精思而有所收获，那么对备于我的天理，有不能全通的道理吗？又比如《中庸》说："伟大呀，圣人之道！它磅礴无比，发育万物，高峻达于天，优美宏大，有礼仪三百条，威仪三千条，这些都要等有了恰当人选而后可以实行。"这里所说的三百三千，都是人事，圣人之道本来就存在于这里。至于"发育万物"本是造化的作用，却用来说圣人之道，这是为什么呢？圣人又应该如何行动呢？如果在这些地方精思而有所得，那么对天人物我、本末内外、阴阳的道理、死生的理论、鬼神的情况，都可以一以贯之而无遗漏了。那么所谓万物，能说是性外的东西吗？

【原文】

七、"格物莫若察之于身，其得之尤切。"程子有是

①《论语·子罕》："子在川上曰：'逝者如斯夫，不舍昼夜。'"朱子认为孔子的慨叹是为川水流动而发，川水流动不息，表现出道体的变动不居。《中庸》："《诗》云：'鸢飞戾天，鱼跃于渊。'言其上下察也。"朱子认为，这话的意思是，鸢在天上飞，鱼在水中游，表明大道的运行在上在下都是明显昭著的。告子认为生之谓性。孟子反驳道："然则犬之性犹牛之性，牛之性犹人之性与？"他认为犬、牛、人物都有生命现象，但其性是不同的。

言矣。至其答门人之问，则又以为，"求之情性固切于身，然一草一木亦皆有理，不可不察"。盖方是时，禅学盛行，学者往往溺于明心见性之说，其于天地万物之理，不复置思，故常陷于一偏，蔽于一己，而终不可与入尧舜之道。二程切有忧之，于是表章《大学》之书，发明格物之旨，欲令学者物我兼照，内外俱融，彼此交尽，正所以深救其失，而纳之于大中。良工苦心，知之者诚亦鲜矣。夫此理之在天下，由一以之万，初匪安排之力，会万而归一，岂容牵合之私？是故，察之于身，宜莫先于性情，即有见焉，推之于物而不通，非至理也。察之于物，固无分于鸟兽草木，即有见焉，反之于心而不合，非至理也。必灼然有见乎一致之妙，了无彼此之殊，而其分之殊者自森然其不可乱，斯为格致之极功。然非真积力久，何以及此！

【译 文】

程子曾经说过："格物最好是在自身上省察，这样做体悟得更为切近。"到了回答门人的问题时他却又说："在自己的性情上求理，固然是切于身，但是一草一木也都有理，不能不察。"在那个时候，禅学盛行，学道的人往往沉溺于禅宗的明心见性之说，不再去思考天地万物之理，常常陷于片面，被一己之私所蒙蔽，最终不能进入尧舜之道。二程深切忧虑此事，于是阐发《大学》格物的思想，想让学者对物我都去理会，内外皆能融通，双方都能穷尽。这正是要纠正他们的失误，而把他们纳入大中至正之道。对于二程的苦心，知道的人实在很少。此理在天下，从一分而为万，并不是随意安排的，由万会归为一，也不是私心牵合的结果。因此，从自身上来考察，应该以性情为先，有了见解之后推广到万物，如有不通，那么你的所见就还不是至理。在物上考察，固然应不分鸟兽草木，有了见解之后，再返回到内心体认，如有不合，也不是至理。一定要见到物我一致，根本没有什么彼此的区别，而其位分的不同又清楚而不乱，这才是格物致知的极功。但是如果不是真实积累且坚持长久，怎么能到达这步呢？

【原　文】

八、"幽明之故""死生之说""鬼神之情状"，未有物格知至而不能通乎此者也。佛氏以山河大地为幻，以生死为轮回，以天堂地狱为报应，是其知之所未彻者亦多矣，安在其为见性！世顾有尊用"格此物""致此知"之绪论，以阴售其明心之说者，是成何等见识耶！佛氏之幸，吾圣门之不幸也。

【译　文】

"阴阳的缘故""生死的道理""鬼神的情状"，没有物格知至却不明白这些道理的。佛家认为山河大地是虚幻的，生死是轮回，天堂地狱是报应，这样看来它所弄不通的东西也多得很，哪里谈得上见性？世上反倒有尊信"格此物""致此知"的说法，暗中兜售佛家明心见性之说，这算什么见识！这是佛家的幸运，却是我们儒家的不幸。

【原　文】

九、此理诚至易，诚至简，然"易简而天下之理得"，乃成德之事。若夫学者之事，则博学、审问、慎思、明辨、笃行，废一不可。循此五者以进，所以求至于易简也。苟厌夫问学之烦，而欲径达于易简之域，是岂所谓易简者哉！大抵好高欲速，学者之通患，为此说者，适有以投其所好，中其所欲。人之靡然从之，无怪乎其然也。然其为斯道之害甚矣，可惧也夫！

【译　文】

这个理的确至易至简，但是《周易》所说的"易简而天下之理得"，是道德修养完成之后的事情。求学者应做的是博学、审问、慎思、明辨、笃行，少了一样也不行。照这五个方面去做，才能达到易简。如果厌恶问学的烦琐，而想直接达到易简的地步，这难道就是易简吗？大体上好高和欲速是求学者的通病，这样解释易简的人，恰是投其所好，中其所欲，许多人跟着他们跑，是不奇怪的。它对儒道之危害，是非常严重的，这多可怕呀！

【原 文】

一〇、格字古注或训为至，如"格于上下"之类，或训为正，如"格其非心"之类。格物之格，二程皆以至字训之，因文生义，惟其当而已矣。吕东莱释"天寿平格"之格，又以为"通彻三极而无间"。愚按，"通彻无间"亦至字之义，然比之至字，其意味尤为明白而深长。试以训"格于上下"，曰"通彻上下而无间"，其孰曰不然？格物之格，正是"通彻无间"之意，盖工夫至到，则通彻无间，物即我，我即物，浑然一致，虽合字亦不必用矣。

【译 文】

格字的古注，有的把它解释为至，如"格于上下"之类；有的把它解释为正，如"格其非心"之类。格物的格字，二程都解为至字，就上下文来断定其义，唯求其当而已。吕东莱解释"天寿平格"之格，说它是"通彻三极而无间"的意思。我认为，"通彻无间"也是至字的意思，但是比至字的意味更加明白而深长。以它来解释"格于上下"，成为"通于上下而无间"，谁能说不对呢？格物的格字正是"通彻无间"的意思。工夫到家则通彻无间，物即是我，我即是物，浑然一致，就连合字也不必用了。

【原文】

一一、自夫子赞《易》，始以穷理为言。理果何物也哉？盖通天地，亘古今，无非一气而已。气本一也，而一动一静，一往一来，一阖一辟，一升一降，循环无已。积微而著，由著复微，为四时之温凉寒暑，为万物之生长收藏，为斯民之日用彝伦，为人事之成败得失。千条万绪，纷纭胶轕而卒不可乱，有莫知其所以然而然，是即所谓理也。初非别有一物，依于气而立，附于气以行也。或者因"《易》有太极"一言，乃疑阴阳之变易，类有一物主宰乎其间者，是不然。夫《易》乃两仪、四象、八卦之总名，太极则众理之总名也。云"《易》有太极"，明万殊之原于一本也，因而推其生生之序，明一本之散为万殊也。斯固自然之机，不宰之宰，夫岂可以形迹求哉？斯义也，惟程伯子言之最精，叔子与朱子似乎小有未合。今其说具在，必求所以归于至一，斯可矣。程伯子尝历举《系辞》"形而上者谓之道，形而下者谓之器""立天之道曰阴与阳，立地之道曰柔与刚，立人之道曰仁与义""一阴一阳之谓道"数语，乃从而申之曰：

"阴阳亦形而下者也，而曰道者，惟此语截得上下最分明。元来只此是道，要在人默而识之也。"学者试以此言潜玩精思，久久自当有见。所谓叔子小有未合者，刘元承记其语有云："所以阴阳者道。"又云："所以阖辟者道。"窃详所以二字，固指言形而上者，然未免微有二物之嫌，以伯子"元来只此是道"之语观之，自见浑然之妙，似不须更着"所以"二字也。所谓朱子小有未合者，盖其言有云："理与气决是二物。"又云："气强理弱。"又云："若无此气，则此理如何顿放？"似此类颇多。惟《答柯国材》一书有云："一阴一阳往来不息，即是道之全体。"此语最为直截，深有合于程伯子之言，然不多见，不知竟以何者为定论也。

【译 文】

孔子为《周易》作传，经书上才开始有穷理之说。理究竟是什么东西呢？从天到地，从古至今，所有的现象，无非是一气形成的。气本是一，但是一动一静、一往一来、一合一辟、一升一降，循环往复，永不停息。积微小而为显著，由显著又变为微小，造成四时的温凉寒暑，形成万物的生长收藏，成为万民的生活准则，形成人事的成败得失。千条万绪，纷纭错杂而不乱，不知其所以然而然，这就是所谓理。并不是另外有一个东西，依于气而存在，附于气而运行。

有人根据"《易》有太极"这句话，认为似乎有一个东西在主宰阴阳的变易，这是不对的。《易》是两仪、四象、八卦的总名，太极则是万理的总名。说"《易》有太极"是表明，万殊起源于一个根本；由此而推论万物产生的次序，可以说明一个根本散而成为万殊。这本是自然的机运，无意主宰的主宰，是不能从形迹上来探求的。这个思想只有大程子说得最精确，小程子和朱子似乎与他小有未合。现在他们的言论都在，要归于统一才行。大程曾经举《周易·系辞》"形而上者谓之道，形而下者谓之器""立天之道曰阴与阳，立地之道曰柔与刚，立人之道曰仁与义""一阴一阳之谓道"这几句话，从而申明"阴阳也是形而下的东西，而说它们是道，因为只有这句话把上与下说得最为分明，本来这个就是道，关键在人领悟它"。学道的人好好玩味这句话，时间久了自然会有收获。

所谓小程小有不合的地方，可看刘元承记的语录："所以阴阳的是道"，又说"所以合辟的是道"。考察"所以"两字，是指形而上者，但这样就未免有把形上形下分为二物的嫌疑。用大程"本来这就是道"这句话来看，自然显出浑然一体的妙处，似乎不必更加上"所以"二字。朱子小有未合之处是下面的话："理与气肯定是两个东西"，"气是强的，理是弱的"，"如果没有这气，那么这理怎样放置？"这一类的话很多。只有《答柯国材》这封信中"一阴一阳，往来不息，这就是道的全体"这话最为直接，很符合大程的意思，但是不多见，不知他到底以哪一个为定论。

【原 文】

一二、朱子年十五六即有志于道，求之释氏者几十年，及年二十有四，始得延平李先生而师事之。于是大悟禅学之非，而尽弃其旧习。延平既卒，又得南轩张子而定交焉，诚有丽泽之益者也。延平尝与其友罗博文书云："元晦初从谦开善处下工夫来，故皆就里面体认。今既论难，见儒者路脉，极能指其差误之处。自见罗先生来，未见有如此者。"又云："此子别无他事，一味潜心于此，今渐能融释，于日用处一意下工夫。若于此渐熟，则体用合矣。"观乎此书，可以见朱子入道端的，其与南轩往复论辨，书尺不胜其多。观其《论中和最后一书》发明心学之妙，殆无余蕴，又可见其所造之深也。诚明两进，著述亦富。当时从游之士、后世私淑之徒累百千人，未必皆在今人之下，然莫不心悦而诚服之，是岂可以声音笑貌为哉！今之学者，概未尝深考其本末，但粗读陆象山遗书数过，辄随声逐响，横加诋訾，徒自见其陋也已矣，于朱子乎何伤！（谦开善当是高僧，然未及详考）

【译 文】

朱子在十五六岁时就有志于学道，学习释氏将近十年，到了二十四岁，才找到延平李侗先生做自己的老师。于是深刻认识到禅学的错误，并完全抛弃过去的所学。李先生去世后，朱子又与南轩张栻先生交好，他们的确发挥了相互帮助的作用。延平李先生曾给他的学生罗博文写信说："朱熹开头在谦开善那里下过工夫，所以全都从里面进行体认。现在经过论辩，他看到了儒家的理路，很能指出佛家的错误之处。从我见到罗从彦以来，还没见到这样的人。"又说："这个人不做别的事，一味潜心于内心的体认，现在渐渐能想得通了，在日用处一意下工夫。如果在这里慢慢搞熟，那么体和用就能够结合起来了。"看了这些信就可以知道朱子是如何入道的了。他与张栻反复论辩，书信多得很，看他的《论中和最后一书》阐明心学的精义，几乎全都说到了，可见其造诣之深。朱子在诚和明①两个方面一起提高，著述又多，当时跟他学习的人与后世追随他的人有几百上千，这些人未必都在现在人之下，但是没有不心悦诚服的，这难道可以单用空谈和外貌换来吗？现在的学者，大概没有深入考察朱子学说的本末，只是粗读陆象山的书，就随声附和，横加诋毁，这只显露出他们自己的浅陋，对朱子有什么影响呢？（谦开善应该是高僧，我没来得及考证）

【原　文】

　　一三、自昔有志于道学者，罔不尊信程朱，近时以

---

① 　诚，德与善在自己身上真实无妄；明，对德与善认识得明白透彻。

道学鸣者，则泰然自处于程朱之上矣。然考其所得，乃程朱早尝学焉，而竟弃之者也。夫勤一生以求道，乃拾先贤所弃以自珍，反从而议其后，不亦误耶？虽然，程朱之学可谓至矣，然其心则固未尝自以为至也。何以明之？程叔子《易传》已成，学者莫得传授，或以为请，则曰："自量精力未衰，尚觊有少进尔。"朱子年垂七十，有"于上面犹隔一膜"之叹，盖诚有见乎义理之无穷，于心容有所未慊者，非谦辞也。愚尝遍取程朱之书，潜玩精思，反复不置，惟于伯子之说，了无所疑。叔子与朱子论著、答问，不为不多，往往穷深极微，两端皆竭，所可疑者，独未见其定于一尔，岂其所谓"犹隔一膜"者乎？夫因其言而求其所未一，非笃于尊信者不能。此愚所以尽心焉，而不敢忽也。

【译 文】

过去有志于学习理学的，没有不尊信程氏兄弟和朱子的，但近时倡导理学的，则大模大样地认为自己比程朱高明。考察一下他们的所得，只不过是程朱早年学过，而最终抛弃的东西。一生勤奋求道，却拾取先贤扔掉的当作宝贝，反过来对先贤进行批评，这不是错误的吗？虽然程朱之学达到了最高水平，但他们本人并没有这么认为。如何来证明呢？程叔子的《易传》完成之后，没有马上用来教他的学生，有人要求学习，他说："自料精力没有衰竭，还希望有点进步。"朱子快到七十的时候还叹息："我对最高的道理还隔了一层啊！"这是因为真的看到了义理的无穷，对自己的学问还有不满足之处，不是一般的谦辞。我曾经拿程朱所有的书来研究，反复思忖，只对大程子的话完全没有疑问；小程和朱子的论著和答问不算不多，往往能达到极精微处，正反两面都弄得清楚，但是可疑的是没有看到他们的言论定于一，这是否就是朱子所说的还隔一层呢？找到他们言论尚未归一之处，不是诚心尊信的人是做不到的。这是我要尽心而不敢疏忽的地方。

【原文】

一四、六经之中，言心自帝舜始，言性自成汤始。舜之四言未尝及性，性固在其中矣。至汤始明言之曰："惟皇上帝，降衷于下民，若有恒性，克绥厥猷，惟后。"孔子之言加详，曰："一阴一阳之谓道，继之者善也，成之者性也。仁者见之谓之仁，知者见之谓之知，百姓日用而不知，故君子之道鲜矣。"又曰"性相近"。子思述之，则曰："天命之谓性，率性之谓道。"孟子祖之，则曰"性善"。凡古圣贤之言性，不过如此。自告子而下，初无灼然之见，类皆想像以为言，其言益多，其合于圣贤者殊寡，卒未有能定于一者。及宋，程、张、朱子出，始别白而言之，孰为天命之性，孰为气质之性，参之孔孟，验之人情，其说于是乎大备矣。然一性而两名，虽曰"二之则不是"，而一之又未能也。学者之惑，终莫之解，则纷纷之论，至今不绝于天下，亦奚怪哉！愚尝痛痹以求之，沉潜以体之，积以岁年，一旦恍然，似有以洞见其本末者。窃以性命之妙，无出理一分殊四字，简而尽，约而无所不通，初不假于牵合安排，自确乎其不可易也。盖人物之生，受气之初，其理惟一，成形之后，其分则殊。其分之殊，莫非自然之理，其理之一，常在分殊之中。此所以为性命之妙也。语其一，故人皆可以为尧舜；语其殊，故上智与下愚不移。圣人复起，其必有取于吾言矣。

【译 文】

六经之中从大舜开始提到心，从成汤开始谈性。舜的四句话不曾说到性①，但性字已在其中了。到了成汤才明白说道："伟大的上天，将善给予下民，成为他们的常性，能顺其有常之性建立社会秩序的只有帝王。"孔子说性就详细了："一阴一阳往来不穷的运动就是道，人物承袭天道而生本无不善，人与万物成形之后便各有自己的本性。对于这个性大家的看法不一致，仁者见仁，智者见智，百姓日用而不知什么是性，所以

---

① 舜的四句话是："道心惟微，人心惟危。惟精惟一，允执厥中。"（《书经·大禹谟》）这也就是道学家们常说的十六字心传。

能掌握君子之道的就很少了。"又说："人性都是相近的。"子思阐述孔子思想说："上天所给的叫作性，按性而行动叫作道。"孟子进一步加以说明："人性皆善。"古代圣贤谈性的不过这些。从告子以下，根本没有精辟见解，大体上都按想象发挥，说得越来越多，但是符合圣贤意旨的却很少，最终也没能定于一。到了宋代，出了二程、张子、朱子，才开始区别出什么是天命之性，什么是气质之性，对照孔孟的言论，再用人情来查验，关于性的理论业已基本完备。但是一个性却有两个名称，虽然说"看作两个则是不对的"，但是又未能统一起来。求学者的迷惑到头来也没能解除，各种各样的论调至今还存在，这有什么奇怪呢？

我曾经日夜思考这个问题，认真加以体认，积累多年，一下子恍然得悟，好像已洞见其本末。我认为，性命的精义，不出理一分殊这四个字，这四字简明而又全面，简约而无所不通，根本用不着穿凿附会，自然坚确不可改变。人和物的产生，在刚刚受气的时候，其理只有一个，但是在成形之后，其位分则不同。分殊也全是自然之理，而理一总是在分殊之中。正因如此，才是性命之精义。从理一来说，人人都可以做尧舜，从分殊来说，便有了上智与下愚的区别。圣人如果再生，一定会认为我说得不错。

【原　文】

一五、所谓"约而无所不通"者，请以从古以来凡言性者明之。"若有恒性"，理之一也；"克绥厥猷"，则分之殊者隐然寓乎其间。"成之者性"，理之一也；"仁者""知者""百姓"也、"相近"也者，分之殊也。"天命之谓性"，理之一也；"率性之谓道"，分之殊也。（此别有说，在后。）"性善"，理之一也，而其言未及乎分殊；"有性善，有性不善"，分之殊也，而其言未及乎理一。程、张本思、孟以言性，既专主乎理，复推气质之说，则分之殊者诚亦尽之。但曰"天命之性"，固已就气质而言之矣；曰"气质之性"，性非天命之谓乎？一性而两名，且以气质与天命对言，语终未莹。朱子尤恐人之视为二物也，乃曰："气质之性，即太极全体堕在气质之中。"夫既以堕言，理气不容无罅缝矣。惟以理一分殊蔽之，自无往而不通，而所谓"天下无性外之物"，岂不亶其然乎！

【译 文】

我说简约而无所不通，这可以用自古以来关于性的话语来证明。"若有恒性"便是理一，而分殊的意思已经包含于"克绥厥猷"中了。"成之者性"便是理一，而仁者、智者、百姓、相近等等，全是分殊。"天命之谓性"是说理一，"率性之谓道"是说分殊。"性善"是理一，但未谈分殊，而"有性善，有性不善"便是分之殊，但没有谈到理一。二程和张载依据子思与孟子的理论来谈性，一方面专以理来解释性，同时又推出气质之说，那么分殊的意思也就全包含了。但是说"天命之性"，本来已经是就气质来说了，说"气质之性"，此性不就是天命的意思吗？一个性而有两个名字，而且是以气质与天命相对而言，总是没有说清楚。朱子特别害怕别人把性看作两个东西，于是说："气质之性即是整个的太极之理掉在形气之中。"既然说是掉在气中，那么理气便有了鸿沟。只有以理一分殊来概括，才能无往而不通，这样才显出"天下没有性外之物"这句话的正确性。

【原 文】

一六、至理之源，不出乎动静两端而已。静则一，动则万殊，在天在人一也。《乐记》曰："人生而静，天之性也，感于物而动，性之欲也。"《中庸》曰："喜怒哀乐之未发，谓之中；发而皆中节，谓之和。"此理之在人也，不于动静求之，将何从而有见哉？然静无形而动有象，有象者易识，无形者难明，所贵乎穷理者，正欲明其所难明尔。夫未发之中，即"帝降之衷"，即"所受天地之中以生"者，夫安有不善哉！惟是喜怒哀乐之发，未必皆中乎节，此善恶之所以分也。节也者，理一之在分殊中也，中节即无失乎天命之本然，何善如之？或过焉，或不及焉，犹有所谓善者存焉，未可遽谓之恶也。必反之，然后为恶。反之云者，好人之所恶，恶人之所好也。所以善恶之相去，或倍蓰，或相十百，或相千万，兹不谓之万殊而何？然欲动情胜，虽或流而忘反，而中之本体固自若也，初未始须臾离也。不明乎此，而曰"我知性"，非妄欤！

【译 文】

最高的理的根源，不出乎动静两端。静则是一，而动则产生万殊，在天和在人是一样的。《乐记》说："人生来心本静，这就是天性；受物感而心动，这就是性的欲。"《中庸》说："喜怒哀乐未发的状态叫作中，发出来而能中节（符合规矩）叫作和。"这个理在人身上，不在动静中探索，怎么能见得到呢？但是静是无形的，动是有形的，有形象的容易认识，没有形象的就困难了，人们重视穷理，正是要弄清难于看清的东西。所谓"未发之中"也就是"帝降之衷"，也就是"所受天地之中以生"的那个中，怎么可能是不善的呢？只是喜怒哀乐之发未必都能中节，这样就产生了善和恶。节也就是理一在分殊中的表现。中节就是不失天命本来的样子，哪种善比得上它呢？对于节来说，人的行为有过有不及，但这里面毕竟有善存在，不可以就把它当作恶。只有根本相反才是恶，相反的意思就是好人之所恶，恶人之所好。因此善恶的距离有的是几倍，有的是几十倍，有的则是几千几万倍。这不是万殊是什么呢？情欲发动起来之后，即使往下发展并且不知回头，那中的本体依然和原来一样，一刻也没有离开人心。如果不明白这点就说什么知性，不是瞎说吗？

【原文】

一七、《乐记》所言"欲"与"好恶"，与《中庸》"喜怒哀乐"，同谓之七情，其理皆根于性者也。七情之中，欲较重。盖惟天生民有欲，顺之则喜，逆之则怒，得之则乐，失之则哀，故《乐记》独以"性之欲"为言。欲未可谓之恶，其为善为恶，系于有节与无节尔。

【译文】

《乐记》所说的欲和好恶，和《中庸》所说的喜怒哀乐，加在一起就是所谓七情，它们的理都植根于性中。七情之中欲的分量比较重。大概因为天生民有欲，顺着欲便喜，逆着欲便怒，满足了便高兴，不能满足便悲哀，所以《乐记》单单提出一个"性之欲"来说。不能说欲就是恶，它到底是善还是恶，要看是有节还是无节。

【原文】

一八、天人一理，而其分不同。"人生而静"，此理固在于人，分则属乎天也。"感物而动"，此理固出乎天，分则属乎人矣。君子必慎其独，其以此夫！

【译文】

　　天和人是一个理，但是天人的位分不同。在"人生来心静"即性的本来状态下，这个理固然是在人身上，但是按其位分则是属于天的。在"受物感而心动"即产生欲的时候，这理固然是从天而来的，但依其位分则是属于人的。君子一定要慎独，大概正是因为这个吧。

【原　文】

　　一九、"理一分殊"四字，本程子论《西铭》之言，其言至简，而推之天下之理，无所不尽。在天固然，在人亦然，在物亦然；在一身则然，在一家亦然，在天下亦然；在一岁则然；在一曰亦然，在万古亦然。持此以论性，自不须立天命、气质之两名，粲然其如视诸掌矣。但伊川既有此言，又以为"才禀于气"，岂其所谓分之殊者，专指气而言之乎！朱子尝因学者问理与气，亦称伊川此语说得好，却终以理气为二物，愚所疑未定于一者，正指此也。

【译　文】

　　"理一分殊"这四个字，本来是程子评论《西铭》的话，说得最为简明，但天下之理没有不包括在内的。在天固然是这样，在人也是这样，在物也是这样。在一身是这样，在一家也是这样，在天下也是这样。在一年是这样，在一天、在万古也都是这样。坚持这种观点来论性，本来不需要设置天命之性和气质之性两个名字，清楚得像察看自己的手掌。但是小程子既有理一分殊之说，又认为才能是从气禀得来的。难道所谓分殊是专指气来说的吗？朱子曾经因为学生问理与气的关系，在回答中也说程子理一分殊的话说得好，却始终认为理气是两个东西，我怀疑理论上没有定于一的，正指这里。

【原文】

二〇、"天命之谓性"，自其受气之初言也；"率性之谓道"，自其成形之后言也。盖形质既成，人则率其人之性，而为人之道；物则率其物之性，而为物之道。均是人也，而道又不尽同，仁者见之则谓之仁，知者见之则谓之知，百姓则日用而不知，分之殊也于此可见。所云"君子之道鲜矣"者，盖君子之道，乃中节之和，天下之达道也，必从事于修道之教，然后君子之道可得，而性以全。戒惧慎独，所以修道也。

【译文】

"天命之谓性"，是从人物受气之初来说的，"率性之谓道"，是从人物成形之后说的。大体上，形质形成之后，人就遵循其人之性，而成为人之道，物就遵循其物之性，而成为物之道。同样是人，但是道又不完全相同，仁者见之则说它是仁，智者见之则说它是智，百姓则是天天用它，却不知它。分之殊在这里可看得比较清楚，说"君子之道鲜矣"，是因为君子之道乃是符合规矩的"和"，是天下正大光明的大道。一定要做修道的努力，然后才能符合君子之道，才能保全本性。《中庸》上说的戒惧、慎独等是用来修道的。

【原　文】

　　二一、"喜怒哀乐之未发谓之中"，子思此言所以开示后学，最为深切。盖天命之性，无形象可睹，无方体可求，学者猝难理会，故即喜怒哀乐以明之。夫喜怒哀乐，人人所有而易见者，但不知其所谓中，不知其为天下之大本，故特指以示人，使知性命即此而在也。上文"戒慎恐惧"即所以存养乎此，然知之未至，则所养不能无差，或陷于释氏之空寂矣。故李延平教人"须于静中体认大本未发时气象分明，即处事应物自然中节"。李之此指，盖得之罗豫章，罗得之杨龟山，杨乃程门高弟，其固有自来矣。程伯子尝言："学者须先识仁，识得此理，以诚敬存之而已。"叔子亦言："勿忘勿助长，只是养气之法，如不识，怎生养？有物始言养，无物又养个甚?"由是观之,则未发之中,安可无体认工夫!虽叔子尝言:"存养于未发之时则可,求中于未发之前则不可。"此殆一时答问之语,未必其终身之定论也。且以为"既思即是已发",语亦伤重。思乃动静之交,与发于外者不同,推寻体认,要不出方寸间尔。伯子尝言:"天理二字,是自家体贴出来。"又云:"中者,天下之大本,天地之间亭亭当当、直上直下之正理,出则不是。"若非其潜心体贴,何以见得如此分明?学者于未发之中,诚有体认工夫,灼见其直上直下,真如一物之在吾目,斯可谓之知性也已。瞿瞿焉,戒惧以终之,庶无负子思子所以垂教之深意乎!

【译 文】

　　"喜怒哀乐之未发谓之中。"子思这句话给后学的启示最为深切。天命之性没有可见的形象,没有找得到的方位形体,求学者一下子不容易理会,所以要就喜怒哀乐来给以说明。喜怒哀乐是人人都有并且显而易见的,但是都不知它里面的中即作为天下之大本的东西,所以特别指示给人看,使人知道性命就在这里。上文说的"戒慎恐惧"就是用来存养这个性命的。但是知不到家,那么存养就不一定对,有的会陷于佛家的空寂里。所以李侗要教人"在静中体认大本未发时的样子清清楚楚,那样去处事应付环境,才能自然符合规矩"。李先生这个意思,大概是从罗从彦那里学来的,而罗则是从杨时那里学来的，杨时则是程门的优秀弟子。所以李氏的说法是很有来历的。大程子曾说："求学者要先认识仁，认识了这个道理之后，用诚敬的态度来存养就可以了。"小程子说："不要忘记，也不要助长，这是养气的方法，但是如果不认识怎么能养？有个东西才谈得上养，没有这个东西又养个什么？"从这看来，对于未发之中，怎么可以没有体认的工夫？虽然小程子曾说："在未发时进行存养是可以的，但是在未发之前求中则不可。"这恐怕是一时针对具体问题的回答，未必是他终身的定论。而且他又认为"有了思之后便是已发"，这话也显得过重了。思是动静之交的东西，与表现在外面的是不同的，推求、体认都在心中。大程子说过："天理这两个字是我自己体认出来的。"又说："中是天下的大本，天地之间，妥妥当当、直上直下的正理，离开它就不对了。"如果不是他潜心地体认，怎么能认识得这样清楚？求学的人如对未发之中确有体认工夫，洞见其直上直下的，好像真有一个东西在其眼前，这才可以说是知性。勤勉地戒惧到死，才能不辜负子思对我们的教导。

【原 文】

　　二二、存养是学者终身事，但知既至与知未至时，意味迥然不同。知未至时，存养非十分用意不可，安排把捉，静定为难，往往久而易厌。知既至，存养即不须大段着力，从容涵泳之中，生意油然，自有不可遏者，其味深且长矣。然为学之初，非有平日存养之功，心官不旷，则知亦无由而至。朱子所谓"诚明两进"者，以此。省察是将动时更加之意，即《大学》所谓"安而虑"者。然安而能虑乃知止后事，故所得者深，若寻常致察，其所得者，终未可同日而语。大抵存养是君主，省察乃辅佐也。

【译 文】

存养是求学者一辈子的事情，不过知已至与知未至时的意味完全不同。知未至时，存养一定要十分用力，安排控制，很难达到定与静，往往时间长了就厌烦起来。但是知已至之后，存养即不用费很大的气力了，从容涵泳之中，生意油然而出，是不可遏制的，其意味既深且长。但是在学习之初，如果没有平日存养的工夫，使心一直在尽自己的职能，那么知也没有可能达到至的地步。朱子所说"诚明两进"，道理就在这里。省察是人在要行动时另加的一份关注，亦即《大学》所谓"心安而能虑"的意思。但是"安而能虑"是知止以后的事，因此收获大，至于寻常的省察，是不能跟它相比的。大体说来，存养是主要的，省察是次要的、是辅佐性的。

【原 文】

二三、孟子以"勿忘勿助长"为养气之法。气与性一物，但有形而上下之分尔，养性即养气，养气即养性，顾所从言之不同，然更无别法。子思所谓"戒慎恐惧"，似乎勿忘之意多，孟子语意较完也。

【译　文】

　　孟子认为"勿忘勿助"是养气的方法。气与性是一个东西，不过有形而上与形而下的区别。养性就是养气，养气就是养性，只是说话的角度不同，但也没有别的办法来表达。子思说"戒慎恐惧"，好像勿忘的意思多一些；孟子的话提到两个方面，比较完整。

【原　文】

　　二四、格物致知，学之始也。克己复礼，学之终也。道本人所固有，而人不能体之为一者，盖物我相形，则惟知有我而已。有我之私日胜，于是乎违道日远。物格则无物，惟理之是见。己克则无我，惟理之是由。沛然天理之流行，此其所以为仁也。始终条理，自不容紊，故曰："知至至之，知终终之。"知及之而行不逮，盖有之矣，苟未尝真知礼之为礼，有能"不远而复"者，不亦鲜乎！

【译　文】

　　格物与致知是学道的开始，克己复礼是学道的终结。道本是人所固有，人不能与之成为一体的原因是，物我相对时，只知道重视我而已。自己的私心一天天地增长，于是离道越来越远。物格之后就无物了，我们只看见理。克己之后就无我了，完全照理行动。使天理沛然流行，这就是仁。开始做什么，结束做什么，是不能乱的，所以说："知道目标方能达到目标，知道终点方能达到终点。"知道但是做不到，这种情况是有的，但如果不知礼的意义，却能行礼，稍违礼时即能向礼复归，不是很少见的吗？

【原　文】

　　二五、颜子"克己复礼"，殊未易言。盖其于所谓礼者，见得已极分明，所谓"如有所立卓尔"也。惟是有我之私犹有纤毫消融未尽，消融尽即浑然与理为一矣。然此处工夫最难，盖大可为也，化不可为也。若吾徒之天资学力去此良远，但能如谢上蔡所言"从性偏、难克处，克将去"，即是日用间切实工夫。士希贤，贤希圣，固自有次第也。

【译　文】

　　颜子"克己复礼"做得如何，真不易说。他对礼已认识得十分清楚，正如他所说"好像有个东西高高地立在面前"。但是他的一己之私还有一点点没消尽，如果消尽了，那就与理浑然成为一体了。但是这个工夫最难，因为有形迹的"大"是可以做出来的，而无形迹的"化"是不可能做出来的。若是我们天资与积累离这个目标还很远，只要能像谢良佐说的那样，"从性的偏颇难克的地方克下去"，这就是日常生活中的切实工夫。士企望成为贤者，贤者企望成为圣人，修养本来是有次第的。

【原 文】

二六、颜子之犹有我，于"愿无伐善，无施劳"见之。

【译 文】

颜子心中还有小我，这可以从他说的"希望做到不自夸、不显示功绩"中看出来。

【原 文】

二七、天地之化，人物之生，典礼之彰，鬼神之秘，古今之运，死生之变，吉凶悔吝之应，其说殆不可胜穷，一言以蔽之，曰"一阴一阳之谓道"。

【译 文】

天地的变化，人物的产生，典礼的彰显，鬼神的奥秘，自古到今的发展，死生的变动，吉凶悔吝的感应，这些道理是讲不完的，但可以用一句话来概括，就是"一阴一阳之谓道"。

【原文】

二八、"上天之载，无声无臭"，不出乎人心动静之际，人伦日用之间。《诗》所谓"昊天曰明，及尔出王。昊天曰旦，及尔游衍"即其义也。"君子敬而无失"，事天之道庶乎尽之。若夫圣人"纯亦不已"，则固与天为一矣。

【译文】

"上天之事，是无声无臭的"，这个形上之理不出乎人心动静之间，人伦日用之中。《诗经》说"昊天光明，与你同往，昊天光亮，看你游荡"，这就是它的意义。"君子敬而不失礼"，这句话将奉天的办法说尽了。至于圣人"无限纯粹"，则是本来就与天一体了。

【原文】

二九、仁至难言。孔子之答问仁，皆止言其用力之方。孟子亦未尝明言其义，其曰"仁，人心也"，盖即此以明彼，见其甚切于人，而不可失尔，与下文"人路"

之义同。故李延平谓"孟子不是将心训仁",其见卓矣。然学者类莫之察,往往遂失其旨。历选诸儒先之训,惟程伯子所谓"浑然与物同体",似为尽之。且以为"义礼智信皆仁",则粲然之分,无一不具。惟其无一不具,故彻头彻尾,莫非是物,此其所以为浑然也。张子《西铭》,其大意皆与此合。他如"曰公""曰爱"之类,自同体而推之,皆可见矣。

【译 文】

仁这个概念最难解释。孔子回答弟子问仁的话,都是只说用力的方法,孟子也没有明说它的意思。他说"仁,就是人心"。大概是拿心的重要性来说明仁,显示它特别切于人生而不可以失掉,这话与下文的"义,就是人路"的意义是一样的。所以李侗说"孟子不是用心来解说仁"的见识很高明。但是学者好像都没有对它用心考察,因而往往违背了孟子的思想。我一个个地选择先儒的解释,只有大程子的"与物浑然地成为一体",似乎说得最透。并且以为"义礼智信都是仁",于是仁的粲然的区分全都具备了。只因其完全具备,彻头彻尾都是这个东西,所以才叫作浑然。张载《西铭》的大意完全与这个思想相合。另外,有人把仁解释为公和爱,从同体这个基本意义推下去,都可以得出来。

【原　文】

三〇、操舍之为言，犹俗云提起放下。但常常提掇此心无令放失，即此是操，操即敬也。孔子尝言"敬以直内"，盖此心常操而存，则私曲更无所容，不期其直而自直矣。先儒有以主敬、持敬为言者，似乎欲密反疏，后学或从而疑之，又不知其实用工果何如也。

【译　文】

"操舍"这个词，犹如俗话所说的提起与放下。只要常常提起这个心不要让它放失，这便是操，操也就是敬。孔子曾说"敬而使心正直"，是因为此心常操持而且存养，那么私心杂念就无处可容，不盼它直而自然直了。先儒中有人提倡主敬、持敬的，这样做似乎是要工夫细密，但实际上反而粗疏了，使后代求学者不免生疑，又不知道他们实在用功究竟怎样。

【原　文】

三一、"鸢飞鱼跃"之三言，诚子思吃紧为人处，复言"君子之道，造端乎夫妇"，则直穷到底矣。盖夫妇居室，乃生生化化之源，天命之性于是乎成，率性之道于是乎出。天下之至显者，实根于至微也，圣贤所言无非实事。释氏既断其根，化生之源绝矣，犹譊譊然自以为见性，性果何物也哉！

【译 文】

《中庸》的"鸢飞鱼跃"等三句话，是子思急切地为学道人提示的地方。他又说"君子之道从夫妇关系开头"，则是说到了底。因为夫妇居家生活乃是生化的根源，天命之性在这里形成，率性之道从这里产生。天下至显的东西实际上是源于至微的东西，圣贤所说的无非是实事。佛家把这个根（夫妇生活）断了，因此生化的源就绝了，还要大吵大嚷地说自己见了人的本性，那么性到底是什么东西呢？

【原 文】

三二、有志于道者，必透得富贵、功名两关，然后可得而入。不然，则身在此，道在彼，重藩密障以间乎其中，其相去日益远矣。夫为其事必有其功，有其实其名自附。圣贤非无功名，但其所为，皆理之当然而不容已者，非有所为而为之也。至于富贵，不以其道得之且不处，矧从而求之乎！苟此心日逐逐于利名，而亟谈道德以为观听之美，殆难免乎谢上蔡"鹦鹉"之讥矣。

【译 文】

有志于儒道的人，一定要看破富贵和功名两关，然后才能入门。不然的话，身子在这里，道在那里，而且有许多屏藩和障碍横在其间，两者之间越来越远。做事必定有功，有实自然有名。圣贤当然是有功有名，但他们所做的都是理所当然而不能不做的，并不是为了名利。至于富贵，不符合道的他们决不享受，更何况是特意追求呢？如果此心天天追逐名利，却大讲道德让别人看着光彩，这恐怕就难免于谢良佐能言鹦鹉的讥讽。

【原　文】

　　三三、鬼神乃二气之良能，莫非正也，其或有不正者，如淫昏之鬼与夫妖孽之类，亦未始非二气所为。但阳气盛，则阳为之主，阴为之辅，而为正直之鬼神。阴气盛，则阴为之主，微阳反为之役，而为不正之妖孽。妖孽虽是戾气，无阳亦不能成，此理至深，要在精思而自得之，非言说所能尽也。凡妖孽之兴皆由政教不明，阳日消而莫之扶，阴日长而莫之抑，此感彼应，犹影之于形，自有不期然而然者。然则消异致祥，其道亦岂远乎哉！

【译　文】

　　鬼神是阴阳二气的本能，没有不正的。不正的鬼神，如淫昏之鬼和妖孽之类的东西，也未尝不是二气所造成的。但是阳气盛则阳为主、阴为辅，这就是正直的鬼神，相反阴气盛则阴成为主要的，一点点阳气被阴支配，这就是不正的妖孽。妖孽虽然是戾气，但是没有阳也不能成，这个道理非常深，关键在精思而自得，不是言说所能讲清楚的。凡是妖孽的兴起，都是由于政治教化不明造成的，阳气天天衰落而没有人来扶持，阴气天天增长而没有人来抑制。这里有感，那里便有应，好比影对形的关系，不想它来它自然来。这样看来，消去灾异，招来吉祥，办法难道不就在我们身边吗？

【原　文】

　　三四、邵子云："一动一静者，天地之至妙者欤！一动一静之间者，天地人之至妙至妙者欤！"性命之理，一言而尽之，何其见之卓也！又其诗有云："须探月窟方知物，未蹑天根岂识人？"朱子遂取其词以为之赞，又有以深达邵子之奥矣。学者不求之动静之间，固无由见所谓月窟与天根。苟天根、月窟之不能知，则所云"至妙至妙"者，无乃徒为赞叹之辞而已？儒先深意之所在，读者其可忽诸！

【译　文】

　　邵雍曾说："一动一静是天地至妙的东西，一动一静之间是天地人至妙至妙的东西。"他用一句话把性命之理讲透了，见识是多么卓越！另外，他的诗中说："须探月窟方知物，未踏天根岂识人?"① 朱子为这些话做的说明与发挥，也能深达邵雍的精蕴。学道之人不在动静之间求索，就不可能见到所谓月窟与天根。如果对天根、月窟无所知，那么"至妙至妙"不是空做赞叹而已吗？先儒精深的思想，读者能够忽视吗？

【原　文】

　　三五、未发之中，非惟人人有之，乃至物物有之。盖中为天下之大本，人与物不容有二。顾大本之立，非圣人不能，在学者则不可不勉。若夫百姓，则日用而不知，孟子所谓"异于禽兽者几希"，正指此尔。先儒或以为"常人更无未发之中"，此言恐误。若有无不一，安得为"物物各具一太极"乎？此义理至精微处，断不容二三其说也。

【译　文】

　　未发之中，不但人人有，而且物物也都有。因为中为天下的大本，人与物不应该不同。但是立大本，只有圣贤才做得

---

① 　天根、月窟是邵雍根据他的先天图提出的概念，说法有多种，如以八卦说坤震二卦之间为天根，乾巽二卦之间为月窟。天根是阳生之处，月窟是阴生之处。天根是性，月窟是命。

到，求学的人则不能不努力。百姓则是日用而不知，孟子说的"人与禽兽的一点点差别"，就指这个地方。先儒中有人认为"普通人没有未发之中"，这话恐怕错了。如果有人有未发之中，有人没有，怎么能说"物物各具一太极"呢？这是义理最精微的地方，决不允许有不同的说法。

【原 文】

三六、程子讥吕与叔不识大本，非谓赤子无未发之中，盖以赤子之心不能无动，动即有所偏着，故不可谓之大本尔。然中之本体固自若也，且其虽有偏着，而常纯一无伪，是以孟子取之。即此推寻，中之为义，亦庶乎其可识矣。

【译 文】

程子讥笑吕与叔不认识大本，不是说赤子没有未发之中，乃是因为赤子之心不能不动，动就有所偏，有所执着，所以不能说它是大本。但是赤子心中的本体依然存在，虽有偏颇、执着，却常常是纯一无伪的，因而孟子肯定它。这样思考，中的意义也就可以了解了。

【原 文】

三七、理，一也，必因感而后形，感则两也，不有两即无一。然天地间，无适而非感应，是故无适而非理。

【译 文】

理是一，必定由于有物来感然后才表现出来。感就是两，没有两就没有一。天地之间，没有什么地方没有感应，因此没有什么地方没有理。

【原 文】

三八、神化者，天地之妙用也。天地间非阴阳不化，非太极不神，然遂以太极为神，以阴阳为化则不可。夫化乃阴阳之所为，而阴阳非化也。神乃太极之所为，而太极非神也。“为”之为言，所谓“莫之为而为”者也。张子云：“一故神，两故化。”盖化言其运行者也，神言其存主者也。化虽两而其行也常一，神本一而两之中无弗在焉。合而言之则为神，分而言之则为化。故言化则神在其中矣，言神则化在其中矣，言阴阳则太极在其中矣，言太极则阴阳在其中矣。一而二，二而一者也。学者于此须认教体用分明，其或差之毫厘，鲜不流于释氏之归矣。

【译 文】

神化是天地的妙用，天地间没有阴阳就没有化，没有太极就没有神。但是径直把太极当作神，把阴阳当作化则是不对的。化乃是阴阳所为，但阴阳不是化；神是太极所为，但是太极不是神。为的意思是无意识的作为。张载说："因为是一，所以有神妙作用；因为是两，所以才产生变化。"化，说的是事物的运行；神，说的是主宰作用。化虽然是两，但是它的运行常常是一；神本是一，但是两之中无处不在。合起来叫作神，分而言之叫作化。所以，说化，神就在其中；说神，化就在其中。说阴阳则太极就在其中，说太极则阴阳就在其中。神与化、阴阳与太极是一而二、二而一的东西。学道的人在这里要把体与用认识清楚，在这里差之毫厘就会陷入佛教的泥坑中去。

【原 文】

三九、天人物我之分明，始可以言理一。不然，第承用旧闻而已。

【译 文】

只有把天、人、物、我的位分搞清楚，才可以谈论理一。不然，就只是拾人牙慧而已。

【原　文】

四〇、"穷理尽性以至于命"，二程所言乃大贤以上事，张子所言乃学者事。然物格知至，则性命无不了然，更无渐次，若行到尽处，则有未易言者尔。

【译　文】

"穷理尽性以至于命"，二程用这句话来说大贤以上的情况，而张载用来说求学者的情况。然而，达到物格知至的地步，性命就全都清楚了，二者之间没有先后。至于实践到尽处有何体会，那就不容易说了。

【原　文】

四一、程叔子答苏季明之问，有云："中有甚形体？然既谓之中，也须有个形象。"伯子尝云："中者，天下之大本，天地间亭亭当当、直上直下之正理。"兹非形象而何？凡有象皆可求，然则求中于未发之前，何为不可？固知叔子此言，非其终身之定论也。

【译　文】

小程子在回答弟子苏季明的问题时曾说："中有什么形

体？但是既然把它叫作中，也应该有个形象。"大程子曾说："中这个东西是天下的大本，天地之间妥妥当当、直上直下的正理。"这样的"妥妥当当、直上直下"不是形象是什么？凡是有形象的都可以探求，这样，在未发之前求中有什么不可以呢？由此可知小程反对在未发之前求中，不是他终身的定论。

【原 文】

四二、"形象"与"形体"，只争一字，形体二字皆实，象字虚实之间。然中之为象，与《易》象又难概论，要在善观而默识之尔。

【译 文】

形象与形体这两个词只有一字之差，形体两个字都是实的，而象字则在虚实之间。但是中作为象，与《易》象又难一概而论，关键在善于观察并领悟它。

【原 文】

四三、人物之生，本同一气，恻隐之心，无所不通。故"亲亲而仁民，仁民而爱物"，皆理之当然，自有不容已者，非人为之使然也。"君子之仕也，行其义也。"行吾义即所以尽吾仁，彼溺于富贵而忘返者，固无足论，偏守一节以为高者，亦未足与言仁义之道也。

【译 文】

人与物的生成，来源于同一个气，因此恻隐之心是无所不通的。所以"亲亲而仁民，仁民而爱物"，都是理之当然，而且也是不得不然的，不是人为的结果。"君子之仕也，行其义也。"实行我的义就是用来尽我的仁的手段。陷溺在富贵之中而不知回头的人固然不值一提；那些只能偏守一节而自认高明的，也犯不着和他们谈仁义之道。

【原 文】

四四、论治道，当以格君心为本。若伊尹之辅太甲，周公之辅成王，皆能使其君出昏即明，克终厥德。商周之业赖以永延，何其盛也！后世非无贤相，随事正救亦多有可称，考其全功，能庶几乎伊、周者殊未多见。盖必有颜孟之学术，然后伊周之相业可希。然则，作养人才又诚为治之急务。欲本之正，而急务之不知，犹临川而乏舟楫，吾未见其能济也已。

【译 文】

治天下的方法，应该以格君心为根本。好比伊尹辅佐殷王太甲，周公辅佐周成王，都能使君王脱离昏暗，走向光明，将良好的品德保持到底。商周的大业因此而延长，是多么盛大！后世并非没有贤明的宰相，他们在具体事情上对君王有所补救，也有不少值得称颂之处。但是全面地来考察，能接近伊尹和周公的非常少。因为一定要有颜回、孟子的思想品格，才可望有伊尹、周公的相业。因此，培养人才实在是治国的急务。欲求根本正，而不知什么是当务之急，譬如要过河而没有渡船，我看是过不去的。

【原 文】

四五、作养人才，必由于学校。今学校之教，纯用经术，亦云善矣。但以科举取士，学者往往先词藻而后身心，此人才之所以不如古也。若因今之学校，取程子教养选举之法，推而行之，人才事业远追商周之盛，宜有可冀。所谓"尧舜之智，急先务"，其不在兹乎，其不在兹乎！

【译 文】

培养人才，必然要通过学校。现在学校的教育完全用经术，可以说是很好了，但是用科举来取士，求学者往往把文章写作放在第一位，而把身心修养放在第二位，这就是人才不如古代的原因。如果以现在的学校，推进程子提出的教育和拣选人才的办法，那么人才事业赶上商周的盛大是有可能的。古语说，"尧舜的智慧表现在先抓当务之急"，我们的先务不正在这里吗？

【原　文】

四六、古之立政也，将以足民，今之立政也，惟以足国。古之为政者，将以化民，今之为政者，愚夫愚妇或从而议之，何民之能化！

【译　文】

古代立政是为了让人民富足，今天立政是为了让国家富足。古代管理国家的人是要教化人民的，而今天管理国家的人，普通百姓都在议论他，怎么可能教化百姓呢？

【原　文】

四七、知人之所以为难者，迹然而心或不然也。君子心乎为善，固无不善之迹，小人心乎为恶，然未尝不假仁义以盖其奸。其奸愈深，则其盖之也愈密。幸而有所遇合，则其附会弥缝也愈巧。自非洞见其心术，有不信其为君子已乎？虽其终于必败，然国家受其祸害，有不可胜救者矣！载稽前史，历历可征。夫人固未易知，苟清明在躬，其诚伪亦何容隐？或乃蔽于私，累于欲，失其所以照临之本，夫安得不谬乎？然则知言之学，正心之功，是诚官人者之所当致力也。

【译 文】

了解人之所以是难事，因为行迹与心术不一样。君子心里想着为善，固然没有不善的行为；小人心里想着为恶，但无不假借仁义来掩盖其奸计。他的奸计越是深，他掩盖得也越密。侥幸得到上级的赏识，他的附会和遮掩自然更巧妙。如果看不透他的心术，能不相信他是君子吗？虽然他终于要失败，但是国家遭受的损害，就不可挽回了。查考历史典籍，一个个清楚可见。了解人当然不容易，但是如果自身清明，其真相如何隐瞒得了？有人被私心蒙蔽，被物欲所累，失掉了洞察事物的条件，那怎么能够不错呢？由此可知，知言的学问，正心的工夫，是任用官员的人应当努力从事的。

【原 文】

四八、法有当变者，不可不变，不变即无由致治。然欲变法，须是得人。诚使知道者多，尚德者众，无彼无己，惟善是从，则于法之当变也，相与议之必精，既变也，相与守之必固，近则为数十年之利，远则数百年之利亦可致也。以天下之大，知道者安敢以为无人？诚得其人以为之表率，薰陶鼓舞，自然月异而岁不同，近则五年，远则十年，真才必当接踵而出矣。且谈道与议法，两不相悖而实相资，三五年间，亦何事之不可举耶！

【译　文】

　　法令有该变的，就不能不变，不变就无法使国家大治。但是要变法，就要找到恰当人选来主持其事。如果懂得儒家道术的人多，崇尚德行的人多，又能不分彼我，从善如流，那么对于该变的法令，一定得议论精熟，改变之后，一定得坚持牢固，少说可得到数十年的利益，搞得好甚至可带来几百年的利益。天下是如此之大，不能说没人懂得儒家大道，真正找到这种人来做表率，就能发挥巨大的熏陶鼓舞作用，使国家形势日新月异，近则五年，远则十年，真才一定会成批出现。而且论道与议法并不矛盾，而实际上恰好是相互依赖的，三五年间有什么事不能办到呢？

【原　文】

　　四九、当自一邑观之，为政者苟非其人，民辄生慢易之心，虽严刑峻法无益也。一旦得贤者而临之，民心即翕然归向。其贤不肖，亦不必久而后信，但一颦笑、一举措之间，民固已窥而得之。风声之流，不疾而速。其向背之情，自有不约而同者，乃感应之常理也。故君子之守，修其身而天下平；大臣之业，一正君而国定。"知远之近，知风之自，知微之显"，斯可以为政矣，政与德无二道也。

【译　文】

　　从一个县来看，执政的人如果不合适，老百姓就会产生轻视怠慢的心理，即便实行严刑峻法也没有用。一旦得到贤人来治理，民心就会归向于他。到底是贤还是不肖，也不必等很长时间才能知道，只要一个表情、一个举措，民众即可从中看出来了。消息传递非常之快，人们都会不约而同地表示出拥护或反对的情绪，这就是感应的常理。因此君子的事业是修身而使天下太平，大臣的事业是正君心而使国家安定。"知远之近，知风之自，知微之显。"① 能这样就可以为政了，政治与道德是一个道理。

【原　文】

　　五〇、"忠告善道"，非惟友道当然，人臣之进言于君，其道亦无以易此，故矫激二字，所宜深戒。夫矫则

---

① "知远之近，知风之自，知微之显"，语出《中庸》。朱子注曰："远之近，见于彼者由于此也。风之自，著乎外者本科内也。微之显，有诸内者形诸外也。"也就是说，能透过现象看到本质，根据事物的内容指出其外部表现、影响与未来发展。

非忠，激则未善，欲求感格，难矣。然激出于忠诚犹可，如或出于计数，虽幸而有济，其如"勿欺"之戒何哉！

【译　文】

　　《论语》说"提出忠告，善于劝导"，不仅在交友方面应该如此，人臣对君主提意见，也应该如此。因此矫情和激将法都是要避忌的。矫情不是忠，激将不是善，用这样的办法来感动君主，使之改正错误是很难的。不过激将是出于忠诚还算可以，如果是出于一种策略，即便侥幸成功，对"勿期"这条道德准则能说得过去吗？

【原　文】

　　五一、为治者常患于乏才。才固未尝乏也，顾求之未得其方尔。盖必各举所知，然后天下之才毕见于用。孔子告仲弓云："举尔所知，尔所不知，人其舍诸？"此各举所知之义也。今举贤之路殊狭，未仕者既莫得而举；已仕者，自藩臬以至郡邑，以一道计之，其人亦不少矣，而其贤否率取决于一二人之言，以此而欲求尽天下之才，其可得乎！非有以变而通之，乏才之叹何能免也！

【译　文】

　　治国的人常常感到缺乏人才。人才本来并不缺乏，只是拣选人才的方法不对罢了。一定要做到各举所知，然后天下的人才方能全都被任用。孔子对弟子仲弓说："推举你所知道的，你不知道的别人能忽视吗？"这就是各举所知的意义。现在举贤才的路子非常狭窄，没有做官的固然不能被推举，做了官的人，从省、道到郡、县，以一道来算，人才已经是不少了，但是他们的贤与不贤完全取决于一两个人的评价，用这个办法求得天下的人才，怎么办得到呢？如果不能变通一下，缺乏人才的慨叹怎样可以免除呢？

【原　文】

　　五二、制度立，然后可以阜俗而丰财。今天下财用日窘，风俗日敝，皆由制度隳废而然也。故自衣服、饮食、宫室、舆马，以至于冠、婚、丧、祭，必须贵贱有等，上下有别，则物无妄费而财可丰，人无妄取而俗可阜。此理之不易者也。然法之不行，自上犯之。"君子之德风，小人之德草"，是在朝廷而已矣。

【译　文】

　　制度建立起来之后方可以使风俗淳厚，财富增加。当今天下财用一天天窘迫，风俗一天天败坏，这都是由于制度破坏引起的。因此从衣服、饮食、住宅、车马的使用，以至于冠、婚、丧、祭诸礼仪的实行，一定要区分贵贱的等级，使上下不同，方可使物无浪费，钱财丰厚起来，人无滥取，风俗淳朴起来。这是不易之理。但是法度之不能实行，是由于高层人士破坏了它。"君子的品德好比风，小人的品德好比草"（风往哪边刮，草往哪边倒），所以这件事关键在于朝廷。

【原 文】

五三、井田势不可复，限田势未易行。天下之田，虽未能尽均，然亦当求所以处之之术。不然，养民之职，无时而举矣。今自两淮南北，西极汉沔，大率土旷人稀，地有遗利，而江浙之民特为蕃庶，往往无田可耕，于此有以处之，其所济亦不少矣。"以佚道使民，虽劳不怨。"学道爱人之君子，岂无念及于此者乎？然汉之晁错得行其策于塞下，宋之陈靖不得行其说于京西，此则系乎上之人明与断何如尔。

【译 文】

井田不可能恢复，限田也不容易实行。天下的田地虽然不能完全平均，但也应当寻求大体上均平的办法。不然的话，养民的职责就不能完成了。现在从淮南、淮北到汉水、沔水，基本上是土旷人稀的地方，土地还没有全部被利用；而江西、浙江的人口特别多，往往无田可耕，这个事情处理好了，解决的问题也不小。孔子说："为安逸的目的来役使百姓，即使劳累一些，他们也不会怨恨的。"学道爱人的君子们，难道没有考虑到这一点吗？汉代的晁错能在塞下实行自己的主张，宋代的陈靖不能在京城边上实行他的理想①，这决定于领导人的识见和决心。

【原　文】

　　五四、理财之道，《大学》四言尽之，而后世鲜不相戾，公私交病固其所也。今太仓之粟，化为月课以入权门者，不可胜计；内库之出内，司国计者不复预闻，谓有政事可乎？经费不足，则横敛亟行，奈之何民不穷且盗也！且唐之德宗犹能纳杨炎之请，立移财赋于左藏，况乃英明之主，抑又何难？由此推类以尽其余，财不可胜用矣。

【译　文】

　　理财的根本办法，《大学》的四句话已经把它说尽了②，但是后世的做法很少不与之相反，公私交困就是必然的了。现在太仓的米化作每月赋税而进权贵之家的不可胜计。皇家内库

---

①　西汉政治家晁错建议汉文帝在塞下等边疆地区实行屯田，被采纳。陈靖，北宋政治家，曾向太宗建议逐步实行井田之法，但未被采纳。

②　《大学》四言："有德此有人，有人此有土，有土此有财，有财此有用。"

的出纳，管理国家财政的人不再过问，这能算有政事吗？国家的经费不足，就横征暴敛，怎么能让走投无路的老百姓不做强盗呢？唐德宗能采纳杨炎的要求，立即把天下税收交给左藏库①，我们大明的英明君主，做到这点又有什么难处呢？由此类推，其他事宜都照此办理，天下之财货就用不完了。

【原 文】

　　五五、唐宋诸名臣，多尚禅学。学之至者，亦尽得受用。盖其生质既美，心地复缘此虚静，兼有稽古之功，则其运用酬酢，虽不中，不远矣。且凡为此学者，皆不隐其名，不讳其实，初无害其为忠信也。故其学虽误，其人往往有足称焉。后世乃有儒其名而禅其实，讳其实而侈其名者，吾不知其反之于心，果何如也？

【译 文】

　　唐宋的许多名臣都喜欢禅学，学到家的也能得到益处。因为他们的资质比较好，心地又由此虚静，加上他们考查古代事迹的工夫，于是其日常行事，即使不能完全合于道，也差不

---

① 唐代旧制，天下的财赋全部集中在左藏库，每年根据需要将部分拨入大盈内库，供皇家使用。后来此制破坏，租赋全部缴到内库，成为人君私藏，政府不能过问。杨炎当了宰相之后，向德宗陈说利害，建议恢复旧制，当即被采纳。

多。而且凡是从事禅学的人大多不加隐讳，因此并不影响他们的忠信，所以他们学问虽然不对，但是他们本人还有可取之处。后代却有打着儒学的幌子来贩卖禅学的，他们隐讳自己学禅的实际，而张大自己儒者的名号，不知道他们如果反躬自问，该有什么想法。

【原　文】

　　五六、天下，大器也，必以天下为度者始能运之，才不足恃也。虽有过人之才，而未闻君子之道，其器固易盈也。弗盈则大，以大运大，不其裕乎！

【译　文】

　　天下可以说是一个大器，只有以天下为度量的人方能运作，光有才是不行的。即使有超人的才能，但是没有学习君子之道，这个人的"器"就容易满。不满的才能大，以人之"大"来运作天下之"大"才可以绰绰有余。

【原　文】

　　五七、人才之见于世，或以道学，或以词章，或以政事，大约有此三等，其间又各有浅深高下之异，然皆所谓才也。但以余所见闻，道学之名，世多不喜，而凡为此学者，名实亦未必皆副，又或未能免于骄吝，此嫌谤之所自生也。夫学以求道，自是吾人分内事，以此忌人固不可，以之骄人亦恶乎可哉！且形迹一分，势将无所不至。程、苏之在元祐，其事亦可鉴矣。是故，为士者当务修其实，求士者必兼取其长。如此，则小大之才，各以时成，两不相嫌而交致其用，天下之治，庶乎其有攸赖矣。

【译 文】

世上的人才有多种，有的以道学知名，有的以词章知名，有的以政治管理知名，大体上有这三种，每种之中又有深浅高低的不同，但都是人才。以我的见闻来说，道学这个名称人们并不喜欢，而从事这门学问的人，他的名声与实际也未必相符，有的还有骄傲、吝啬的毛病，这就招来了厌恶与批评。学习是为了求道，这是每个人的分内事，因为人家学道而嫌忌他固然不对，又怎么可以以学道作为骄傲的资本呢？而且形成这种分化之后，会使人们意气用事，什么都干得出，程颐等与苏氏兄弟在宋元祐年间的事情可以作为借鉴①。因此，士人要努力修养自己的实才，求士的人则要兼取其长，这样，不论大才

---

① 北宋元祐初年旧党执政，不久该党因领袖司马光去世，分裂为洛党（以河南人为主，程颐等在内）、蜀党（四川人为主，苏轼等在内）、朔党（河北人为主，刘挚等在内），进行宗派斗争，达到"什么都干得出"的地步。

小才都能按时成就，互不妨碍且共同发挥作用，天下大治就有了依靠。

【原 文】

五八、汉高非不用儒，顾真儒亦自难得尔。当时如陆贾、叔孙通辈，帝皆尝纳其论说，听其施为，然其规模力量概可见矣。以汉高之明达，有贤于二子者，讵肯轻弃之乎？鲁两生不从叔孙之招，扬子云以大臣许之，未知何所见而云然也。夫谓"礼乐，积德百年而后可兴"，其言未为无理。然百年之内，必当有所从事，况乎礼乐之为用，为天下国家不可一日无者！两生果大贤欤，于其本末先后之序，固宜有定见矣。即有定见，盍出而一陈之？使其言果可行而帝不从，去就固在我也。且恶知其不能用？遂视一叔孙生以为行止，不亦坐失事几之会哉！以愚观之，两生于道未必有闻，盖偏守一节以为高者尔，不出则为两生，出则为四皓，恐未足以当大臣之选也。

【译 文】

汉高祖不是不用儒生，只是真儒非常难得罢了。当时像陆贾、叔孙通等人，汉高祖都曾经采纳他们的意见，让他们放手去做，这样他们的气度和能力大体上都可以看出来了。像汉高祖这样明达的人，如果遇上比这二人更好的，他怎么能轻易舍弃呢？鲁两生不接受叔孙通的邀请，扬子云认为他们可以担当大臣之任，不知他有什么根据这么说。两生认为，"礼乐只有在积了百年的德政之后才能兴起"，这不能说不对，但是百年之内，必有重要的事做，更何况礼乐的实施是天下国家一天不能少的！鲁两生果然是大贤吗？那么他对礼乐的本末先后次序必有一定的看法，有看法为什么不出来陈说一番呢？如果他们的话真的可行而皇帝不听，那么完全可以不做官嘛。再说怎么知道高祖一定不肯用呢？把叔孙通被重用当做出不出山的依据，不是坐失机会吗？依我来看，鲁两生未必深知儒道，他只是一个偏守小节而自以为高明的人。他们不出山就是两生，出山就是商山四皓，徒有其名而已，不足以承当大臣之任。

【原　文】

五九、唐府兵之法，最为近古，范文正公尝议欲兴复，而为众说所持。道之废兴，信乎其有命也。愚于此颇尝究心，窃以此法之行，灼然有利而无害，揆之人情事势，亦无不可行之理。顾其脉络之相联属者非一处，条目之相管摄者非一端，变通之宜，要当临时裁酌，非一言所能尽也。然须推广其制，通行于天下，使郡邑无处无备，缓急斯有所恃以无虞。其老弱无用坐食之兵，

卷上

皆归之农，自然国用日舒，民力日裕。此灼然之利，非
簸弄笔舌之空谈也。

【译 文】

　　唐代府兵制度最接近古代兵制，范仲淹曾经提议恢复，但
是被人反对，没能实行，看来道的兴废真是有天命在呀。我对
这个问题曾经下工夫研究过，认为这个兵制的实行显然有利而
无害，从人情事势上看也没有不可行之理。但是它各个部分相
互关联之处比较多，各个条目相互管摄的地方也不少，变通的
办法应当临时裁定，不是一句话所能穷尽的。应该推广这个制
度，通行于天下，使大小城池无处无备，一旦有事，便能有恃
而无忧。士兵中老弱无用白吃饭的让他们去种田，以减轻国家
负担，使百姓富裕起来。当然，这样明显的大利，靠空谈是办
不到的。

【原 文】

　　六〇、楚汉之争天下，高帝身拒项羽于荥阳、成皋
间，令韩信北渡河，取魏，取赵，取燕，取齐。河北、
山东之地既举，羽在汉围中矣。然其南犹有九江王黥布，
围未合也。及隋何以布归汉，则其围四合矣，羽复安所
逃乎？此汉取天下之大势也。凡用兵制胜，以识形势为
先。然有天下之形势，有一方之形势，有战阵间之形势，

得之则成，失之则败。成败之为利害，有不可胜计者矣。今之儒者，鲜或谈兵。要之，钱谷甲兵皆吾人分内事，何可以不讲也？且如唐安禄山既犯东京，眷留不去。李泌、郭子仪皆请先取范阳以覆其巢穴，此真识形势者也。肃宗急于收复，不从其策。河北之地，由此失之，终唐之世而不能复。黄巢横行入广，高骈请分兵守郴、循、梧、昭、桂、永数州之险，自将由大庾度岭击之，此真识形势者也。使从其言，巢直置中兔尔。而当国者曾莫之省，巢果覆出为恶，遂致滔天。然则，形势之所系岂小哉！

【译 文】

楚汉争天下，汉高祖刘邦带兵在荥阳、成皋间抵抗项羽。他命令韩信北渡黄河攻占原魏、赵、燕、齐等国故地。拿下黄河以北函谷关以东之地以后，项羽便在汉军的包围之中了。但是南方还有九江王黥布，这个包围圈还有缺口。等到隋何说服黥布归顺了汉高祖，这个包围便四面合拢了，项羽还往哪里逃呢？这是汉夺取天下的大势。凡是用兵作战，最重要的是认清形势。有天下的形势，有一方的形势，有战阵间的形势，掌握了它就能胜，否则就会失败。成败的利害关系，真是计算不完。现在的儒者很少有研究军事的，其实钱、粮、军务都是我们的分内事，怎么可以不研讨呢？比如唐代安禄山占领洛阳之后，贪恋不肯离开。当时李泌、郭子仪都要求先攻范阳倾覆其老巢，这是真正看清形势的意见。但是肃宗急于收复失地，不采纳他们的策略，致使从此丢掉黄河以北的国土，唐代一直没能收复。黄巢的部队进入广东之后，高骈请求分兵把守郴、梧、循、昭、桂、永等几个州的险要处，自己带兵过大庾岭去打黄巢，这也是真正看清形势的意见，如果听了他的话，黄巢就是瓮中之鳖。但是朝廷权贵竟没有人理解，这就使黄巢有机会从广东再次打出来，造成滔天大祸。这样看来，形势所关系的难道还小吗？

【原 文】

　　六一、天之道，日月星辰为之经，风雨雷霆霜露为之纬，经纬有常，而元亨利贞之妙在其中矣，此造化之所以成也。人之道，君臣父子夫妇长幼朋友为之经，喜怒哀乐为之纬，经纬不忒，而仁义礼智之实在其中矣，此德业之所以成也。

【译 文】

　　天的道，以日月星辰为经，风雨雷霆霜露为纬，经与纬符合常规，则元亨利贞（四季运行）的机制就在其中了，这就是造化形成的条件。人的道，以君臣父子夫妇长幼朋友为经，以喜怒哀乐为纬，经与纬不出差错，则仁义礼智的内容就在其中了，这是德业成就的条件。

【原　文】

六二、周子之言性，有自其本而言者，"诚源""诚立""纯粹至善"是也，有据其末而言者，"刚善""刚恶""柔亦如之""中焉止矣"是也。然《通书》首章之言，浑沦精密，读者或有所未察，遂疑周子专以刚柔善恶言性，其亦疏矣。

【译　文】

周敦颐先生讲性，有从本源上说的，如他的"诚源""诚立""纯粹至善"，还有的是从具体表现来说的，如"刚善""刚恶""柔亦如之""中焉止矣"。但是《通书》第一章的话说得浑沦又精密，有的读者可能没有注意，于是就以为周子专门用刚柔善恶来说明性，这就不符合他的原意了。

【原　文】

六三、太极阴阳之妙，善观者试求之一岁之内，自当了然。一日之内亦可观，然太近而难详也。一元之内亦可观，然太远而难验也。要之，近而一日，远而一元，其盈虚消息相为循环之理，即一岁而推之，无有不合。《易》言"复其见天地之心"，盖明指其端矣。苟明乎此，其于酬酢世变，又岂待于外求也哉！

【译　文】

太极和阴阳的奥妙，善于观察的人从一年之内去考察，自然可以明白。一天之内也可以看出来，但是时间太短，难以搞得清楚。一元（历史大周期）之内也可以进行观察，但是时间太长，也难以查验。总之，短到一日，长到一元，它们的消息盈虚、相互循环的道理，就一年而推算，没有不合的。《易》说"复可以显示天地之心"，指明了天地运行的端绪。如果明白了这点，那么应付世道变化的办法，还要到别的地方去求吗？

【原　文】

六四、性无形，虽有善譬，终难尽其妙。孟子、程子皆尝取譬于水，其言有不容易者。盖以就下之与在山，清之与浊，同一物也。然至语其不善，一则以为搏击使之，一则以为泥沙混之，是亦微有不同。必也会二说而同之，性之义庶其尽矣。谢显道记伊川先生语有云："禅家之言性，犹太阳之下置器，其间方圆大小不同，特欲倾此于彼尔。然在太阳几时动？"伊川此语，足以破禅家之谬。然又言："人之于性，犹器之受光于日。"受字固与倾字不类，但此譬终觉未亲。

【译文】

性是无形的，即使有好的此喻，也难以把它的奥妙表达清楚。孟子、程子都曾以水为喻，他们的话不容改变。水性是就下的，但是有时却能在山，水之性是清的，但是有时却是浊的，其实都是同一个水。说到水不善，孟子以为是搏击造成的（在山），程子则以为是泥沙混在其中的结果（浊水），这是他们细微的不同。一定要把这两种说法融会起来，性的意义大体上才可以穷尽。谢显道记录的伊川先生的话说："禅家说性，好比太阳底下置放器具，不顾它们的方圆大小不同，硬是要把一个倾倒到另一个上去，但是太阳什么时候动过呢？"伊川先生这话足以点破禅家的荒谬。但是他又说："人与性的关系好比器具从太阳那里接受光一样。"受字当然与倾字不一样，但是这个此喻总是让人觉得不贴切。

【原 文】

六五、程伯子论"生之谓性"一章，反复推明，无非理一分殊之义。朱子为学者条析，虽词有详略，而大旨不殊，然似乎小有未合，请试陈之。夫谓"人生气禀，理有善恶"，以其分之殊者言也。"然不是性中元有此两物相对而生"，以其理之一者言也。谓"人生而静以上不容说"，盖人生而静，即未发之中，一性之真，湛然而已，更着言语形容不得，故曰"不容说"。"继之者善"，即所谓"感于物而动"也，动则万殊，刚柔善恶于是乎始分矣。然其分虽殊，莫非自然之理，故曰"恶亦不可不谓之性"。既以刚柔善恶名性，则非复其本体之精纯矣，故曰"才说性时，便已不是性也"。下文又以水之清浊为喻，盖清其至静之本体，而浊其感动之物欲也。本体诚至清，然未出山以前无由见也，亦须流行处方见，若夫不能无浊，安可无修治之功哉！修治之功既至，则浊者以之澄定，而本体常湛然矣。然非能有所增损于其间也，故以"舜有天下而不与"终之。切详章内"以上"二字，止是分截动静之界，由动而言，则静为以上，犹所谓"未发之前"，未发更指何处为前？盖据已发而言之尔。朱子于此，似求之太过，却以为"人物未生时"，恐非程子本意。盖程子所引"人生而静"一语，正指言本然之性，继以"才说性时，便已不是性"二语，盖言世所常说乃性之动，而非性之本也。此意甚明，详味之自可见。若以"人生而静以上"为指人物未生时说，则是说"维天之命"，"不是性"三字无着落矣。

【译 文】

程伯子论《孟子》"生之谓性"章，反复说明的无非是理一分殊的意思。朱子为学道者条分缕析，虽然话有详略，但是大旨没有不同。不过，在小的方面似乎有不一致的地方，请让我尝试说明它。大程子说"人生所禀之气，按理说是有善有恶的"，这是从分殊来说的。"但不是性中原来就有善恶这两个东西相对而生"，这是从理一来说的。说"人生而静以上不容说"，是因为人生而静就是未发之中，性的本真清明虚寂，根本不能用语言形容，所以说"不容说"。"继之者善"即是"感于物而动"，动就会产生万殊，就开始区分刚柔善恶之性。它的位分虽是万殊的，却完全是自然之理，所以说"恶亦不可不说是性"。但是既然以刚柔善恶来为性命名，那它就不是性本来的精纯之体了，所以又说"才说性时便已不是性也"。下文又以水的清浊做比喻，清就是那个至静的本体，而浊就是有感而发动的物欲。本体的确是至清的，但是未出山以前是不可能见到的，要在流行处才能看见。如果不能避免浊，怎么可以没有修治的工夫呢？修治的工夫达到了，那么浊便会由此而澄定，本体即可以常常澄清了。但是这样做并不能使性有所增加或减少，所以大程子的话以"舜有天下而不与"来结束。详细考察这一章中的"以上"两字，只是分截动静的界限，由动来说，静是"以上"。好比说"未发之前"，既是未发还说什么"之前"呢？不过是针对已发来说罢了。朱子在这里似乎研求得过了头，以为它说的是"人物未生时"，这恐怕不是程子的本意。程子所引"人生而静"这句话，正指本来的性，接着说"才说性时，便已不是性"两句话，是说人们常说的性亦即性之动，已不是性之本体了。这个意思非常明白，详细体会自然可以知道。如果以为"人生而静以上"是指人和物未生时的情况，那就是解说"维天之命"了，那样一来"不是性"三字就没有着落了。

【原　文】

六六、程叔子云："孟子言性，当随文看。不以告子'生之谓性'为不然者，此亦性也。被命受生之后，谓之性尔，故不同，继之以'犬之性犹牛之性，牛之性犹人之性欤'，然不害为一。若乃孟子之言善者，乃极本穷源之性。"尝考叔子论性之语亦多，惟此章意极完备。同中有异，异中有同，性命之实，无余无歉。但章末二语，恐记录者不能无少误尔。盖受气之初，犬牛与人，其性未尝不一，成形之后，犬牛与人，其性自是不同。叔子所云"不害为一"，正指本源处言之，而下文若乃二字却说开了，语脉殊歉照应，非记录之误而何？

【译　文】

程叔子说："孟子论性的言论，应该随文来看。他不以告子'生之谓性'的观点为错，是因为这也是性。受天之命而有了生命之后，才有所谓性，所以万物之性都有所不同，于是他接着说'犬之性就像牛之性，牛之性就像人之性那样吗？'但是，这不影响它们有同一性。至于孟子说的善，则是最根本的性。"我曾经考证过，小程子论性的言论很多，只有这一章意思极其完备。他认为万物之性同中有异、异中有同，因而性命的实质完全包容在其中了。但是本章最后两句话，恐怕是记录者出了点小问题。大体上说，在开始接受天赋之气的时候，犬、牛和人的性没有什么不同，但是成形之后，犬牛和人的性自然是不同的。小程子所说的不影响它们的统一，正是指本源处来说的。可是下文的"至于"（"若乃"）两个字却说远了，语句缺少照应，这不是记录者的错误是什么呢？

【原　文】

　　六七、二程教人，皆以知识为先。其言见于《遗书》及诸门人所述，历历可考。《大学》所谓："欲诚其意者，先致其知。知至而后意诚。"此不易之序也。及考朱子之言，则曰："上蔡说'先有知识，以敬涵养'，似先立一物了。"他日却又有云："未能识得，涵养个甚！"尝屡称"明道'学者须先识仁'一段说话极好"，及胡五峰有"欲为仁，必先识仁之体"之言，则又大以为疑，却谓："不必使学者先识仁体。"其言之先后不一如此，学者将安所适从哉！愚尝窃以所从入者验之，断非先有知识不可。第识仁大是难事。明道尝言："天理二字，是自家体贴出来。"此所以识仁之方也。然体贴工夫，须十分入细，一毫未尽即失其真。朱子之言，大抵多随学者之偏而救之，是以不一，然因其不一而求以归于至一，在我有余师矣。

【译 文】

　　二程教育学生，都把对仁的认识放在首位。他们的言论见于《遗书》和各位门人的记述，都清清楚楚。《大学》说："要想诚意，就要先致知，知到了，意也就诚了。"这是不可改变的次序。但是朱子却有这样的话："谢上蔡说'先有知识，然后再以敬来涵养'，这种说法好像先立了一个东西。"后来他又说："没有认识，涵养个什么呢？"他还多次称赞程明道关于"学者应当先认识仁的本体"这段话说得极好，但是看到胡五峰"想要做仁者，先要认识仁之本体"这句话时，却又大大加以怀疑，认为"不必要求学道的人先认识仁的本体"。他的言论竟然如此前后不一，那么，求学者应该听哪一个说法呢？我曾拿自己入道的经验来验证，肯定非先有认识不可。但识仁的确是难事。程明道曾说过："天理两个字，是我自己体会出来的。"这就是识仁的方法。然而体会的工夫必须十分细致，有一点点不到家，就会失真。朱子的话多数是针对学人存在的偏颇来加以纠正的，因此前后不一致。但是就它们的不一致，以寻求正确的结论，我从中学到了很多东西。

【原 文】

　　六八、理之所在谓之心，故非存心则无以穷理。心之所有谓之性，故非知性则无以尽心。孟子言心言性非不分明，学者往往至于错认，何也？求放心只是初下手工夫，尽心乃其极致，中间紧要便是穷理。穷理须有渐次，至于尽心知性，则一时俱了，更无先后可言。如理有未穷，此心虽立，终不能尽。吾人之有事于心地者，其尽与不尽，反观内省亦必自知。不尽而自以为尽，是甘于自欺而已矣，非诚有志于道者。

【译　文】

　　理所在之处叫作心，所以不存心就不能穷理。心中所有的叫作性，所以不知性就不能尽心。孟子谈心谈性不是不清楚，但是学道的人往往做了错误的理解，这是为什么呢？求得已放之心只是初下手的工夫，尽心则是它的最高境界，这里面重要的是穷理。穷理是有步骤的，至于尽心、知性则是一下子完成的，这二者没有先后。如果穷理不够，心即使立了，也不可能达到尽心的地步。在心地上下工夫的人，心尽了还是没尽，通过反观内省就能知道。没有尽心而自以为尽了，是甘心于自欺罢了，这样的人不是真正有志于学道的。

【原　文】

　　六九、延平李先生曰："动静真伪善恶皆对而言之，是世之所谓动静真伪善恶也，非性之所谓动静真伪善恶也。惟求静于未始有动之先，而性之静可见矣；求真于未始有伪之先，而性之真可见矣；求善于未始有恶之先，而性之善可见矣。"此等言语，是实下细密工夫体贴出来，不可草草看过。

【译 文】

延平李侗先生说："动静真伪善恶都是相对而言的，这是世人所说的动静真伪善恶，不是性的动静真伪善恶。只有在未有动之前来求静，才能看到性的静；在未有伪之前来求真，才能看到性的真；在未有恶之前求善，才能看到性的善。"这样的言语，是实在地下了细密工夫才能体会出来的，不可以马马虎虎看过去。

【原 文】

七〇、动亦定，静亦定，性之本体然也。动静之不常者，心也。圣人性之，心即理，理即心，本体常自湛然，了无动静之别。常人所以胶胶扰扰，曾无须臾之定贴者，心役于物而迷其性也。夫事物虽多，皆性分中所有。苟能顺其理而应之，亦自无事。然而明有未烛，诚有弗存，平时既无所主，则临事之际，又恶知理之所在而顺之乎！故必诚明两进，工夫纯熟，然后定性可得而言，此学者之所当勉也。

动也是定的，静也是定的，性的本体就是这样的。有时而动，有时而静的则是心。圣人按本性生活，因此对于他来说心即是理，理即是心，他的心体常常是清澈的，根本没有动静的差别。普通人之所以总是胶胶扰扰，没有一刻安定，是因为心被物所支配而迷失了自己的本性。事物虽然很多，但它们都是性中本来具有的，如果能顺着事物的法则来对待它们，自然没有问题。但是如果明不能烛照事物之理，诚还没有在心头树立，平时心中没有主宰，那么遇有大事，又怎么知道理在何处并且去顺应它呢？所以一定要在诚与明两个方面同时并进，使工夫纯熟，然后才能谈到定性。这是学者应当努力去做的。

【原 文】

七一、"既不知尊德性，焉有所谓道问学?"此言未为不是，但恐差认却德性，则问学直差到底。原所以差认之故，亦只是欠却问学工夫。要必如孟子所言"博学详说""以反说约"，方为善学。苟学之不博，说之不详，而蔽其见于方寸之间，虽欲不差，弗可得已!

【译 文】

"既然不知道尊德性，哪里还有什么道问学?"这话不能算不对，但是我担心如果把德性认错了，那么问学的事就会一错到底了。为什么会认错德性？其原因也只是少了问学的工夫。总之一定要像孟子所说的那样，博学而详细解说，并能反过来解说至约的理，才是善于学习。如果学得不博，不能详加解说，以主观意见代替对理的认识，即使想要不错，也是不可能的。

【原　文】

七二、程子有云："世人只为一齐在那昏惑迷暗海中，拘滞执泥坑里，便事事转动不得，没着身处。"此言于人甚有所警发，但不知如何出脱得也。然上文已有"物各付物"一言，只是难得到此地位，非物格知至而妄意及此，其不为今之狂者几希！

【译　文】

程子说："世上的人只因为一齐在那昏惑迷暗的海中，在拘滞执着的坑里，所以什么事也办不好，没有一个立身之处。"这话对于人很有警醒作用，但是不知道如何从那海里坑里脱身。不过上文已经有"物各付物"的话（要人们依理而行，不掺杂个人感情），但是达到这个地步非常困难，如果不是做到了物格与知至，而是臆想自己到了这一步，这种人现在不成为狂放之徒都极少的。

【原　文】

七三、"凡言心者皆是已发"，程子尝有是言，既自以为未当而改之矣。朱子文字犹有用程子旧说未及改正处，如《书传》释人心道心，皆指为已发，《中庸序》中"所以为知觉者不同"一语，亦皆已发之意。愚所谓"未定于一"者，此其一也。

【译　文】

"凡是提到心，都是指已发说的。"程子曾经这样说过，后来又以为不妥当而改正了。朱子著书立说，有的地方还沿用程子没有改正的旧观点，如他的《尚书传》解释人心道心，都说是已发，《中庸序》中说的"（人心道心）作为知觉的主体不一样"一语，也是已发的意思。我说朱子的观点"未定于一"，这就是其中之一。

【原　文】

七四、命之理，一而已矣，举阴阳二字，便是分殊，推之至为万象。性之理，一而已矣，举仁义二字，便是分殊，推之至为万事。万象虽众，即一象而命之全体存焉。万事虽多，即一事而性之全体存焉。

【译 文】

命的理只有一个，举出阴阳两个字就是分殊，推到尽头就是万象。性的理也只有一个，举出仁义两个字就是分殊，推到尽头就是万事。万象虽然很多，在一象当中便有命的全体。万事虽然很多，在一事当中便有性的全体。

【原 文】

七五、天之道莫非自然，人之道皆是当然。凡其所当然者，皆其自然之不可违者也。何以见其不可违？顺之则吉，违之则凶，是之谓天人一理。

【译 文】

天之道没有不是自然的，人之道都是当然的。凡是当然的东西，都是自然而不可违背的。怎么知道它的不可违？因为顺之则吉，逆之则凶。这就叫作天人一理。

【原 文】

七六、吾儒只是顺天理之自然。佛老二氏，皆逆天背理者也，然彼亦未尝不以自然借口。邵子有言："佛氏弃君臣父子夫妇之道，岂自然之理哉！"片言可以折斯狱矣。顾彼犹善为遁辞，以谓佛氏门中不舍一法。夫既举五伦而尽弃之矣，尚何法之不舍邪！（此下旧本伤冗，今削之。）①

【译 文】

我们儒家只是要顺天理的自然。佛家、道家都是逆天背理的，但是它们却都以"自然"来做幌子。邵雍说过："佛家抛弃君臣父子夫妇的常道，哪里是自然之理呢！"一句话就可以断这个案。但是他们很善于搞遁辞，说什么佛氏门中不否定任何一个现象。既然把五伦全都否定了，还有什么现象不否定呢？

【原 文】

七七、"静中有物"者，程伯子所谓"亭亭当当，直上直下之正理"是也。朱子以为"思虑未萌，而知觉不昧"，似乎欠一理字。学者或认从知觉上去，未免失之。

【译 文】

"静中有物"的意思，就是程伯子所说的"亭亭当当，直

① 据郑宗古本、《四库全书》本，所削之语为："独有诳取人财，以为饱暖安居之计，乃其所不能舍之法尔。"

上直下之正理"。朱子认为它是"思虑还没有发生，但知觉不昏昧"的意思。这里面似乎少了一个理字，如果学道的人理解到知觉上去，未免要犯错误。

【原　文】

七八、"人心有觉，道体无为。"熟味此两言，亦可以见心性之别矣。

【译　文】

"人心有觉，道体无为。"仔细体会这两句话，也可以看到心与性的差别了。

【原　文】

七九、朱子《辩苏黄门〈老子解〉》有云："道器之名虽异，然其实一物也，故曰'吾道一以贯之'。"与所云"理气决是二物"者又不同矣。为其学者，不求所以归于至一可乎！

【译　文】

朱子在《辩苏黄门〈老子解〉》中说："道与器的名称虽然不同，但其实是一个东西。因此孔子才说'吾道一以贯之'。"这话与他本人说的"理气肯定是两个东西"又不同了。学习朱子学的人，不把这类不同的说法统一起来行吗？

【原　文】

八〇、"乾以易知，坤以简能"，此人之良知良能所自来也。然乾始物，坤成物，固自有先后之序矣。其在学者，则致知力行工夫，要当并进，固无必待所知既彻而后力行之理，亦未有所知未彻，而能不疑其所行者也。然此只在自勉，若将来商量议拟，第成一场闲说话耳，果何益哉！

【译　文】

"乾以平易而显其知，坤以简单而成其能。"这就是人的良知良能的来源。但是乾创始万物，坤成就万物，本来是有先后的次序的。从学道者来说，则致知与力行的工夫应该并进，没有等知得完全透彻然后才力行的道理，也没有知得不透彻，而能坚持自己行为的人。但关键在自勉，如果只是商量讨论，那就只能变成说闲话，到底有什么好处呢？

【原　文】

八一、张子韶以佛语释儒书，改头换面，将以愚天下之耳目，其得罪于圣门亦甚矣。而近世之谈道者，或犹阴祖其故智，往往假儒书以弥缝佛学，律以《春秋》诛心之法，吾知其不能免夫！

【译 文】

张子韶用佛家语言来解释儒家书籍，改头换面地贩卖佛家观点，愚弄普天下的人，实在是圣门的大罪人。近世讲道学的人，有的还在暗中学习他的故技，往往借儒书来掩饰其佛学思想。用《春秋》以动机定罪的办法来要求，我知道这种人是不能逃脱罪责的。

卷下（凡七十五章）

【原　文】

一、尝读宋学士《新刻楞伽经序》，具载我圣祖训词，由是知圣祖洞明佛学。又尝读《御制神乐观碑》，有云："长生之道，世有之，不过修身清净，脱离幻化，疾速去来，使无难阻，是其机也。"于此又知我圣祖深明老氏之学。至于经纶万物，垂训万世，一惟帝王相传之道是遵，孔曾思孟之书，周程张朱之说是崇是信，彝伦攸叙，邪慝无所容。圣子神孙守为家法，虽与天地同其悠久可也。卓哉，大圣人之见，诚高出于寻常万万哉！

【译　文】

我曾经读宋濂学士的《新刻楞伽经序》，上面载有我朝圣祖（朱元璋）的训词，由此知道圣祖很了解佛学。又曾读《御制神乐观碑》，上面说："长生之道世上是有的，但是那不过是以修身得到清净，脱离幻化，来去迅速，做事无困难，这是它的本质。"在这里又知道圣祖是深明道家之学的。但是他处理万务、训导万世，则完全遵循古代帝王相传之道，推崇笃信孔子、曾子、子思、孟子的书，以及周敦颐、程颢、程颐、张载、朱熹的理论，因而常道得以实施，邪恶不能存在。我朝后代帝王把这当作家法来遵守，这个思想与天地一样是永恒的。高明啊！大圣人的见识的确高出普通人万万倍。

【原　文】

二、《易》之为书，有辞、有变、有象、有占。变与象皆出于自然，其理即所谓性命之理也。圣人系之辞也，特因而顺之，而深致其意于吉凶悔吝之占，凡以为立人道计尔。夫变之极，其象斯定，象既定而变复生，二者相为循环，无有穷已。《文言》曰："知进退存亡而不失其正者，其惟圣人乎！"夫消变于未形，圣人之能事也。自大贤以下必资于学。《系辞》曰："君子居则观其象而玩其辞，动则观其变而玩其占，是以自天祐之，吉无不利。"此学《易》之极功也。占也者，圣人于其变动之初，逆推其理势必至于此，故明以为教，欲人豫知所谨，以免乎悔吝与凶。若待其象之既成，则无可免之理矣。

使诚有得于观玩，固能适裁制之宜，其或于卜筮得之，亦可以不迷乎趋避之路，此人极之所以立也，是则君子之玩占，乃其日用工夫，初无待于卜筮。若夫卜筮之所尚，则君子亦未尝不与众人同尔。圣人作《易》之意，或者其有在于是乎?

【译 文】

　　《易》这部书，有辞、有变、有象、有占。爻变和卦象都出于自然，它们的理就是性命之理。圣人把卦爻辞系在象、变之下，就其理而顺应之，特别注意卦占的吉凶悔吝，这都是为建立人道考虑的。一卦的各爻，变到了极点，卦象才能定下来，卦象定了之后变化又重产生，所以变与定两者是相互循环、没有穷尽的。《乾·文言》说："知道进退存亡的道理，而运用起来又不违反正义的，恐怕只有圣人吧。"把事变消灭在萌芽状态，这是圣人的本领，大贤以下的人要做到这点，必须依赖于学习。《易·系辞》说："君子平时观察《易》的象，琢磨它的卦辞。而在行动时则观卦之变，琢磨它对事物的推断。因此老天保佑他，总是吉，没有不利。"这是学《易》能达到的最高成就。占就是圣人在变动之初，根据道理和形势推断它将要发展到何种地步，明白地告诉人们，要人们事先即懂得注意什么，以免于悔吝和凶。如若等到象已经形成，那就没有办法免除灾祸了。在观察与琢磨上真的有所得，就能用适当办法进行裁制，这种办法也可能从卜筮得到，那也可以明白如何趋吉避凶，这便是用来立人道的根据。这样，君子研究《易》乃是他的日常修养工夫，并不一定为了卜筮才这样做。至于说君子卜筮所要追求的，当然也与众人一样。圣人作《易》的本意大概正在这里吧。

【原　文】

　　三、程子言："圣人用意深处，全在《系辞》。"盖子贡所谓"性与天道，不可得而闻"者，《系辞》发明殆尽。学者苟能有所领会，则天下之理皆无所遗，凡古圣贤经书微言奥义，自然贯通为一，而确乎有以自信，视彼异端邪说，真若蹄涔之于沧海，碔砆之于美玉矣。然或韦编屡绝，而不能辩世间之学术，则亦何以多读为哉！

【译　文】

　　程子说："圣人在《易》上用意最深的地方就是《系辞》。"大概子贡所说的孔子没有直接讲给他听的有关性与天道的那些道理，《系辞》都发挥得差不多了。学道的人如果能有所领会，则天下的道理都能包罗无遗，凡是古代圣贤及经书中的微言奥义，自然可以贯通起来，并且有坚定的自信。对于这种人来说，异端邪说与《系辞》的真理比起来，好比小水洼比沧海、石头比美玉。但是如果把《周易》看烂了还不能辨析世间的学术，也就不必多读了。

【原 文】

四、刘保斋于卦德、卦体、卦象从朱子，卦变从程子，其义甚精。盖亦因其言之不一，而求以归于至一，可谓笃于尊信程朱者矣。

【译 文】

刘保斋论卦德、卦体、卦象依从于朱子，论卦变则依从于程子，把道理阐述得很精确。他就程朱在说法上的不一致之处，经研究而使它们归于一致，可以说他是实实在在尊信程朱的人啊。

【原 文】

五、《诗》三百十一篇，人情世态，无不曲尽。燕居无事时，取而讽咏之，历历皆目前事也，其可感者多矣。"百尔君子，不知德行。不忮不求，何用不臧！"其言诚有味哉。

【译 文】

《诗经》共三百一十一篇，把人情世态表现得淋漓尽致，平时无事时拿出来诵读，明明白白都是眼前的事，其中感人的很多。"凡是君子，能不知德行吗？如果不嫉恨，不贪求，做什么不是善的呢？"这话说得很有味啊！

【原　文】

六、"范围天地之化而不过。"程子云："模范出一天地尔，非在外也。"如此即是与天道吻合之意，所谓"不过"者在圣人。朱子云："天地之化无穷，而圣人为之范围，不使过于中道，所谓裁成者也。"如此则所谓"不过"者，疑若指化育。然窃惟天地之化，消息盈虚而已，其妙虽不可测，而理则有常。圣人裁成之云，亦惟因其时，顺其理，为之节度，以遂生人之利，非能有所损益也。"不使过于中道"一语，似乎欠莹，若程说则简而明矣。

【译　文】

《易传》说的"范围天地之化而不过"，程子的解释是："在心中模拟出一个天地，不是在心之外。"这是与天道相吻合的意思，因此"不过"是说圣人自己不违反天道。朱子的解释是："天地的变化是无穷的，圣人给它立个规范，不让它偏离了中道，这就是人们所谓的裁成的意思。"这样，所谓"不过"好像是指造化。但是我想，天地的变化就是消息盈虚罢了，它的微妙之处虽然是不可测的，但理则是恒常不变的。"圣人裁成"的意思也只是因时顺理地给它以节度，从而满足人们的要求，并不能对变化本身有所损益。朱子的"不使过于中道"一语似乎没说清楚，程子的说法又简单又明白。

【原　文】

七、"东北丧朋，乃终有庆。"程《传》之义为精用，说桎梏。觉得《本义》尤与上下文相协。年来深喜读《易》，但精神渐短，浃洽为难尔。大凡读《传》《义》者，于其异同之际，切宜致思。

【译　文】

《易经》说："东北丧朋，乃终有庆。"① 程《传》认为这里是从完成化育的作用来说的，其说不顺。朱子的《本义》认为这是从坤所安之位来说的，我觉得此说与上下文协和一致。近年来非常喜欢读《易经》，但是感到精力不足了，贯通起来困难。凡是读《程氏易传》和《周易本义》的人，对它们之间的异同应该很好地研究。

---

① "东北丧朋，乃终有庆"为《易·坤》彖辞。按八卦方位图，西南为三阴卦，东北为三阳卦。坤为阴卦，在西南为得朋，在东北为丧朋，但是坤阴的本性是要以阳为其主的，所以在东北虽然丧朋但最终是吉利的。

【原 文】

八、孔子作《春秋》，每事只举其大纲，以见意义，其详则具于史。当时史文具在，观者便见得是非之公，所以"《春秋》成而乱臣贼子惧"。其后史既亡逸，惟圣笔独存。左氏必曾见国史来，故其作传皆有来历，虽难于尽信，终是案底。

【译 文】

孔子作《春秋》，每一件事只是举出它的大纲，来显出它的意义，详细情况都保留在史中。当时记史的文字都在，看史的人都可以见到公是公非，因此"《春秋》写成，乱臣贼子都感到恐惧"。后来史文亡逸了，只有孔子的《春秋》还在。左丘明一定是读过国史的，所以他作的《左传》，事情都有来历，虽然不可以完全相信，但那终究是底本。

【原 文】

九、《尚书》有难晓处，正不必枉费心思，强通得亦未必是。于其明白易晓者，熟读而有得焉，殆不可胜用矣。

【译 文】

《尚书》中有难懂之处，不必在那上面白费心思，勉强说通了也未必就对。对于那些明白易懂的地方熟读并且有收获，那恐怕就受用不尽了。

【原 文】

一〇、《书》言："以义制事，以礼制心。"《易》言："敬以直内，义以方外。"大旨初无异也。但以字在义、礼上，则人为之主，与理犹二。以字在敬、义下，则敬义为之主，人与理一矣。其工夫之疏密，造诣之浅深，固当有别。

【译 文】

《尚书》说："以义来约束行为，以礼来约束人心。"《周易》说："敬而使内心直，义而使行为正。"两句话的宗旨没有不同。但是以字在义字和礼字上面，那意味着人为主，与理还不是一回事。反之以字在敬字义字下面，那意味着敬和义为主，人与理统一起来了。这两句话反映它们在工夫的疏密，造诣的深浅上是有区别的。

【原　文】

　　一一、《尧典》有知人之道四："嚚讼"一也，"静言庸违，象恭"二也，"方命圯族"三也，皆所以知小人；"克谐以孝"四也，所以知君子。嚚讼与圯族，皆所谓刚恶也，静言象恭，柔恶也。小人之情状固不止此，然即此三者亦可以概之。孝乃百行之首，汉去古未远，犹以孝廉取士，然能使顽父、嚚母、傲弟相与感化而不格奸，则天下无不可化之人矣。非甚盛德，其孰能之！《尧典》所载"历象授时"外，惟此四事乃其举措之大者，所举若此，所措若彼，非万世君天下者之法乎？苟能取法于斯，虽欲无治，不可得已。

【译　文】

　　《尚书·尧典》中写了四种了解人的方法。"奸诈好讼"是第一条，"言行相反，表面恭顺"是第二条，"喜欢方直之名而毁坏善类"是第三条，这些都是用来了解是不是小人的。"以孝来和谐亲人共进于善"是第四条，这是用来了解是不是君子的。第一、二条是所谓刚恶，而第三条则是柔恶。小人的表现固然不止于此，但用这三条即可以概括它。孝是百种善行之首，汉代离古代不远，所以还用孝与廉的标准来取士。能使顽父、嚚母、傲弟都被感化而不发展为奸邪，那么天下就没有不能感化的人了。如果没有特别伟大的德性，怎能做到这一点？《尧典》所载的除了"历象授时"之外，只有这四件事是大的举措，这样的举措，难道不是万世帝王的大法吗？如果帝王学了这些治世之法，想要天下不治都是不可能的。

【原　文】

一二、《春秋》殊未易读。程子尝言："以传考经之事迹，以经别传之真伪。"如欧阳文忠公所论鲁隐、赵盾、许止三事，可谓笃信圣经而不惑于三传者矣。及胡文定作传则多用三传之说而不从欧公。人之所见，何若是之不同耶！夫圣笔之妙如化工，固不容以浅近窥测，然求之太过，或反失其正意。惟虚心易气，反复潜玩，勿以众说汩之，自当有得也。三传所长固不容掩，然或失之诬，或失之凿，安可以尽以为据乎？窃谓欧公之论恐未可忽，舍程子两言亦无以读《春秋》矣。

【译　文】

《春秋》是很不容易读的。程子曾经说："用传来考订经中讲的事迹，同时用经来分辨传的真伪。"如欧阳修所论鲁隐、赵盾、许止三人的事迹，可以说是笃信《春秋》经而不为三传所迷惑呀。胡安国《春秋传》则多采用三传的说法，而不尊从欧阳修。人们的见识为什么这样的不同啊！孔子的笔就如造化那样神妙，固然不容许把他写的理解得过于肤浅，但是理解过深也会失其本意。只有虚心静气，反复思索，不受众说的迷惑，自然就会有所得。三传的长处不能抹杀，但是它们谈事情，有的失实，有的穿凿，怎么能完全当作根据来看呢？我认为欧阳修的观点不应该忽视，离开程子的两句话也不能读《春秋》。

【原　文】

一三、"能者养以之福"，累见诸本皆作"养之以福"，倒却一字，其意味理致迥然不同。承讹蹈误若此类，盖亦多矣。

【译　文】

《汉书》"能者养以之福"这句话，我看过的许多本子都作"养之以福"，颠倒了一个字，它的意味与道理迥然不同。像这样沿袭错误的情况，大概是不少的吧。

【原　文】

一四、《乐记》"人生而静，天之性也。感于物而动，性之欲也"一段，义理精粹，要非圣人不能言。陆象山乃从而疑之，过矣。彼盖专以欲为恶也。夫人之有欲，固出于天，盖有必然而不容已，且有当然而不可易者。于其所不容已者而皆合乎当然之则，夫安往而非善乎？惟其恣情纵欲而不知反，斯为恶尔。先儒多以"去人欲""遏人欲"为言，盖所以防其流者，不得不严，但语意似乎偏重。夫欲与喜怒哀乐，皆性之所有者，喜怒哀乐又可去乎？象山又言："天亦有善有恶，如日月蚀、恶星之类。"是固然矣，然日月之食，彗孛之变，未有不旋复其常者，兹不谓之天理而何？故人道所贵，在乎"不远而复"，奈何"滔滔者天下皆是也"！是则循其本而言之，天人曷尝不一？究其末也，亦安得而不二哉！

【译　文】

《乐记》的"人生而心静，这是天性。物感而心动，这是欲望"这一段，道理讲得极为精粹，不是圣人是说不出来的。陆象山对这段表示怀疑，他认为欲就是恶。人有欲望，本是出自天的，它是必然且不得不然的，但其自身又有当然而不能改变的准则。如果不得不然的东西，都能符合当然之则，那么怎么会有不善呢？只有任性纵欲而不知改悔才是恶。先儒多谈"去人欲""遏人欲"，大概在于防人欲的泛滥，不能不严，但是话说得过重了。实际上欲与喜怒哀乐都是性中所有的，又如何可以去掉喜怒哀乐呢？象山又说："天也是有善有恶的，如日食、月食和恶星之类的现象。"这是当然了，但是日月食和彗星的出现，没有不很快恢复其常态的，这不叫作天理又该叫什么呢？所以人之道特别推重"不远而复"（在歧路上走不远就能回头），但事实上"不合道理的行为天下到处都有"。因此，从根本上来说，天与人何尝不一致？但是从末流来说，天与人又如何能够一致呢？

【原文】

一五、《曾子问》："昏礼，既纳币，有吉日，而婿之父母死，已葬。使人致命女氏曰：'某之子有父母之丧，不得嗣为兄弟。'女氏许诺而弗敢嫁，礼也。婿免丧，女之父母使人请，婿弗取，而后嫁之，礼也。女之父母死，婿亦如之。"陈澔《集说》谓："婿祥禫之后，女之父母使人请婿成昏，婿终守前说而不取，而后此女嫁于他族。若女免丧，婿之父母使人请，女家不许，婿然后别娶。"此于义理人情皆说不通，何其谬也！安有婚姻之约既定，直以丧故，需之三年之久，乃从而改嫁与别娶耶！盖"弗取""弗许"者，免丧之初，不忍遽尔从吉，故辞其请，亦所谓礼辞也。其后必再有往复，昏礼乃成。圣人虽未尝言，固可以义推也。澔之《集说》未为无功于《礼》，但小小疏失，时复有之，然害理伤教，莫此为甚。

【译 文】

　　《礼记·曾子问》说："婚礼中，出过彩礼之后，遇到吉日，但是女婿的父母死了并且葬了。男方派人到女方家里表示：某家之子，因为有父母之丧，不能结婚。女家同意而不改嫁，这是合于礼的。女婿免丧之后，女方父母派人去要求结婚，女婿不娶，然后改嫁，也是合于礼的。女方父母死了，女婿也可以这样做。陈澔《集说》认为："女婿服丧结束之后，女方父母派人要求女婿成婚，女婿坚持原来的说法不变，然后这女子嫁给另外一家。如果女方免丧之后，女婿的父母派人来要求成婚，女家不同意，女婿可以另娶。"这在义理和人情上都说不通，多么荒谬！哪里有已经定下婚姻之约，只是因为有丧事要等三年，就要求改嫁或另娶？其中所说的"不娶""不同意"，都是在免丧之后不忍心立即操办喜事，所以不同意另方的请求，这就是所谓礼辞。这以后一定还会有往复，于是乎就举行婚礼。这些事情圣人虽然没有说，本来是可以根据道理推断出来的。陈澔的《集说》对阐明《礼》是有贡献的，但是也常有小的疏漏。疏漏虽小，却严重地损害了天理，破坏了儒教。

【原 文】

　　一六、《易》逐卦逐爻各是一象，象各具一理。其为象也不一，而理亦然。然究而论之，象之不一，诚不一也，理之不一，盖无往而非一也。故曰："同归而殊途，一致而百虑。"非知道者，孰能识之？

【译 文】

　　《易经》的每一卦和每一爻都构成独立的一个象，每一个象都有自己的理。象不同，理也不同。但是说到底，象的不一致是真的不一致，而理的不一致则恰好是实际的一致。所以《易传》说："道路不同而趋向一致，想法不同而目标一致。"如果不懂得大道，谁能认识这一点呢？

【原 文】

　　一七、《孟子》"性也，有命焉；命也，有性焉"一章，语意极为完备，正所谓理一而分殊也。当时孟子与告子论性，皆随其说而折难之，故未暇及此。如使告子得闻斯义，安知其不悚然而悟，俛焉而伏也？

【译 文】

　　《孟子》说："物质生活是人性的要求，但是最终是由命运来决定的；道德生活受命运的影响，但最终是由人性决定的。"这一章意思说得极为完备，就是人们所说的理一分殊。在与告子讨论性的问题时，孟子都是随告子的说法进行辩难，所以没有谈到这个问题。如果告子能够听到这个道理，怎么知道他不会幡然悔悟，低头服输呢？

【原　文】

一八、董子云："性者，生之质也。"观告子论性，前后数说，其大旨不出生、质二字而已。董子知尊孔子，未必不知有孟子之说，而顾有合于告子，岂其亦有所受之耶！

【译　文】

董仲舒说："性就是天生的品质。"看看告子对性的观点，其根本意思也不出生和质两个字。董仲舒知道尊崇孔子，未必不知孟子讲的这个道理，却相反地与告子相一致，难道他是跟什么人学来的吗？

【原　文】

一九、周子《太极图说》篇首"无极"二字，如朱子之所解释，可无疑矣。至于"无极之真，二五之精，妙合而凝"三语，愚则不能无疑。凡物必两而后可以言合，太极与阴阳果二物乎？其为物也果二，则方其未合之先各安在耶？朱子终身认理气为二物，其源盖出于此。

愚也积数十年潜玩之功，至今未敢以为然也。尝考朱子之言有云，"气强理弱""理管摄他不得"。若然，则所谓太极者，又安能为造化之枢纽，品物之根柢耶？惜乎！当时未有以此说叩之者。姑记于此，以俟后世之朱子云。

【译 文】

　　周敦颐的《太极图说》开篇有"无极"两字，像朱子那样解释①，可以说没有什么疑问了。可是到了后面的"无极之真，二五之精，妙合而凝"这三句话，我就不能没有疑问了。因为必须有两个东西才能说"合"，那么太极与阴阳果真是两个东西吗？如果是两个东西，那么在未合之前它们分别存在于哪里呢？朱子一生始终认为理气是两回事，根子就在这里。我积累了几十年思索体认的工夫，到现在也不敢同意他的意见。我曾经查过朱子的话，他曾说过"气强理弱""理管摄它不得"等等。如果是这样，那么太极又怎么能作为造化的枢纽、万物的根源呢？可惜呀，当时没有人用这个话来质问朱子。姑且把这些话记在这里，等待后世的朱子来评定吧。

---

①　《太极图说》开篇说"无极而太极"，朱子认为这说的是"无形而有理"。罗氏不同意此说，以为即使这里能说通，下面的无极与二五之精的"合"与"凝"也说不通。

【原 文】

二〇、朱子谓："《通书》之言，皆所以发明太极之蕴。"然书中并无一言及于无极，不知果何说也？

【译 文】

朱子说："《通书》的话，都是阐发太极的义蕴的。"但是实际上《通书》里没有一句话说到无极这个概念，不知究竟如何解释？

【原 文】

二一、《通书》四十章义精词确，其为周子手笔无疑。至如"五殊二实，一实万分"数语，反复推明造化之妙，本末兼尽，然语意浑然，即气即理，绝无罅缝，深有合乎《易传》"乾道变化，各正性命"之旨，与所谓"妙合而凝"者有间矣。知言之君子，不识以为何如？

【译 文】

《通书》四十章道理精粹，语言明确，无疑是周敦颐的手笔，比如"五行归结为阴阳，一理化分为万物"等话，反复说明造化的神妙，本体与现象都说明白了，且说得精彩，理气圆融，没有缝隙，与《易传》"乾道运行变化，而万物各得其性"的思想深深地契合，与所谓的"妙合而凝"的话不同。通于文义的君子们，不知你们认为怎样？

【原 文】

二二、张子《正蒙》"由太虚有天之名"数语，亦是将理气看作二物，其求之不为不深，但语涉牵合，殆非性命自然之理也。尝观程伯子之言，有云："上天之载，无声无臭，其体则谓之易，其理则谓之道，其用则谓之神，其命于人则谓之性。"只将数字剔拨出来，何等明白！学者若于此处无所领悟，吾恐其终身乱于多说，未有归一之期也。

【译 文】

张子《正蒙》的"由太虚有天之名"等几句话，也是把理气看作两个东西，他研究得不算不深，但是话说得牵强，大概不能算是性命的自然之理。我曾经看过大程子的书，其中说："上天所存的东西，本来无声无臭。它的体叫作易，它的理叫作道，它的作用称作神，它给予人的称作性。"只是把几个字突出出来，就十分明白！学道的人如果在这里还是无所领会，我怕他终身陷于各种理论的矛盾中，没有思想统一的那一天。

　　二三、《正蒙》云："聚亦吾体，散亦吾体。知死之不亡者，可与言性矣。"又云："游气纷扰，合而成质者，生人物之万殊。其阴阳两端，循环不已者，立天地之大义。"夫人物则有生有死，天地则万古如一。气聚而生，形而为有，有此物即有此理。气散而死，终归于无，无此物即无此理，安得所谓"死而不亡者"耶！若夫天地之运，万古如一，又何死生存亡之有？譬之一树，人物乃其花叶，天地其根干也。花谢叶枯，则脱落而飘零矣，其根干之生意固自若也，而飘零者复何交涉？谓之不亡，可乎！故朱子谓：张子此言，"其流乃是个大轮回"。由其迫切以求之，是以不觉其误如此。

【译　文】

　　《正蒙》说："凝聚起来是气，消散之后也还是气。明白死并非消亡的人，是可以和他一起探讨性的问题的。"又说："游气纷乱运动，聚合为形质，就生成万殊的人与物。阴阳二气循环交替发挥作用，则形成天地的大道。"人与物是有生有死的，天地是万古如一的。气凝聚在一起，形成万事万物，有这事物便有这事物的理。气散了事物便灭亡了，最后归结为无，没这事物也就没这事物之理了，哪里会有什么"死而不亡"的呢？天地的运动是万古如一的，对于它根本没有什么生死存亡可说。譬如一棵大树，人与物是它的花叶，天地是它的根干。花叶枯萎，即凋谢零落了，但是它的根干仍然保持着生命力，凋谢的花叶与它再没有关系，说它们不亡怎么行呢？所以朱子说：张子这话"最终是个轮回思想"。因为他考虑得过头了，所以不知不觉犯了这样的错误。

【原　文】

　　二四、"游气纷扰，合而成质者，生人物之万殊。阴阳两端，循环不已者，立天地之大义。"《中庸》有两言尽之，曰："小德川流，大德敦化。"

【译　文】

　　《正蒙》说："游气纷乱运动，聚合为形质，就生成万殊的人与物。阴阳二气循环交替发挥作用，则形成天地的大道。"《中庸》有两句话可以把它包容无遗："小德川流，大德敦化。"

【原　文】

　　二五、曾子易簧，仁也。子路结缨，勇也。恐未可一而视之。

【译 文】

　　曾子死时调换超标准的席子是仁的表现，子路死时把帽缨结好是勇的表现，恐怕不可以同等看待。

【原 文】

　　二六、释经小有不同，未为大害，至于义理之本原，毫发不容差互也。

【译 文】

　　解释经书在小的方面有不一致，关系不大。至于根本道理则不容许有丝毫的不一致。

【原 文】

　　二七、《正蒙》中论礼器、礼运甚详，究其归，不出体用两言而已。体立则用行，体信斯达顺矣。

【译 文】

　　《正蒙》中论礼器、礼运都很详细，探寻其宗旨，不出乎体与用两个字，体建立起来了，用方能实行；体实在了，用也就顺畅了。

【原文】

二八、《正蒙》有云："阴阳之气，循环迭至，聚散相荡，升降相求，氤氲相揉。盖相兼相制，欲一之而不能。此其所以屈伸无方，运行不息，莫或使之。不曰性命之理，谓之何哉！"此段议论最精，与所谓太虚、气化者有间矣。盖其穷思力索，随有所得，即便札记，先后初不同时，故浅深疏密亦复不一，读者择焉可也。

【译文】

《正蒙》说："阴阳二气，循环往来，一聚一散地相互激荡，一升一降地相互追求，氤氲纷扰地相互摩擦。总之是在相互统辖与控制，但是想要完全合一又是不可能的。这正是阴阳二气能够屈伸不定，运行不息，而不由外力推动的原因。对于这种情况，不叫它性命之理，叫它什么呢？"这一段话最为精彩，与所谓太虚和气化的那些议论不同。因为他殚精竭力地探索，有所得就做出札记，其言论并非同时，所以深浅粗细也都不一致，读者能自己做出选择就行了。

【原文】

二九、《六经》之道同归，而礼乐之用为急。然古礼古乐之亡也久矣，其遗文绪论仅有存者，学者又鲜能熟读其书，深味其旨，详观其会通，斟酌其可行之实，遂使先王之礼乐，旷千百年而不能复，其施用于当世者，类多出于穿凿附会之私而已，可慨也夫！

【译　文】

　　《六经》的道理，其指归是一个，其中礼乐的实行，乃是最紧迫的。然而古礼、古乐久已亡佚，有关的文献传世不多，而很少有学者能够熟读那些书籍，好好体会它们的旨趣，详细研究如何融会贯通，斟酌哪些是目前可行的，于是就使先王的礼乐废了千百年而不能恢复，而当代实行的礼，大体上都出于穿凿附会。可叹啊！

【原　文】

　　三〇、邵子因学数推见至理，其见处甚超，殆与二程无异。而二程不甚许之者，盖以其发本要归，不离于数而已，其作用既别，未免与理为二也。故其出处语默，揆之大中至正之道，时或过之。程伯子尝语学者云："贤看某如此，某煞用工夫。"盖必反身而诚，斯为圣门一贯之学尔。

【译　文】

　　邵雍由于学习易数而推见最高的道理，他的观点非常高明，差不多与二程没有区别。但是二程并不太赞同他，大概是因为他的起点与归宿都是数，作用不同，未免与理存在差异。所以邵子的为人处世，如果用大中至正的大道去衡量，常常显得过分。程伯子曾经对学者说："你们看我这样洒脱，其实我是大大地下过工夫的。"必须返回到自身而使道理真正落实，这才是儒家的一贯之学。

【原　文】

三一、"天道之变，尽于春夏秋冬。世道之变，尽于皇、帝、王、霸。"是固然矣。然一年之内四气常均，且冬则复春，春则复夏。自三皇以至今日，盖四千余年，而霸道独为长久，何也？岂天道往则必复，世道将一往而遂不反耶？仅有一说：王霸之道虽殊，然霸者之所假，亦必帝王之道。汉唐宋皆多历年所，其间帝王之道固尝少试于天下。然则，虽谓之帝王之世可矣。

【译　文】

"天道的变化，在春夏秋冬中穷尽了；世道的变化，在皇帝王霸中穷尽了。"这当然是对的。但是一年之内，春夏秋冬四气常常是平均的，而且冬过了便是春，春过了便是夏。但是从三皇以来，有四千多年，其间霸道特别长久，这是为什么呢？难道天道是往而必复，而人道则是一往而不复的吗？这里我有一个看法，王道霸道虽然不同，但是霸者所依仗的也一定是帝王之道。汉朝、唐朝、宋朝都经历多年，其中帝王之道肯定多少在天下试行过。这样，即使说它们是帝王之世也是可以的。

【原　文】

三二、视听思虑动作皆天也，人但于其中要识得真与妄尔。动以天之谓真，动以人之谓妄。天人本无二，人只缘有此形体，与天便隔一层，除却形体浑是天也。然形体如何除得？但克去有我之私，便是除也。

【译　文】

视听、思虑、动作都是天生的，人只要在其中分辨出真与妄就行了。遵从天理的视听、思虑、动作叫作真，屈从人欲的便叫作妄。天与人本来是一回事，但是人只因为有这个形体，就与天隔了一层，除去形体全是天，但怎么去掉形体呢？只要克服私心杂念就行了。

【原　文】

三三、邵子云："中庸非天降地出，揆物之理，度人之情，行其所安，斯为得矣。"愚窃以为，物理人情之所安，固从天降地出者也。子思作《中庸》一书，首言"天命之谓性"，终以"上天之载，无声无臭"二语，中间散为万事，有一不出于天者乎？故君子依乎中庸，无非顺天而已，不容一毫私智有所作为于其间也。以邵子之高明，固已妙达天人之蕴，而其言如此，岂其急于诱进学者，姑指而示之近欤！记《礼》者亦有此言，要非深意之所存也。

【译 文】

邵雍说："中庸不是从天而降或从地下冒出来的。从物理来考察，从人情来勘验，做妥当的事，这就是中庸。"我以为物理和人情认为妥当的，那就是从天地来的。子思作《中庸》，开头说"天赋与人的便是性"，结尾说"上天所有的理是无声无臭的"，中间写的则是体现天理的万事。这里面有一件是不出于天的吗？因此君子依凭中庸，也就是顺从天理，不容一点点私心在其中起作用。邵雍的水平应该说已经把握了天人的大道，但他的话却是这样，难道是他急于引导求学者，所以姑且指示浅近的东西给他们看吗？记《礼》的人也有这类的话，但那并没有什么深意。

【原 文】

三四、《春秋》事迹莫详于《左传》。左氏于圣人笔削意义虽无甚发明，然后之学《春秋》者，得其事迹为据，而圣经意义所在，因可测识，其功亦不少矣。且如楚世子商臣之恶，向非《左传》载之详，何由知其恶之所自？既不知其恶之所自，则圣人垂戒之意荒矣。盖凡"篡弑"之书，非但以垂戒臣子，亦以垂戒君父。夫君不君，则臣不臣；父不父，则子不子，此一说也。君虽不君，臣不可以不臣；父虽不父，子不可以不子，此又一说也。君君、臣臣、父父、子子，然后纲常正而品物遂，此《春秋》所以有功于万世也。或乃谓《春秋》凡书弑君，弑即是罪，何必更求其详！果如其言，即不过发读者一长叹而已，于世道竟何补，而圣人又奚以作《春秋》为哉！

【译 文】

《春秋》中谈到的事迹，在《左传》中写得最详细。左丘明对孔子笔削的意义虽然没有什么阐发，但是后世学《春秋》的人，以它所写的事迹为根据，也可以推测了解《春秋》经的意义，所以它的功劳也不小。比如楚世子商臣的恶①，如果不是《左传》详细记载了，怎么能知道他恶名的来由呢？不知他的恶的来由，那么孔子的教导就落空了。凡是经上面写了

---

① 商臣，原被其父楚成王立为太子，后其父欲废商臣而立其庶弟为太子，商臣怒，率兵围王宫，逼死成王，自立为王，是为穆王。

"篡弑"的，不但是用来教训臣子，也是用来教训君父的。君不像君，臣就不像臣；父不像父，子就不像子，这是一种说法。君虽然不像君，但是臣不可以不像臣，父虽然不像父，但是子不可以不像子，这是又一种说法。君像君，臣像臣，父像父，子像子，然后三纲五常得正，万物都能生存成长，这就是《春秋》有功于万世的道理。有人说，《春秋》凡书弑君的，弑就是罪，何必要详细了解具体事实呢！真的像他这样说，那只能是让读者发一声长叹而已，对于世道究竟有什么补益？圣人又干嘛要作《春秋》？

【原 文】

　　三五、理须就气上认取，然认气为理便不是。此处间不容发，最为难言，要在人善观而默识之。"只就气认理"与"认气为理"，两言明有分别，若于此看不透，多说亦无用也。

【译 文】

　　理应该在气上认识，但是把气认作理则是不对的。这里它们差别很小，最难说清楚，关键在人善于观察而默默领悟。只在气上认识理，和把气认作理，这两句话明明是有分别的，在这里如果看不透，多说也没有用。

【原文】

三六、或问杨龟山：“《易》有太极，莫便是道之所谓中否？”曰：“然。”“若是，则本无定体，当处即是太极耶？”曰：“然。”“两仪、四象、八卦如何自此生？”曰：“既有太极，便有上下，有上下便有左右前后，有左右前后四方，便有四维，皆自然之理也。”龟山此段说话，词甚平易而理极分明，直是看得透也。然学者于此，当知圣人所谓太极，乃据《易》而言之。盖就实体上指出此理以示人，不是悬空立说，须子细体认可也。

【译文】

有人问杨时：“《易》有太极，大概就是道所谓的‘中’吧？”答曰：“是的。”那人又问：“如果是这样，那就是说本来没有一定之体，凡合理处都是太极吗？”杨答道：“是的。”又问：“两仪四象八卦，怎样从太极生出来？”杨答：“既有太极，就有上下，有上下就有左右前后，有左右前后四方，就有四维，这都是自然之理。”龟山这段话语言很平常，但是道理却非常清楚，就是看得透。但是求学者应当知道，圣人所谓太极乃是从《易》来说的，是就着实体指出这个理给人看的，不是凭空说理，要仔细体认才好。

【原 文】

三七、谢上蔡有言："心之穷物有尽，而天者无尽，如之何包之？"此言不知为何而发。夫人心之体即天之体，本来一物，无用包也，但其主于我者谓之心尔。心之穷物有尽，由穷之而未至尔，物格则无尽矣。无尽即无不尽，夫是之谓尽心，心尽则与天为一矣。如其为物果二，又岂人之智力之所能包也哉！

【译 文】

谢良佐曾经说过："人心对物的认识是有限的，但是天是无限的，心怎样才能包住天呢？"这话不知是为什么而发的。实际上人心之体就是天之体，本来是一个东西，不必谈包的问题，只是在我身上做主宰的叫作心罢了。心对物的研究有限，是因为格物穷理还不到家。达到物格的程度，那就是无尽，无尽即是穷尽了一切道理，这就叫作尽心，心尽则与天成为一体。如果心与天真的是两个东西，单靠人的智力怎么把天包起来呢？

【原 文】

三八、程伯子尝言："万物皆备于我，不独人尔，物皆然。"佛家亦言："蠢动含灵，皆有佛性。"其大旨殆无异也，而伯子不可其说。愚尝求其所以不可之故，竟莫能得也。夫佛氏之所谓性者觉，吾儒之所谓性者理，得失之际，无待言矣。然人物之生，莫不有此理，亦莫不有此觉。以理言之，伯子所谓"不独人尔，物皆然"是也。以觉言之，"蠢动含灵"，与佛容有异乎？凡伯子之言，前后不同者，似此绝少。愚是用反覆推究，以求归于至一云。

【译 文】

　　大程子曾经说："万物在我身上都是齐备的，不但对人来说是这样，对物来说也是这样。"佛家也说："能运动并含有知觉的，都是有佛性的。"这两说的基本思想大体没有什么差别，但是大程子不赞成佛家的说法。我曾经探求其缘故，最终也没找到。佛家所谓的性是觉，我们儒家所谓的性是理，这中间的对与错不用说了。但是人、物都有这个理，也都有这个觉。从理来说，大程子所说的"不但对人来说是这样，对物来说也是这样"，是对的。从觉来说，佛家认为人、物都是"能运动并含有知觉的"，能说它不对吗？大程子说的话，像这样前后不同是很少的，因此我要反复探讨，求得一个正确的说法。

【原 文】

　　三九、国初，深于理学者殊未多见，禅学中却尽有人。儒道之不融，虽则有数存焉，吾人不得不任其责也。当时宋潜溪为文臣之首，文章议论施于朝廷而达之天下者，何可胜述？然观其一生受用，无非禅学而已。以彼之聪明博洽，使于吾道诚加之意，由博而约，当有必至之理，其所成就，岂不伟然为一代之巨儒哉！弃周鼎而宝康瓠，吾不能不深为潜溪惜也。

【译　文】

明朝建国之初，深入研究理学的人极少，但是搞禅学的却大有人在。儒道没有为广大士人真正接受，虽然有命运在其中起作用，但是我们儒者也不能不承担责任。宋濂是当时最著名的文臣，他的文章和议论被朝廷采纳而施行于天下的，不可计数。但是看他一生得益的无非是禅学。以他那样聪明、有学问，假使对儒学肯下工夫，由博大到简约，应当能够达到圣贤的地步，那么他一定能成为一代大儒。抛弃周鼎而将破瓦器当成宝贝，我深为宋濂感到惋惜。

【原　文】

四〇、禅学毕竟浅。若于吾道有见，复取其说而详究之，毫发无所逃矣。

【译　文】

禅学到底是浅的。如果对儒道有认识，再拿它的理论来详细研究，那么它的哪怕是很小的问题也逃不掉了。

【原　文】

　　四一、朱陆之异同，虽非后学所敢轻议，然置而弗辨，将莫知所适从，于辨宜有不容已者。辨之弗明而弗措焉，必有时而明矣，岂可避轻议儒先之咎，含胡两可，以厚诬天下后世之人哉！夫斯道之弗明于天下，凡以禅学混之也。其初不过毫厘之差，其究奚啻千万里之远？然为禅学者既安于其陋，了不知吾道之为何物；为道学者，或未尝通乎禅学之本末，亦无由真知其所以异于吾道者果何在也。尝考两程子、张子、朱子早岁皆尝学禅，亦皆能究其底蕴，及于吾道有得，始大悟禅学之非而尽弃之。非徒弃之而已，力排痛辟，闵闵焉，惟恐人之陷溺于其中，而莫能自振，以重为吾道之累。凡其排辟之语，皆有以洞见其肺腑，而深中其膏肓之病，初非出于揣摩臆度之私也。故朱子目象山为禅学，盖其见之审矣，岂尝有所嫌忌，必欲文致其罪而故加之以是名哉！

　　愚自受学以来，知有圣贤之训而已，初不知所谓禅者何也。及官京师，偶逢一老僧，漫问何由成佛，渠亦漫举禅语为答云："佛在庭前柏树子。"愚意其必有所谓，为之精思达旦，揽衣将起，则恍然而悟，不觉流汗通体。

既而得禅家《证道歌》一编，读之，如合符节，自以为至奇至妙，天下之理莫或加焉。后官南雍，则圣贤之书未尝一日去手，潜玩久之，渐觉就实。始知前所见者，乃此心虚灵之妙，而非性之理也。自此研磨体认，日复一日，积数十年，用心甚苦。年垂六十，始了然有见乎心性之真，而确乎有以自信。朱陆之学，于是乎仅能辨之，良亦钝矣。

盖尝遍阅象山之书，大抵皆明心之说。其自谓，所学"因读《孟子》而自得之"。时有议之者云："除了'先立乎其大者'一句，全无伎俩。"其亦以为"诚然"。然愚观孟子之言，与象山之学自别，于此而不能辨，非惟不识象山，亦不识孟子矣。孟子云："耳目之官不思而蔽于物，物交物，则引之而已矣。心之官则思，思则得之，不思则不得也。此天之所以与我者，先立乎其大者，则其小者不能夺也。"一段言语甚是分明。所贵乎先立其大者何？以其能思也。能思者心，所思而得者性之理也。是则孟子吃紧为人处，不出乎'思'之一言。故他日又云："仁义礼智，非由外铄我也，我固有之也，弗思耳矣。"而象山之教学者，顾以为"此心但存，则此理自明，当恻隐处自恻隐，当羞恶处自羞恶，当辞逊处自辞逊，是非在前自能辨之。"又云："当宽裕温柔，自宽裕温柔，当发强刚毅，自发强刚毅。"若然，则无所用乎思矣，非孟子"先立乎其大者"之本旨也。夫不思而得，乃圣人分上事，所谓"生而知之者"，而岂学者之所及哉！苟学而不思，此理终无由而得。凡其当如此自如此者，虽或有出于灵觉之妙，而轻重短长，类皆无所取中，非过焉斯不及矣。遂乃执灵觉以为至道，谓非禅学而何！盖心性至难明，象山之误正在于此，故其发明心要，动辄数十百言，亹亹不倦，而言及于性者绝少。间因学者有问，不得已而言之，止是枝梧笼罩过，并无实落，良由所见不的，是以不得于言也。尝考其言有云"心即理也"，然则性果何物耶？又云"在天者为性，在人者为心"，然则性果不在人耶？既不知性之为性，舍灵觉即无以为道矣，谓之禅学，夫复何疑！

然或者见象山所与王顺伯书，未必不以为禅学非其所取，殊不知象山阳避其名，而阴用其实也。何以明之？盖书中但言，两家之教，所从起者不同，初未尝显言其道之有异，岂非以儒佛无二道，惟其主于经世，则遂为公，为义，为儒者之学乎？所谓阴用其实者，此也。或者又见象山亦尝言致思，亦尝言格物，亦尝言穷理，未必不以为无背于圣门之训，殊不知言虽是，而所指则非。如云："格物致知者，格此物，致此知也。穷理者，穷此理也。思则得之，得此者也。先立乎其大者，立此者也。"固皆本之经传，然以"立此者也"一语证之，则凡所谓此者，皆指心而言也。圣经之所谓格物穷理，果指心乎？故其广引博证，无非以曲成其明心之说。求之圣贤本旨，竟乖戾而不合也。

或犹不以为然，请复实之以事。有杨简者，象山之高第弟子也，尝发本心之问，遂于象山言下，"忽省此心之清明，忽省此心之无始末，忽省此心之无所不通"。有詹阜民者，从游象山，安坐瞑目，用力操存，如此者半月。一日下楼，忽觉此心已复澄莹。象山目逆而视之曰："此理已显也。"盖惟禅家有此机轴，试观孔、曾、思、孟之相授受，曾有一言似此否乎？其证佐之分明，脉路之端的，虽有善辨，殆不能为之出脱矣。盖二子者之所见，即愚往年所见之光景。愚是以能知其误而究言之，不敢为含胡两可之词也。

嗟夫！象山以英迈绝人之资，遇高明正直之友，使能虚心易气，舍短取长，以求归于至当，即其所至，何可当也！顾乃眩于光景之奇特，而忽于义理之精微，向道虽勤而朔南莫辨，至于没齿，曾莫知其所以生者，不亦可哀也夫！其说之传，至于今未泯，尊崇而信奉之者，时复有见于天下。杜牧之有云，"亦使后人而复哀后人也"。愚惕然有感乎斯言，是故不容于不辨。

【译　文】

朱子与陆子的差异问题，虽然不是后学所敢随便议论的，但是如果置之不辨，人们将不知何去何从，因此又不能不辨。不辨明就不罢休，一定会有明的时候。怎么可以为避免轻议先儒的罪名，就含糊地对两边都加以肯定，而蒙骗天下后世的人呢？儒道在天下不明，是因为有禅学混在其中。开头不过是很小的差别，但是最后相距千万里之远。现在弄禅学的人安于禅学的错误，根本不知儒道是什么；而学道学的人有的又没有了解禅学的根源与流弊，也没有办法真的知道它究竟在何处不同于儒道。我曾考证过，二程、张载、朱熹早年都曾学过禅学，也都能了解它的根本思想，等到对儒道有了认识，方才大悟禅学的错误而完全抛弃它。不但抛弃它，而且用力排击，狠狠批判。他们非常忧虑，唯恐人们陷溺在里面不能自拔，而成为我们儒道的一个大害。凡是他们对佛教的批判，都能看清其肺腑，深深打中它的病根，完全不是出于揣摩臆度。所以朱子认为象山是禅学，是由于他见得清楚实在，哪里是因为嫌忌他而故意给他罗织罪名呢？

我自从上学读书以来，只知圣贤之训，根本不知禅是什么。后来到北京做官，一个偶然的机会，遇到一个老和尚，随便问他怎样才能成佛。他也随便举出一条禅语回答道："佛在庭前柏树子。"我想这里一定有个道理，于是仔细地考虑了一个通宵，早晨将要起床的时候，忽然有所悟，不知不觉全身流汗。不久弄到禅家《证道歌》一本，读下来觉得自己的所悟与书上说的一模一样，自以为真是最奇妙不过，天下之理没有比这个更高的了。以后到南京国子监做官，天天看圣贤之书，深入思考，时间久了，觉得心中实在，方才知道以前所见，是心的虚灵知觉，而不是性之理。从此认真学习体认，一天接着一天，积累了几十年，艰苦地用功，快到六十岁的时候，才明明白白认识了心性的真理，并且有了坚定的自信。对于朱子与陆象山的学说，现在才能明辨其差异，可是已经老了，精力不济了。

我曾把象山的书统统看过，里面基本上是明心见性的理论。他说他是"由于读《孟子》而有了自己的心得"。当时有人说他："除了《孟子》的'先立乎其大者'这句话，再没什么本事了！"象山也承认"说得对"。但是，我看孟子的思想与象山的不同，在这个问题上如果不能分辨清楚，不但是不了解象山，也是不了解孟子。孟子说："耳目这类感官不会思考，因此被物所蒙蔽，与物相接触，感官即被引诱过去了。心这个器官是管思考的，思考就能认识道理，不思考就不能认识道理。这是天所给予我的，为人处世先将大的亦即能思的器官——心的地位树立起来，那些小的不能思的器官就不会被蒙蔽了。"这一段话说得非常明白，为什么要先立其大者呢？是因为它能思考。能思考的是心，所思并可以理解的是性之理。这样看来孟子着重对人讲的不外乎"思"这个字。所以后来他又说："仁、义、礼、智这四德，不是从外面加给我的，是我固有的，只是人们没有很好地去思考罢了。"可是象山在教学生时却说："只要存了此心，那么此理可以自明。这样，应该恻隐的地方你自然就会恻隐，应该羞恶的地方你自然就会羞恶，应该辞让的地方你自然就会辞让，是非在眼前你自然会明辨。"又说："应该宽厚温柔的地方，自然会宽厚温柔；应该刚强坚毅的地方，自然会刚强坚毅。"如果是这样就用不着思了，这绝不是孟子"先立乎其大者"的本意。不思而能懂得，那是圣人的本事，他们是生而知之的人，哪里是普通求学者所能达到的呢？如果只是学习而不思考，这个理最终也是没有办法得到的。凡是象山所说应当这样就自然这样的，虽然灵觉的妙用有时可以做到这点，但不能恰到好处，不是过头就是不及。象山不顾这些，直接把灵觉当作最高的道，这不是禅学又是什么呢？心与性是最难分辨清楚的，象山的错误正在这里。所以他阐述心学要领，动不动就是几十几百字，不知疲倦，而谈到性的地方极少。有时因为学生提问，不得已谈到性，也只是支吾遮盖过去，并不实在，因为他对性的认识很差，所以说不清楚。他曾经说"心即理也"，那么性究竟是什么？他又说，"在天的是性，在人的就是心"。这么说，性真的就不在人了？既然不知道性作为性究竟是何物，那么对于他，除了灵觉再没有别的东西可以称为道了。说他的理论是禅学，还有什么可疑的呢？

　　但是有人看到象山写给王顺伯的信，大概会以为禅学不是他赞成的，殊不知象山表面上避开禅学之名，而暗中恰好偷运禅学之实。何以证明？信中只是说，儒佛两家的理论起点不同，根本没有明白地说出两家的差异，难道不是由于他认为儒佛本是一个道，只是重点在治理天下的，成为公、义，成为儒者的学问吗？我所说的"暗中恰好偷运禅学之实"，就指此。有人又见到象山也说过致思，也说过格物，也说过穷理，大概会以为他没有违背圣人的教导，殊不知话虽然说得对，但所指的内容却不对。比如他说："格物致知者，格此物，致此知也。穷理者，穷此理也。思则得之，得此者也。先立乎其大者，立此者也。"话都是从经传来的，但是以"立此者也"这句话来看，他所说的此字，都是指心而言的。儒家经典上说的格物穷理难道真的是指心而说的吗？因此他广征博引，无非是要证成他明心的理论，与圣贤的本意是完全相反的。

有人恐怕还是不以为然，请让我再用事实来证明。有个叫杨简的，是陆象山的高才弟子，曾经问象山什么是本心，得到回答之后便"忽然省悟我心的清明，忽然省悟我心的无始终，忽然省悟我心的无所不通"。又有一位叫作詹阜民的，也是象山的学生，他静坐闭目，用力修养此心，就这样在楼上待了半个月，这一天下得楼来，忽然觉得，此心已经复归于澄明。象山迎着他看了一阵子说道："此理已经在你身上显出来了。"大概只有佛家才搞这种把戏，试看孔子、曾子、子思、孟子，他们在教学活动中，曾经说过一句这样的话吗？这里证据分明，事实准确，即使有特别善辩的人怕也不能为象山开脱了。因为杨、詹二人所见的，也正是我当年体会"佛在庭前柏树子"时所见的光景，所以我能知道他们错在哪里，而把真相说出来，不敢说含糊两可的话。

哎！象山天资聪明过人，如果遇上高明正直的朋友，而且他本人又能虚心对人，取长补短，而求达到真理，那么他的造诣将是极高的。但是他却被心中禅悟的奇妙光景所迷惑，忽略了对精微的义理的研究，虽然努力追求大道，可是却不辨南北，一直到死也不知道自己生命的根据，不是很可悲的事吗？陆象山学说到现在也没有泯灭，尊崇并信奉陆学的，时时在天下出现。杜牧曾说"这使后代人再次为后代人而悲哀"，这句话让我受感动，也很是警惕，因此不能不进行辨析。

【原 文】

四二、程子曰："圣贤千言万语，只是欲人将已放之心，约之使反，复入身来，自能寻向上去，下学而上达也。"尝见席文同《鸣冤录提纲》有云："孟子之言，程子得之。程子之后，陆子得之。"然所引程子之言，只到"复入身来"而止。最紧要是"自能寻向上去，下学而上达"二语，却裁去不用，果何说耶！似此之见，非惟无以直象山之冤，正恐不免冤屈程子也。

【译 文】

程子说："圣贤们说了千言万语，目的只有一个，就是要人对已经放失的心进行约束，使它返回到本来状态，并能向上探索，通过对礼仪的学习而达到对性命的认识。"我曾经见到席书（文同）所著的《鸣冤录提纲》。其中说："孟子的话，程子领会了；程子之后，陆子领会了。"他也引了上面的话，但是他引的只到"使它返回到本来状态"，最重要的"并能向上探索，通过对礼仪的学习而达到对性命的认识"这两句话都裁去不用，这是什么道理？像这样的话，不但不能使象山的冤屈昭雪，正怕要冤屈了程子。

【原 文】

四三、程子言"性即理也"，象山言"心即理也"。至当归一，精义无二，此是则彼非，彼是则此非，安可不明辨之！昔吾夫子赞《易》，言性屡矣，曰"乾道变化，各正性命"，曰"成之者性"，曰"圣人作《易》，以顺性命之理"，曰"穷理尽性以至于命"。但详味此数言，"性即理也"明矣。于心亦屡言之，曰"圣人以此洗心"，曰"易其心而后语"，曰"能说诸心"。夫心而曰"洗"，曰"易"，曰"说"，洗心而曰"以此"，试详味此数语，谓"心即理也"，其可通乎？且孟子尝言："理义之悦我心，犹刍豢之悦我口。"尤为明白易见。故学而不取证于经书，一切师心自用，未有不自误者也。自误已不可，况误人乎！

【译 文】

程子说"性即是理"，象山说"心即是理"。至当的学说总要归于一个，精确的道理不可能有两个。这个对，那个就错；那个对，这个就错，怎么可以不明辨是与非呢？过去孔子解释《周易》，谈性之处很多，如说"乾道变化，各正性命"，说"成之者性"，说"圣人作《易》，以顺性命之理"，说"穷理尽性以至于命"。只要仔细体会这几句话，性即理的道理也就明白了。孔子也多次提过心，他说"圣人以此洗心"，说"易其心而后语"，说"能悦诸心"等等。他对心说"洗"，说"易"，说"悦"；对洗心说"以此"，好好体味一下这几句话，"心即理"说能讲得通吗？而且孟子曾说："理义使我的心舒适，好比猪羊肉使我的嘴舒适。"特别明白易懂。所以学道而不以经书为证，完全师心自用，没有不自误的。自误已经不可，更何况是误人呢？

【原文】

四四、象山言："孔子十五而志于学，是已知道时矣。虽有所知，未免乍出乍入，乍明乍晦，或警或纵，或作或辍。至三十而立，则无出入、明晦、警纵、作辍之分矣。然于事物之间，未能灼然分明见得，至四十始不惑。"夫其初志于学也，即已名为"知道"，缘何既立之后，于事物之间，见得犹未分明？然则所已知者果何道，所未见者果何物耶？岂非以知存此心即为知道耶？然象山固尝有言，"但此心之存，则此理自明"。以圣人之资，犹待二十五年之久，方能灼然有见，则其言亦不副矣。且所知所见各为一物，吾圣人之学安有是哉！愚非敢轻议儒先，不直则道不见，有罪我者，固不得而辞也。

【译文】

　　象山说："孔子十五岁有志于学，那时已经认识大道了。虽然有所认识，但是不免有时合道有时不合道，有时明白有时不大明白，有时警醒有时放纵，有时行道有时又不行道。三十岁以后，方才没有了这些现象，但是对于事物还看得不透。到了四十岁时方才做到'不惑'。"既然孔子刚刚有志于学的时候，已经认识了道，为什么在三十以后，对于事物还看得不分明？那时所知的究竟是什么道？没看透的又是什么东西？这难道不是说，能够存养此心便是知道吗？象山原来说过："只要此心能存，那么此理自然明白。"可是这里却认为，圣人从有志于学到能够看透事理需要二十五年之久，岂非前后矛盾？再说，所知与所见各是一个东西，我们圣人的学问怎么会是这样？我不敢轻议先儒，但是不直说，道就不明，如果有人为此怪罪我，我也不推避。

【原 文】

　　四五、吴康斋之志于道，可谓专且勤矣。其所得之浅深无所考见，观其辞官后疏陈十事，皆组织圣贤成说，殊无统纪，求之孟子反约之旨，得无有未至乎？其辞官一节，真足以廉顽立懦。察其初意，亦非以不屈为高，盖欲少需岁时，有所献纳，观其合否，以为去就之决也。但当时事体殊常，形势多阻，浅深之际，斟酌为难。诸老所以不复坚留，其或有见。而康斋之决去，所得亦已多矣。《謇斋琐缀录》记康斋晚年一二事，虽未必诬，然好学如康斋，节操如康斋，何可多得？取其大而略其细，固君子之道也。

【译 文】

　　吴康斋有志于学道，既专注且勤奋。他体会的深浅我们没法考察清楚，看他辞官后写的奏疏上所说的十件事，都是圣贤之言的翻版，根本没有系统，对照孟子归于简约的思想，恐怕还有差距。但是他辞官这件事，确实足以使贪者廉洁，使懦者坚强。考察他的初衷，也并不是以不向权贵屈从为高尚，大概是要观察一段时间，向朝廷贡献一点意见，看看能不能被接受，然后再决定做官还是退隐。但是当时形势很不一般，阻力比较大，很难决断怎样行动。朝廷的各位大佬之所以不坚持挽留，可能就是有见于此吧。康斋坚决归隐，得大于失。《謇斋琐缀录》记载康斋晚年的一两件事，虽然未必是捏造的，但是像康斋这样好学的、有节操的，不可多得。取人家的大节，略去小节，这本来是君子之道啊。

【原 文】

四六、薛文清《读书录》甚有体认工夫，见得到处尽到。区区所见，盖有不期而合者矣，然亦有未能尽合处。信乎，归一之难也！《录》中有云："理气无缝隙，故曰'器亦道，道亦器'。"其言当矣。至于反复证明"气有聚散，理无聚散"之说，愚则不能无疑。夫一有一无，其为缝隙亦大矣，安得谓之"器亦道，道亦器"耶？盖文清之于理气，亦始终认为二物，故其言未免时有窒碍也。夫理精深微妙，至为难言，苟毫发失真，虽欲免于窒碍而不可得，故吾夫子有"精义入神"之训，至于入神，则无往而不通矣。此非愚所能及，然心思既竭焉。尝窃以为，气之聚便是聚之理，气之散便是散之理，惟其有聚有散，是乃所谓理也。推之造化之消长，事物之终始，莫不皆然。如此言之，自是分明，并无窒碍，虽欲寻其缝隙，了不可得矣。不识知言之君子以为何如？

【译 文】

薛文清（薛瑄）《读书录》是很有体认工夫的，确有体会的地方见解也的确到家。我的观点与他有暗合之处，也有不合的地方，的确，在理论上归一是很难的。《读书录》说："理与气没有间隙，因此道即是器，器也是道。"说得很对。可是他却反复证明"气有聚散，理无聚散"，这我就不能没有疑问了。这里明明说理气在聚散问题上是一个有，一个没有，这个间隙不是很大的吗？怎么能说"道即是器，器也是道"呢？文清也是始终把理与气看作两个东西，因此他的话常常会有不通之处。理是非常精深，特别难说的。如果有丝毫失真之处，想要免于不通是不可能的，因此孔子有"精义入神"的教导，道理能研究到入神的地步，那就无往而不通了。这样的水平我还没能达到，但是我的心思全部用在这个方面了。我认为，气的聚就是聚的道理，气的散便是散的道理，正是因为它有聚有散，这才叫作理。看造化的一消一长，事物的由始到终，没有不是这样的。这样谈论理气自然是明白的，根本不存在窒碍不通的地方，即使想要找它们之间的缝隙，也是不可能的。不知道懂得理论的君子有什么看法？

【原 文】

　　四七、薛文清学识纯正，践履笃实，出处进退，惟义之安。其言虽间有可疑，然察其所至，少见有能及之者，可谓君子儒矣。

【译 文】

　　薛文清的学问与见识很是纯正，实践工夫也很实在，他的出仕与归隐，都以合于道义为原则。他的言论虽然有可疑之处，但看他的造诣，很少有人能赶得上，可以称得上君子儒了。

【原　文】

四八、《读书录》有云："韩魏公、范文正诸公，皆一片忠诚为国之心，故其事业显著，而名望孚动于天下。后世之人，以私意小智自持其身，而欲事业名誉比拟前贤，难矣哉！"其言甚当。薛文清盖有此心，非徒能为此言而已。大抵能主忠信以为学，则必有忠诚以事君。事君之忠，当素定于为学之日。

【译　文】

《读书录》说："韩琦与范仲淹等各位先生，都有一片忠于国家的真心，因此他们的事业成就卓著，名望为天下人所仰慕。后代的人以私意与小聪明来为人处世，却希望自己的事业名望与这些人相当，那是太难了。"这话很对。薛文清本人大概有这样的心愿，不单单是说空话。大抵能够坚持忠信而学道的人，一定会以忠诚对待君王。对君王的忠诚是在平素的学习过程中建立起来的。

【原文】

　　四九、近世道学之倡，陈白沙不为无力，而学术之误，亦恐自白沙始。"至无而动，至近而神"，此白沙自得之妙也。愚前所谓"徒见夫至神者，遂以为道在是矣，而深之不能极，而几之不能研"，虽不为白沙而发，而白沙之病正恐在此。章枫山尝为余言其为学本末，固以禅学目之。胡敬斋攻之尤力，其言皆有所据。公论之在天下，有不可得而诬者矣。

【译文】

　　近代在提倡道学方面，陈白沙（陈献章）是有贡献的，但是学术的错误也恐怕是从陈白沙开始的。"至无却能运动，最切近于人却特别神妙"，这是他最高妙的心得。我前面曾说"只看见那个最神妙的东西，以为它就是道，不能认识世界最深的理，不能研究运动的几微"，这话虽然不是为陈白沙而发的，但是他的病根大概正在这里。章枫山（章懋）曾经向我说过白沙做学问的始末，明确地把它当成禅学。胡敬斋对他的攻击特别用力，且都是有根据的。天下的公论，是欺瞒不过的。

【原文】

　　五〇、丘文庄公雅不喜陈白沙。《大学衍义》中有一处讥议异学，似乎为白沙发也。然公之文学固足以名世，而未有以深服白沙之心。其卒也，白沙祭之以文，意殊不满，此殆程子所谓"克己最难"者也。

【译　文】

　　丘文庄（丘濬）先生很不喜欢陈白沙。他的《大学衍义补》一书中有一处议论异端之学，好像就是为白沙而发的。不过丘先生的文章虽然有名于当世，却不能使白沙心服。他死的时候，白沙写文章祭他，表示出对他的不满。这大概就是程子所说的"克制自己最难"吧。

【原　文】

　　五一、胡敬斋大类尹和靖，皆是一敬字做成。《居业录》中言敬最详，盖所谓身有之，故言之亲切而有味也。然亦尽穷理，但似乎欠透。如云"气乃理之所为"，又云"人之道乃仁义之所为"，又云"所以为是太和者道也"，又云"有理而后有气"，又云"《易》即道之所为"。但熟读《系辞传》，其说之合否自见。盖朱子虽认理气为二物，然其言极有开阖，有照应。后来承用者，思虑皆莫之及，是以失之。若余子积之《性书》，则其甚焉者也。《性书》有云："气尝能辅理之美矣，理岂不救气之衰乎！"余偶为着一语云："不谓'理气交相为'，赐如此！"

胡敬斋（胡居仁）非常像尹和靖（尹淳），两人的人品都是由敬字造就的。胡在《居业录》中谈敬最为详密，大概是因为自身有这个修养，所以说起来亲切有味。也能用力穷理，但是似乎工夫不透。比如：他说"气是理所造成的"，又说"人之道是仁义造成的"，又说"造成太和的是道"，又说"有理以后才有气"，又说"《易》就是道所造成的"。只要细读《周易·系辞传》，这些话对不对自然就清楚了。朱子虽然也将理气看作二物，但是他的话很有照应，说得圆融，后来继承这些说法的人，都不如朱子考虑得周到，因此问题都很明显。余子积所写的《性书》，是其中尤其严重的。《性书》中说："气曾经辅佐理的美善，理怎能不挽救气的衰败呢？"我曾随便给它加一句话："没有说出理气相互帮助，真是万幸！"

【原 文】

五二、胡敬斋力攻禅学，盖有志于闲圣道者也，但于禅学本末似乎未尝深究，动以想像二字断之，安能得其心服耶！盖吾儒之有得者，固是实见，禅学之有得者，亦是实见，但所见者不同，是非得失，遂于此乎判尔。彼之所见，乃虚灵知觉之妙，亦自分明脱洒，未可以想像疑之。然其一见之余，万事皆毕，卷舒作用，无不自由，是以猖狂妄行，而终不可与入尧舜之道也。愚所谓"有见于心，无见于性"，当为不易之论。使诚有见乎性命之理，自不至于猖狂妄行矣。盖心性至为难明，是以多误，谓之两物又非两物，谓之一物又非一物，除却心即无性，除却性即无心，惟就一物中分剖得两物出来，方可谓之知性。学未至于知性，天下之言未易知也。

【译 文】

胡敬斋努力批判禅学，是一位有志于保卫孔子之道的人，但是他好像没有深入研究过禅学的本末，动不动就以想象两个字来下断语，这怎能让他们心服呢？我们儒者中学得好的，固然有实在见解，禅学中学得好的，也有实在见解，只是所见不同，是非得失就在这里区别开了。禅学中人的所见，是虚灵知觉的神妙，那也很是洒脱，不能用想象二字来否定。但是他们一旦有了这个见解，就算万事都完成了，无论什么都可随意而行，因而猖狂妄行，不能进入尧舜的大道。我曾说他们"只了解心，而不了解性"，应当说是不易之论。假使他们真的见到了性命之理，当然就不会猖狂妄行了。因为心性最难搞清楚，所以许多人会犯错误。说它们是两个东西又不是两个东西，说它们是一个东西又不是一个东西。除去了心就没有性，除去了性就没有心，只有从一个东西中分析出两个东西来，才算理解了性。学道的人如果没有达到知性的地步，对天下各种理论的是非是很难明白的。

　　五三、《居业录》云："娄克贞见搬木之人得法，便说他是道，此与'运水搬柴'相似，指知觉运动为性，故如此说。夫道固无所不在，必其合乎义理而无私，乃可为道，岂搬木者所能？设使能之，亦是儒者事矣。其心必以为无适而非道，然所搬之木苟不合义，亦可谓之道乎！"愚读此条，不觉慨然兴叹，以为义理之未易穷也。夫法者道之别名，凡事莫不有法，苟得其法，即为合理，是即道也。搬木者固不知道为何物，但据此一事，自是暗合道妙，与"夫妇之愚不肖，与知能行"一也。道固无所不在，若搬木得法而不谓之道，得无有空缺处邪！木所从来或有非义，此其责在主者，夫岂搬者之过邪？若搬者即主，则其得法处自是道，得之非义自是非道，顾可举一而废百邪？禅家所言"运水搬柴，无非妙用"，盖但以能搬能运者即为至道，初不问其得法与否，此其所以与吾儒异也。克贞虽是禅学，然此言却不差，敬斋乃从而讥之，过矣。

【译 文】

　　《居业录》说："娄克贞（娄谅）见到搬木头的人做起来

得法，就说他合于道。这与禅宗的'运水搬柴都是佛道'相似，因为以知觉运动为人性，所以才这样说。道固然是无所不在的，但是一定要合于义理而没有私心，才能算是合道，这哪里是搬柴运水的人能做到的呢？假使能做到，那也是儒者的事了。娄氏一定以为无论在何处都有道，但是如果所搬的木头是不义而得的，也能算是合道的吗？"我读到这一条，不禁感慨叹息起来：穷理真是不容易啊。法实际上即是道的别名，凡事都是有法的，做事能得其法，即是合理，这就是道。搬木者固然不懂得道是什么，但是在搬木这件事上，自是无意识地合于道的，和《中庸》说的"普通百姓都能知都能行"是一回事。道本来是无所不在的，如果搬木头很得法，你却说他不合道，岂不是说有的地方道是不存在的吗？木头的来路可能不合于道，这个责任是在木头的主人，怎么能算搬运者的过错呢？如果搬运者就是木头的主人，那么他得法的地方是合道的，以不义的手段得到木头是非道，岂能抓住一点就对人实行全面否定呢？禅家所说的"运水搬柴都是道的妙用"，是把能搬能运就看成至道，根本不问他是否得法，这就是他们与我们儒家的区别。娄克贞虽然讲禅学，但是这话却不错，胡敬斋对此加以讥刺才是错了。

【原 文】

五四、王伯安学术俱在《传习录》中。观其与萧惠及陆原静答问数章，可谓"吾无隐乎尔"。《录》中千言万语，无非是物，而变动不居，故骤而读之者，或未必能知其落着也。原静却善问，尽会思索，第未知后来契合何如。

【译 文】

王伯安（王守仁）的学术思想，都展示在《传习录》中了。看他回答弟子萧惠、陆原静问题的几条，可以说"我没什么对你们隐瞒的了"。《传习录》中千言万语，全都是这个东西，但却是千变万化的，所以乍读此书，可能不一定弄清它的底蕴。陆原静很会提问题，善于思索，只是不知道后来他与阳明学说契合得怎样。

【原 文】

五五、尝得湛元明所著书数种，观其词气格力，甚类扬子云，盖欲成一家言尔。然元明自处甚高，自负甚大，子云岂其所屑为哉！区区之见多有未合，恨无由相与细讲，以归于至一。姑记其一二如左。

【译 文】

我曾经得到湛元明（湛若水）所著书好几种，他的语气风格很像扬雄，大概是要成一家之言吧。但他自视很高，非常自负，哪里甘心只做扬雄！我的看法与他有很多不合之处，遗憾的是没有机会跟他讨论，而达到一致。姑且记几条在下面。

【原　文】

五六、"一阴一阳之谓道"，吾夫子赞《易》语也。元明云："自其一阴一阳之中者谓之道。"然则圣人之言，亦容有欠缺处邪？殆不然矣。

【译　文】

"一阴一阳叫作道"，这是孔子解释《易经》的话。湛若水却说："一阴一阳的中正处叫作道。"这是不是说圣人的话也有欠缺了？恐怕不是这样的吧！

【原　文】

五七、《易》卦三百八十四爻，中正备者六十有四，中而不正者亦六十有四，正而不中者百二十有八，不中不正者亦百二十有八。元明云："吾观于大《易》，而知道器之不可以二也。爻之阴阳刚柔，器也。得其中正焉，道也。"其说器字甚明，然但以得其中正者为道，不过六十四爻而已，余爻三百二十以为非道，则道器不容于不二矣。如以为道，则固未尝得其中正也。不识元明果何以处之邪？

【译　文】

　　《易经》各卦加起来共有三百八十四爻，既中又正的爻有六十四个，中而不正的有六十四个，正而不中的一百二十八个，不中不正的有一百二十八个。湛若水说："我读大《易》，从而知道道与器是不能分离为二的。爻的阴阳刚柔都是器，只有符合于中正的才算合道。"他阐述器字很明白，但是只以符合中正的算作道，这样合道的只有六十四爻而已，其余三百二十爻都是非道，那么道与器就不能不分离为二了。如果认为这三百二十爻也合于道，但是它们本不符合中正这个条件。不知若水怎么解决这个问题。

【原　文】

　　五八、元明言："犬牛之性，非天地之性。"即不知犬牛何从得此性来？天地间须是二本方可。

【译　文】

　　湛若水说："犬牛之性并不是天地之性。"我不知道犬和牛是从哪里得到它们的性的？除非认为天地间有两个本原才能说这种话。

【原 文】

五九、所谓理一者，须就分殊上见得来，方是真切。佛家所见亦成一片，缘始终不知有分殊，此其所以似是而非也。其亦尝有言，"不可笼统真如，瞒盰佛性"。大要以警夫顽空者尔，于分殊之义初无干涉也。其既以事为障，又以理为障，直欲扫除二障乃为至道，安得不为笼统、瞒盰乎？陈白沙谓林缉熙曰："斯理无一处不到，无一息不运，得此把柄入手，更有何事！"其说甚详。末乃云："自兹以往，更有分殊处合要理会。"夫犹未尝理会分殊，而先已"得此把柄"，愚恐其未免于笼统瞒盰也。况其理会分殊工夫，求之所以自学，所以教人，皆无实事可见，得非欲稍自别于禅学，而姑为是言邪？湛元明为作改葬墓碑，并"合要理会"一句亦不用，其平日之心传口授，必有在矣。

【译 文】

所谓理一应该从分殊上看出来，那才看得真切。佛家的认识也构成一个整体，只是因为始终不知道有分殊，所以才似是而非。佛家也曾说过这样的话："不可笼统地讲真如，含糊地讲佛性。"主要是提醒人们警惕空掉一切的思想，与分殊的意义完全不相关。佛家既以事为成佛的障碍，又以理为成佛的障碍，就是要扫除这二障才算是至道，怎能不搞笼统与含糊呢？陈白沙对林缉熙说："此理没有一处不在，没有一息不运动，抓住这个把柄入手，那就够了。"他说得很详细，最后说："从这往后，还应在分殊处去研究。"还没有研究分殊，就已经先抓住了把柄，我怕他未能免于笼统和含糊。更何况他研究分殊的工夫，在他自学和教人当中，都没有实际的表现。这些话难道不是想要区别于禅学而随便说说的吗？湛若水给白沙作改葬墓碑，连"应该研究"这一句也不写上去，那么他平日教学中所讲的一定是忽略分殊的。

【原 文】

六〇、《白沙诗教》开卷第一章，乃其病革时所作，以示元明者也。所举经书曾不过一二语，而遂及于禅家之杖喝。何邪？殆熟处难忘也。所谓"莫杖莫喝"，只是掀翻说，盖一悟之后，则万法皆空，有学无学，有觉无觉，其妙旨固如此。"金针"之譬亦出佛氏，以喻心法也。"谁掇"云者，殆以领悟者之鲜其人，而深属意于元明耳。观乎"莫道金针不传与，江门风月钓台深"之句，其意可见。注乃谓："深明正学，以辟佛氏之非。"岂其然乎！"溥博渊泉而时出之"，道理自然，语意亦自然。曰："藏而后发"，便有作弄之意，未可同年而语也。四端在我，无时无处而不发见，知皆扩而充之，即是实地上工夫。今乃欲于"静中养出端倪"，既一味静坐，事物不交，善端何缘发见？遏伏之久，或者忽然有见，不过虚灵之光景耳。"朝闻夕死"之训，吾夫子所以示人当汲汲于谋道，庶几无负此生。故程子申其义云："闻道，知所以为人也。夕死可矣，是不虚生也。"今顾以此言为处老、处病、处死之道，不几于侮圣言者乎！道乃天地万物公共之理，非有我之所得私。圣贤经书明若日星，何尝有一言以道为吾，为我？惟佛氏妄诞，乃曰"天上天下，惟我独尊"。今其诗有云"无穷吾亦在"，又云"玉台形我我何形？"吾也，我也，注皆指为道也，是果安所本邪？然则所谓"才觉便我大而物小，物有尽而我无尽"，正是惟我独尊之说。姑自成一家可矣，必欲强合于吾圣人之道，难矣哉！

【译　文】

　　《白沙诗教》开卷的第一章，是陈白沙病重时写给湛若水的。所引用的儒家经典没有一两句话，一下子便亮出了禅宗的棒喝。这是为什么呢？大概是因为最熟悉吧。那里面虽有"德山不要棒，临济不要喝"的话，不过是故意说反话而已。因为悟道之后，万法都是空的了，所谓"有学即无学，有觉即无觉"，它的妙旨就在这里。白沙诗中提到的"金针"也出自佛家，是心法的隐喻。"谁拾取"的意思是由于能领悟白沙思想者极少，他希望湛若水成为真正的传人。诗中说："莫道金针不传与，江门风月钓台深。"（不要说我的道没有传给你，江门的风光就是我传给你们的衣钵）他的用意自然可见。可是在注释中却说："深刻地阐明了儒学，批判了佛学的错误。"难道真的是这样吗？《中庸》说："深广的德性时时表现出来。"道理自然，语意也自然。陈白沙说："深藏在内，然后再发出来。"这里便有作弄的意思，与《中庸》不可同日而语。仁义礼智这四种德行的起点——四端在我心中，时时处处都有表现，对它们实行扩充，就是实际的工夫，然而白沙却要在"静中培养出德行的端倪"，一味搞静坐，不去接触事物，四个善端怎么才能表现出来呢？四个善端被长期抑制，可能会在某处显露出来，那也只是虚灵的影像。孔子说过，"早晨得知大道，晚上死了也是心甘的"，这是告诫人们应当努力求道，这样才可以说没有空过一生。因此程子解释说："所谓闻道，就是知道如何做人。晚上死了也心甘，是说没有虚度一生。"白沙却以为这话是对待老、病与死的原则，这岂不是歪曲孔子的话吗？道是天地万物共同的理，不是我一个人能私自占有的。圣贤的经书写得明明白白，哪里有一句话把道叫作吾或者我的？只有佛家喜欢乱吹，说什么"天上天下，惟我独尊"。白沙的诗中有这样句子："无限里面有我的存在。"又说："玉台之形表现了我，而我本身是无所表现的。"这里的吾啊、我啊，注释中都说指的是道，这有什么根据呢？白沙说："刚刚觉悟便能体会到我是大的而物是小的，物是有尽的而我是无尽的。"这正是唯我独尊的意思。你要立一家之言是可以的，但是一定要跟孔子之道混在一起，那可就难了。

【原 文】

六一、杨方震《复余子积书》有云："若论一，则不徒理一，而气亦一也。若论万，则不徒气万，而理亦万也。"此言甚当，但亦字稍觉未安。

【译 文】

杨廉《复余子积书》中说："如果论到一，那么不但理是一，气也是一。如果说到万，那么不但气是万，理也是万。"这话说得很对，但是"也"字稍嫌不妥。

【原 文】

六二、人呼吸之气，即天地之气。自形体而观，若有内外之分，其实一气之往来尔。程子云："天人本无二，不必言合。"即气即理皆然。

【译 文】

人呼吸的气就是天地之气，从形体上看，好像有内外的区别，实际上只是一气的往来罢了。程子说："天与人本来不是两回事，所以不必说'合'。"无论就气上说，还是就理上说，都是这样。

【原文】

六三、蔡介夫《中庸蒙引》论鬼神数段极精，其一生做穷理工夫，且能力行所学，盖儒林中之杰出者。

【译文】

蔡清《中庸蒙引》中有关鬼神的几段，道理说得非常精辟，他一生做穷理的工夫，而且能实践自己所学的东西，是儒者中的杰出者。

【原文】

六四、《老子》五千言，诸丹经莫不祖之，详其首尾，殊未见其有不合者。然则长生久视之道，当出于《老子》无疑矣。

【译文】

五千字的《老子》，道家丹书没有不尊奉它的。从头到尾加以考察，看不出前后有什么不一致之处，这样看来，长生不老之道出自《老子》是毫无疑问的了。

【原 文】

　　六五、魏伯阳《参同契》将六十四卦翻出许多说话，直是巧，其实一字也无所用，故有教外别传之说。后来张平叔说得亦自分明，所谓"工夫容易药非遥，说破人须失笑"是已。使吾朱子灼知其为可笑，其肯留意于此乎？然朱子之考订此书，与注楚辞一意。盖当其时，其所感者深矣，吾党尤不可不知。

【译 文】

　　魏伯阳的《参同契》，从六十四卦中发挥出许多新话，真是巧妙，可是没有用《易》经一个字，所以被称为教外别传。后来张平叔讲得也很清楚，就是"工夫很容易，药也就在手边，说破了这点，人家会觉得可笑"。如果朱子确实知道它是可笑的，怎么肯留意《参同契》呢？但是朱子考订这部书与注释楚辞用意一样，因为当时它们的影响很大，我们儒者不能不了解。

【原 文】

　　六六、《参同契》有彭晓、陈显微、储华谷、阴真人、俞琰、陈致虚六家注，皆能得其微旨。内俞《注》

最佳，次则二陈。阴《注》似乎意未尽达，盖秘之也。储《注》甚简，中间却有眼目。彭《注》亦未甚明。又有无名氏二家注，一家专言内事，一家以傅会炉火之术，失之远矣。俞有《易外别传》一卷，亦佳。其言大抵明备而含蓄，此所以优于他注也。

【译　文】

《参同契》有彭晓、陈显微、储华谷、阴真人、俞琰、陈致虚六家的注释，都能反映原书的深奥旨意。其中俞琰注最好，其次是二陈。阴真人的注好像没有完全表达出来，大概是要保守秘密。储注非常简单，但是抓住了关键。彭注也不很明白。又有无名氏两家注，一家专说内丹之事，一家拿《参同契》来附会外丹即炉火炼丹的事，差得太远。俞琰还有《易外别传》一卷，也不错，他的话总的说是明确完备并且含蓄的，因而比各家的都更好一些。

【原　文】

六七、读《参同契发挥》，到"蟾蜍与兔魄，日月无双明"下，方出呼吸二字。要之，金丹作用之妙，不出呼吸二字而已。如不识此二字之为妙，皆惑于他歧者也。

【译 文】

俞琰《参同契发挥》到"蟾蜍与月兔，日月无双明"这句下面，才写出"呼吸"两字。总之金丹作用的神妙，不外乎呼吸二字，如不了解这二字的妙处，都是给别的东西迷惑了的缘故。

【原 文】

六八、仙家妙旨无出《参同契》一书，然须读《悟真篇》，首尾贯通而无所遗，方是究竟处也。《悟真篇》本是发明仙家事，末乃致意于禅，其必有说矣。然使真能到得究竟处，果何用乎？

【译 文】

神仙家的微妙道理，没有超出《参同契》的，但是要学到对《悟真篇》融会贯通而没有遗漏，才算到家。《悟真篇》本是阐述神仙家的事情的，到最后竟提到禅宗，那一定是有来由的。但是即使真的学到了家，又有什么用呢？

【原 文】

六九、神仙之说，自昔聪明之士，鲜不慕之。以愚之愚，早亦尝究心焉，后方识破，故详举以为吾党告也。天地间果有不死之物，是为无造化矣，诚知此理，更不必枉用其心。如其信不能及，必欲侥幸于万一，载胥及溺，当谁咎哉！

【译 文】

　　关于修炼成神仙的理论，自古以来的聪明人很少有不向往的。我这样愚鲁的人，早年也曾经潜心研究过，后来才看破了它，所以我详细地列举出来，告诉儒士们。天地之间如果真有不死的东西，那就是没有造化了，知道了这个道理，就不必白费心机。如果信不过，心存侥幸，希望万一成仙而陷溺于恶，那要怪谁呢？

【原 文】

　　七〇、尝阅佛书数种，姑就其所见而论之。《金刚经》《心经》可为简尽。《圆觉》词意稍复。《法华》紧要指示处，才十二三，余皆闲言语耳，且多诞谩。达磨虽不立文字，直指人心，见性成佛，然后来说话不胜其多。亦尝略究其始终。其教人发心之初，无真非妄，故云"若见诸相非相，即见如来"。悟入之后，则无妄非真，故云"无明、真如无异境界"。虽顿、渐各持一说，大抵首尾衡绝，真妄不分，真诐淫邪遁之尤者。如有圣王出，韩子火攻之策，其必在所取夫！

【译　文】

我曾经读过好几种佛家的书，姑且就我所读过的来评论一下。《金刚经》《心经》是简明而完备的。《圆觉经》话说得稍嫌啰嗦。《法华经》中讲重要道理的地方不过十分之二三，其余都是废话，而且夸诞之处很多，达磨虽然说不立文字，提倡直指人心、见性成佛，但是后来禅宗大师们的话却多得不得了。我也曾研究禅师们的语录，他们在教人下决心学佛的开头，把一切真实的东西都说成是虚幻的，如说什么"如果见到所有的存在都不存在，那就是见到了如来"。但是一旦觉悟之后，那一切虚幻的都是真的了，如说什么要达到"无明与真如完全没有差别的境界"等等。虽然禅宗的顿悟派与渐修派理论有所不同，但是总的来说都是首尾脱节、真妄不分的，的确是最厉害的邪门歪道。如果有圣王出世，那么韩愈提出的烧掉佛经的建议，是一定会被采纳的。

【原　文】

七一、朱子尝答《金刚经》大意之问，有云："彼所谓降伏者，非谓欲遏伏此心，谓尽降收世间众生之心，入它无余涅槃中灭度，都教你无心了方是。"此恐未然。详其语意，只是就发阿耨多罗三藐三菩提心者说，盖欲尽灭诸相，乃见其所谓空者耳。

【译 文】

学生曾问朱子《金刚经》的大意。他回答说："它所说的降伏，不是光要遏制你的心，说的是完全降伏、收拢世上众生之心，使之进入佛家无余涅槃中实行灭度，让众生都没有了心方才算数。"这恐怕不对，详细考察它的语意，只是对发无上正等正觉的众生来说的，是要否定一切存在，从而使人觉悟到四大皆空的道理。

【原 文】

七二、《法华经·如来寿量品》所云："成佛以来，甚大久远，寿命无量，常住不灭。虽不实灭而言灭度，以是方便教化众生。"此经中切要处，诸佛如来秘密之藏，不过如此。闲言语居其大半，可厌。《分别功德品》偈中所说："若布施，若持戒，若忍辱，若精进，若禅定，五波罗蜜，皆谓之功德。"及云："有善男女等，闻我说寿命，乃至一念信，其福过于彼。"盖于虽灭不灭之语，若信得及即是实见，是为第一般若多罗蜜，其功德不可思议，以前五者功德比此，千万亿分不及其一。其实，只争悟与未悟而已。

【译 文】

　　《法华经·如来寿量品》说："成佛以来，寿命没有限量，永远存在而不灭亡。虽然不灭但是却说灭度，那是因为这有利于教化众生。"这是《法华经》的重要思想，世间诸佛和如来佛的秘密之法不过就是这样。但是其中闲话占了大半，令人讨厌。这本经书的《分别功德品》中说："如布施，持戒，忍辱，精进，禅定等五种波罗蜜，都叫作功德。"又说："有善男信女听我讲说寿命的道理，达到一念相信，那他的福分超过五波罗蜜。"这就是说，如果真的相信灭度但并不实灭的道理，就是实在有所见，这是第一般若波罗蜜，其功德大得不可思议，上面说的五种功德不到它的千、万、亿分之一。其实，这里只差个觉悟与未悟罢了。

【原 文】

　　七三、事、理二障，出《圆觉经》，其失无逃于程子之论矣。《经》有草堂僧宗密《疏略》，未及见，但见其所自序，及裴休一序，说得佛家道理亦自分明。要皆只是说心，遂认以为性，终不知性是何物也。此《经》文法圆熟，照应分明。颇疑翻译者有所润色。大抵佛经皆出翻译者之手，非尽当时本文，但随其才识以为浅深工拙耳。

【译 文】

关于事障与理障的说法出自《圆觉经》，它的错误逃不出程子的评论。这部经有唐代圭峰草堂寺宗密所作的《疏略》，我没有看到。但是我看到他的自序与裴休的序，两序讲佛家道理也很清楚。总之也只是讲心，并且把心当成性，最终也不知性究竟是什么。这部经话语说得圆熟，前后有分明的照应，我很疑心是翻译的人做了润色。中土佛经基本上是经过翻译的，不全是印度佛经原样，总是因译者的水平而有浅深精粗的区别。

【原 文】

七四、《中庸》举"鸢飞戾天，鱼跃于渊"二语，而申之云："言其上下察也。"佛家亦尝有言："青青翠竹尽是真如，郁郁黄花无非般若。"语意绝相似，只是不同。若能识其所以不同，自不为其所惑矣。

【译 文】

《中庸》举"鸢飞翔在云天，鱼跃动在深渊"两句话，并且加以引申道："这是说道在上在下都很显著。"佛家也有这样的话："青青的翠竹全都是真如，郁郁的黄花也都是般若。"语意非常相似，但是意义却不同。如果能认识为什么不同，自然就不会受佛家的欺骗了。

【原 文】

七五、朱子尝论及："释氏之学大抵谓，若识得透，应干罪恶即都无了。然则此一种学，在世上乃乱臣贼子之三窟耳。"所举王履道者，愚未及详考其人，但尝验之邢恕，明辨有才，而复染禅学，后来遂无所不为。吁，可畏哉！

【译 文】

朱子曾经说过："佛家的学问基本上都是说，如果你悟透了，那么你的一切罪恶就都没有了。那么这种学问在世上就是乱臣贼子的藏身洞。"他所说的王履道，我没有来得及考证，但是曾经在邢恕身上检验过，此人会分析、有才能，但信了禅学，后来什么事都干得出来。啊，可怕呀！

续卷上（凡八十章）

【原 文】

一、异端之说，自古有之，考其为害，莫有过于佛氏者矣。佛法初入中国，惟以生死轮回之说动人。人之情莫不贪生而恶死，苟可以免轮回，出生死，安得不惟其言之听？即有求于彼，则彼之遗君亲，灭种类，凡得罪于名教者，势不得不姑置之，然吾儒之信之者犹鲜也。

其后有达磨者至，直指人心，见性成佛，以为一闻千悟，神通自在，不可思议。则其说之玄妙，迥非前日比矣，于是高明者亦往往惑焉。惑及于高明，则其害有不可胜救者矣。何哉？盖高明之士，其精神意气足以建立门户，其聪明才辨足以张大说辞，既以其道为至，则取自古帝王精一执中之传，孔门一贯忠恕之旨，克己为仁之训，《大学》致知格物之教，《中庸》性道中和之义，《孟子》知言养气，尽心知性之说，一切皆以其说乱之。真妄混淆，学者茫然，莫知所适。一入其陷阱，鲜复能有以自拔者。故内之无以立大中至正之本，外之无以达经世宰物之用，教衰而俗败，不但可为长太息而已。向非两程子、张子、朱子身任斯道，协心并力以排斥之，吾人之不变于夷者能几何哉！

惟数君子道德之充备，学术之纯深，辨论之明确，自孟子而后莫或过之。故其言一出，聪明豪杰之士靡不心服。近者亲而炙之，远者闻风而起，相与为之羽翼以推行其说于天下者，绳绳不乏。迨我圣祖出，位隆君师，兴学育才，一以《五经》《四书》及数君子之说为教，则主张斯道者，又诚有所赖矣。故自朱子没迄今三四百年，天下之士非圣贤之学不讲，而所谓禅学者以之灭息，是岂一人一日之力哉！

夫何近世以来，乃复潜有衣钵之传，而外假于道学以文其说！初学之士，既莫能明乎心性之辨，世之老师宿儒又往往不屑究心于所谓禅者，故其说之兴，能救正者殊鲜，而从之者实繁有徒。其志将以求道也，曾不知其所求之非道也，岂不误哉！愚也才质凡下，于数君子无能为役，但以初未学禅而偶尝有悟，从事于吾儒之学也久，而性命之理亦粗若有见焉，故于异同之际，颇能辨别。虽尝著之于策，传之吾党，庶几爰助之万一。时复披阅，则犹病其说之未详，惧无以解夫人之惑也，《记》于是乎有续云。

【译 文】

异端的理论自古以来就有，它们为害的程度，都没有超过佛教。佛法刚传到中国的时候，只是拿生死轮回的道理来迷惑人。人情都是贪生怕死的，如果佛教能使人免除轮回、脱离生死，怎能不听它的话呢？既然有求于它，那么它背弃君臣大义、父子恩情，祸害人类等等反对儒家名教的罪恶，就不能不放在一边不管了。不过那时儒者信奉佛教的还是很少的。

后来有个叫达磨的印度僧人来到中土，提出"直指人心，见性成佛"，认为只要听一次禅师的点化，即可以悟透一切，有神通，得自在，达到不可思议的程度。这样的玄妙就不是以往佛教所能比的了，因此高明的人士也常常被迷惑。到了高明人士受迷惑，那祸害就难以挽救了。为什么呢？因为他们的能力意志足以建立门派，他们的聪明才智足以把道理说得玄妙，既然认为佛家道理是最高的，那么就将古帝王精一执中的传授①，孔子的忠恕一贯的思想，克己为仁的训示，《大学》格物与致知的教导，《中庸》性道与中和的道理，孟子关于知言

---

① 精一执中之传，指十六字心传中的后两句："惟精惟一，允执厥中"，这是十六字中谈工夫的部分。

养气、尽心知性的学说等等拿来，用佛教理论来掺和，混淆真妄，使有志于学的人感到茫然无所适从。人们一旦掉进他们的陷阱，很少能自拔。因而内不能立一个大中至正的道德理念，外不能完成经世治国的事业。儒教衰落，风俗败坏，不能仅仅长叹一声就算完事。如果不是大程子、小程子、张子、朱子亲身承担传播儒道的任务，同心协力地对佛教进行排斥，我们中国人不变成野蛮人的能有多少呢？

正是因为程张朱子等人道德完满，学术纯正深刻，论辩道理十分明确，孟子以后没有人能超过他们，所以他们的学说一出来，聪明杰出的人士无不心服，近的亲受其教，远的闻风而起，维护与推行他们学说的代不乏人。我大明太祖出来，居于君师的地位，兴办学校，培养人才，完全以《五经》《四书》和上述几位君子的学说进行教育，于是坚持儒学的人又有了依靠。所以从朱子去世到现在三四百年间，天下的读书人只讲求圣贤之学，禅学因此衰敝，这难道是一人一时的力量造成的吗？

但是不知为什么，最近一个时期，竟然又有人偷偷搞禅宗的一套，而外表上却用儒学来装饰自己。初学的人既不懂心与性的区别，而当世的老师宿儒，又不屑于研究禅学，所以阳儒阴禅的学说出来，能纠正的人极少，而跟着走的人却很多。他们的心愿是求道，却不知所求的不是道，岂不是误了自己吗？我的才能低下，没能给上述几位君子做学生，可是因为开头没有学禅，后来却偶有所悟，研究儒学时间很长，对于性命之理似乎粗有所见，所以对于儒释的异同能够进行辨别。我写了《困知记》，供儒者阅读，希望能对他们有所帮助。我有时重新披阅一下，仍然感到不甚详细，怕不能解除他们的疑问，所以接着又写出续编。

【原　文】

　　二、佛氏之所谓性，觉而已矣。其所谓觉，不出乎见闻知觉而已矣。然又有谓"法离见闻觉知"者，岂见闻知觉之外别有所谓觉邪？良由迷悟之不同尔。后来，其徒之桀黠者，因而造妖捏怪，百般作弄，神出鬼没，以逞其伎俩，而耸动人之听闻。只为众人皆在迷中，不妨东说西说，谓莫能与之明辨也。今须据他策子上言语反复异同处，一一穷究，以见其所谓性者，果不出于见闻知觉，别无妙理，然后吾儒之性理，可得而明。有如士师之折狱，两造具备，精加研覈，必无以隐其情矣。其情既得，则是非之判有如黑白，至此而犹以非为是，不几于无是非之心者乎！

【译　文】

　　佛氏所说的性不过是觉而已，他们所说的觉又不超出见闻知觉。但是他们又说"佛法在见闻知觉之外"，难道是在见闻知觉之外真有什么觉吗？其实只在迷与悟的不同罢了。后来禅宗中狡猾的人，就借着这个造妖兴怪，百般作弄，搞得神出鬼没，以此表演他们的伎俩，招惹人们的注意。只因众人都处在迷惑之中，所以他们能乱说一气，以为没有人能辨明是非。现在应该抓住他们书上那些异同之处，一个一个地穷究，从而看出他们所说的性的确不出于见闻觉知，此外没有什么道道，这样，我儒家关于性的学说才能大明于天下。这好比法官断案，将原告与被告的材料搜集齐备，仔细地加以查验核实，那么真情就不能隐蔽了。真情得到之后，是非便同黑白一样分明，到了这个地步还以非为是，那简直就是没有是非之心的人了！

【原　文】

　　三、达磨者，禅家之初祖也。其传法二祖时，尝谓之曰："吾观震旦所有经教，惟《楞伽》四卷可以印心。"遂并授之。自后其徒皆尊信此经，以为秘典。则今所宜按据以穷究其所谓性者，无出此经。此经凡四译，四卷者乃刘宋时译本，其文颇奥涩难读，当出自佛口无疑。国初，高僧宗泐、如玘尝奉诏注释，参以唐本，亦颇明白，但经中言语初无次第，散漫不一，观者猝难理会。今辄联比而贯通之，以究极其归趣，遇奥涩处，间亦附入注语，以畅其义。高明之士有深于其说者，当知余言之不妄也。

【译文】

　　达磨是禅宗的第一代祖师，他在传法给二祖慧可时曾经说过："我看中土所传播的佛经中，只有《楞伽》四卷可以作为佛心的印证。"于是便教二祖学《楞伽》。从这以后，禅宗弟子都尊信这部经，把它当作秘典。现在要研究禅宗所说的性究竟是什么，只能根据这部经了。这部经一共有四个译本，四卷本是南朝刘宋时所译，文字艰涩难读，无疑是出自佛口的。明朝初年，高僧宗泐、如玘曾奉皇帝诏书进行注释，他们参照唐代的译本，也解释得很明白。但是经中的话根本没有次序，非常散漫，读者很难一下子领会。现在我把它们排比贯通起来，以便研究它的思想趋向，遇到难读之处有时也附上注文，说明它的意思。深入了解其意义的高明人士，该知道我说的不错。

【原文】

　　四、《楞伽》大旨有四，曰五法，曰三自性，曰八识，曰二无我。一切佛法悉入其中，经中明言之矣。五法者，名也、相也、妄想也、正智也、如如也。三自性者，妄想自性、缘起自性、成自性也。八识者，识藏也、意根、意识、眼识、耳识、鼻识、舌识、身识也。二无我者，人无我、法无我也。凡此诸法，不出迷悟两途。盖迷则为名、为相、为妄想，为妄想缘起自性，为人法二执，而识藏转为诸识；悟则为正智，为如如，为成自性，为人法无我，而诸识转为真识。所谓人、法，则五阴、十二入、十八界是已。五阴者，色、受、想、行、识也。十二入者，眼、耳、鼻、舌、身、意六根，对色、声、香、味、触、法六尘也；加之六识，是为十八界。合而言之人也，析而言之法也，有所觉之谓悟，无所觉之谓迷。

佛者，觉也，而觉有二义，有始觉，有本觉。始觉者，目前悟入之觉，即所谓正智也，即人而言之也。本觉者，常住不动之觉，即所谓如如也，离人而言之也。因始觉而合本觉，所以成佛之道也。及其至也，始觉正智亦泯，而本觉朗然独存，则佛果成矣。故佛有十号，其一曰"等正觉"，此之谓也。本觉乃见闻知觉之体，五阴之识属焉。见闻知觉乃本觉之用，十八界之识属焉。非本觉即无以为见闻知觉，舍见闻知觉则亦无本觉矣，故曰："如来于阴、界、入，非异非不异。"其谓"法离见闻觉知"者何？惧其着也。佛以离情遣着，然后可以入道，故欲人于见闻知觉，一切离之。离之云者，非不见不闻无知无觉也，不着于见闻知觉而已矣。《金刚经》所谓"心不住法而行布施，应无所住而生清净心"，即其义也。然则佛氏之所谓性，不亦明甚矣乎！彼明以知觉为性，始终不知性之为理，乃欲强合于吾儒以为一道，如之何其可合也!

　　昔达磨弟子波罗提尝言"作用是性",有偈云:"在胎为身,处世为人。在眼曰见,在耳曰闻,在鼻辨香,在口谈论,在手执捉,在足运奔。遍现俱该沙界,收摄在一微尘。识者知是佛性,不识唤作精魂。"识与不识,即迷,悟之谓也。"知是佛性"即所谓正智、如如。"唤作精魂",即所谓名相、妄想。此偈自是真实语,后来桀黠者出,嫌其浅近,乃人人捏出一般鬼怪说话,直是玄妙,直是奇特,以利心求者,安得不为其所动乎?张子所谓"诐淫邪遁之辞,翕然并兴,一出于佛氏之门",诚知言矣。然造妖捏怪不止其徒,但尝略中其毒者,往往便能如此,吾党尤不可不知。

【译 文】

　　《楞伽经》的要点有四个,即"五法""三自性""八识""二无我"。一切的佛法,都可以包容在其中,这是经中明白说出来的。五法就是名、相、妄想、正智、如如。三自性就是妄想自性、缘起自性、成自性。八识就是阿赖耶识、末那识、意识、眼识、耳识、鼻识、舌识、身识。二无我就是人无我、法无我。所有这些都不出迷悟两条路,迷就是名,是相,是妄想;就是妄想缘起自性;就是人、法二执;并且阿赖耶识转为其他各识。但是悟了之后就是正智,是如如,是成自性;就是人无我、法无我;并且诸识转变为阿赖耶识。所谓人与法也就是五阴、十二入、十八界。五阴是色、受、想、行、识。十二入是眼根、耳根、鼻根、舌根、身根、意根这六根，再加上它们所对应的色、声、香、味、触、法这六尘，如果再加上前面说的六识，总共即为十八界。合起来说就是人，分开来说即是法。对此有所觉就是悟，没有觉悟即是迷。

佛就是觉的意思，觉有两种，一种是始觉，一种是本觉。始觉就是当前悟入佛法的觉悟，也就是正智，是从人来说的。本觉就是永远存在的觉，也就是如如，这是离开当下的人来说的。依靠既有的始觉达到与本觉的合一，这是成佛的途径。一旦达到最高的佛境界，始觉、正智也就不存在了，只有本觉自身光辉地独存，这时便成就了佛果。因此佛有十个称号，其中之一即是"等正觉"，说的正是这个。本觉是见闻知觉的体，五阴（色受想行识）中的识属于它；见闻知觉是本觉的用，十八界中的识即眼耳鼻舌身意之识属于它。如果没有本觉就没有进行见闻知觉的体了，同时舍弃了见闻知觉这些作用，本觉也就无处存在了，所以说："如来对于阴界入来说，既同又不同。"它又说，"法离见闻觉知"，这是什么意思呢？是害怕人们着了相。佛家认为排除情感，打消执着，然后可以入道，所以要求人对于见闻知觉要一概离去。离的意思不是不见不闻，无知无觉，而是不执着于见闻知觉而已。《金刚经》说："心应在无欲的情况下实行布施，在先所执着的基础上生发清净心。"即是这个意思。这样佛家所说的性，不是非常明白了吗？它明明以知觉为性，始终不知性是天理，有人硬要把佛与儒合在一起而成一个道，怎么合得起来呢！

　　过去达磨弟子波罗波提曾经说过"精神作用就是性"，他说过一个偈语："它投胎即有了肉身，处世即成为现实的人。它在眼表现为见的功能，在耳表现为听的功能，在鼻表现为辨别香气的功能，在口就有谈论的功能，在手即能拿，在脚就能走路。放开来它可以包容世界，收起来却小于一粒尘埃。这个东西懂得的人称它为佛性，不懂的人把它叫作精魂。"懂与不懂就是迷与悟的意思。"知是佛性"即是正智、如如。"唤作精魂"就是名相、妄想。这个偈自然是真话，后来狡猾的僧人嫌它太浅，于是人人造出一些鬼话，搞得非常玄妙、奇特。那些要从佛教中得利的人，怎么能不被它打动呢？张载说："偏颇邪僻的鬼话全都是佛门造出来的。"说得很好。但是说鬼话的不只是佛门弟子，只要稍稍沾染上佛毒的人往往就能干这种事，我儒家中人尤其要知道这个问题。

【原　文】

　　五、《楞伽》四卷，卷首皆云"一切佛语心品"。良以万法唯识，诸识唯心，种种差别不出心识而已，故经中之言识也特详。第一卷，首言"诸识有二种生、住、灭"，谓流注生、住、灭，相生、住、灭。次言"诸识有三种相，谓转相、业相、真相"。又云："略说有三种识，广说有八相。何等为三？谓真识、现识及分别事识。"又云："若覆彼真识，种种不实诸虚妄灭，则一切根识灭，是名相灭。"又云："转识、藏识真相若异者，藏识非因；若不异者，转识灭，藏识亦应灭，而自真实相不灭。非自真实相灭，但业相灭。若自真实相灭者，藏识则灭，藏识灭者，不异外道断见论议。"又破外道断见云："若识流注灭者，无始流注应断。"又云："水流处，藏识、转识浪生。"又云："外境界风飘荡，心海识浪不断。"又谒云："藏识海常住，境界风所动，种种诸识浪，腾跃而转生。"又谒云："凡夫无智慧，藏识如巨海，业相犹波浪，依彼譬类通。"

第二卷有云："一切自性习气，藏意意识习见转变，名为涅槃。"注云："自性习气，谓众生心识性执，熏习气分。藏意意识者，即藏识与事识，由爱见妄想之所熏习。转变者，谓转藏识、事识为自觉圣智境界也。"有云："识者，因乐种种迹境界故，余趣相续。"有云："外道四种涅槃，非我所说法。我所说者，妄想识灭，名为涅槃。"有云："意识者，境界分段计着生，习气长养，藏识意俱。我我所计着，思惟因缘生。不坏身相藏识，因攀缘自心现境界，计着心聚生。展转相因，譬如海浪，自心现境界风吹，若生若灭亦如是。是故意识灭，七识亦灭。"注云："境界分段者，六识从六尘生也。习气长养者，言六识不离七识、八识也。我我所计着者，言七识我执，从思惟彼因彼缘而生。不坏身相藏识，即第八识。谓此八识因于六识能缘，还缘自心所现境界，以计着故，而生六识，能总诸心，故云心聚生也。展转相因者，八识转生诸识，六识起善起恶，七识则传送其间。海喻八识，浪喻六识。以六尘为境界风，境界乃自心所现，还吹八识心海，转生诸识。若生若灭，亦犹依海而有风，因风而鼓浪，风息则浪灭。故云意识灭，七识亦灭也。”又谒云：“心缚于境界，觉想智随转。无所有及胜，平等智慧生。”注云：“现前一念，为尘境界所转，故有业缚，而本有觉智亦随妄而转。若了妄即真，离诸有相，及至佛地，则复平等大慧矣。”

第三卷有云：“彼生灭者是识，不生不灭者是智。堕相、无相及堕有无种种相因是识，超有无相是智。长养相是识，非长养相是智。”又云：“无碍相是智，境界种种碍相是识。三事和合生方便相是识，无事方便自性相是智。得相是识，不得相是智。自得圣智境界，不出不入，如水中月。”注云：“根、尘及我和合，相应而生是识，此不知自性相故。若知性相，则一念灵知，不假缘生，故云无事方便自性相是智。相惟是一，而有离不离之异，故云得不得也。”又偈云：“心意及与识，远离思惟想，得无思想法，佛子非声闻。寂静胜进忍，如来清净智。生于善胜义，所行悉远离。”注云：“得无思想法，则转识为智。此是菩萨而非声闻，智之始也。寂静胜进忍，即如来清净忍智，智之终也。"

第四卷有云："如来之藏是善不善因，能遍兴造一切趣生，譬如伎儿变现，诸趣离我我所，不觉彼故，三缘和合，方便而生。外道不觉，计着作者，为无始虚伪恶习所熏，名为识藏，生无明住地，与七识俱，如海浪身，常生不断。离无常过，离于我论。自性无垢，毕竟清净。""常生不断"以上注云："此随染缘，从细至粗也。若能一念回光，能随净缘，则离无常之过，二我之执，自性清净，所谓性德如来则究显矣。"有云："菩萨摩诃萨，欲求胜进者，当净如来藏及识藏名，若无识藏名，如来藏者，则无生灭。"注云："识藏以名言者，由迷如来藏转成妄识，无有别体，故但有名。若无识藏之名，则转妄识为如来藏也。"有云："彼相者，眼识所照，名为色；耳、鼻、舌、身、意识所照，名为声、香、味、触、法，是名为相。妄想者，施设众名，显示诸相，如此不异，象、马、车、步、男、女等名，是名妄想。正智者，彼名相不可得，犹如过客，诸识不生，不断不常，不堕一切外道声闻缘觉之地。以此正智不立名相，非不立名相，离二见、建立及诽谤，知名相不生，是名如如。"有云："善不善者，谓八识。何等谓八？谓如来藏名识藏、心意、意识及五识身，非外道所说。五识身者，心意、意识俱。善不善相，展转变坏，相续流注。不坏身生，亦生亦灭，不觉自心现，次第灭，余识生。形相差别，摄受意识、五识俱相应生，刹那时不住。"注云："不坏者，不断也。摄受意识者，以五根揽五尘，摄归意识，起善起恶。"有云："愚夫依七识身灭，起断见，不觉识藏故，起常见。自妄想故，不知本际。自妄想慧灭故解脱。"注云："愚夫所知，极于七识，七识之外无所知故，因起断见。而不觉识藏无尽，见其念念相续故，起常见。由其自妄想，内而不及外故，不能知本际。然妄不自灭，必由慧而灭也。"又谒云："意识之所起，识宅意所住。意及眼识等，断灭说无常，或作涅槃见，而为说常住。"注云："意由八识而起，而八识意之所住，故谓之为宅。以是言之，自不容以七识身灭而起断见。彼又于意及眼识等断灭处说无常，或作涅槃见者，此皆凡外自妄想见，故不知本际，如来为是说常住也。"

经中言言，首尾具于此矣。间有牵涉他文者，不暇尽录，然已不胜其多，亦无庸尽录为也。其首之以"诸识有二种生、住、灭"，乃其所谓生死根也。终之以"识宅常住"，乃其所谓涅槃相也。然而"生死即涅槃，涅槃即生死"（此是佛家本语）初无二相，故诸识虽有种种名色，实无二体。但迷之则为妄，悟之则为真。苟能灭妄识而契真识，则有以超生死而证涅槃矣。真识即本觉也，涅槃即所觉之境界也。由此观之，佛氏之所谓性，有出于知觉之外邪？虽其言反覆多端，穷其本末，不过如此。然骤而观之者，或恐犹有所未达也，辄以藏识为主，而分为数类以尽其义。

藏，即所谓如来藏也，以其含藏善恶种子，故谓之藏。其所以为善为恶，识而已矣，故曰藏识。藏识一尔，而有本有末。曰"真相"，曰"真识"，曰"真实相"，曰"无始流注"，曰"藏识海"，曰"涅槃"，曰"平等智慧"，曰"不生不灭"等是智。曰"如来清净智"，曰"自性无垢，毕竟清净"，曰"识宅"，曰"常住"，此为一类，皆言乎其本体也。曰"流注生、住、灭，相生、住、灭"，曰"业相"，曰"分别事识"，曰"识浪"，曰"乐种种迹境界"，曰"意识"，曰"生灭"等是识。曰"识藏，生住地无明，与七识俱，如海浪身，常生不断"，曰"识藏名"，曰"心意、意识及五识身"，曰"意及眼识等"，此为一类，皆言乎其末流也。曰"转相"，曰"现识"，曰"转识"，曰"觉想智随转"，此为一类，言乎其本末之所由分也。其言及修行处，又当自为一类，如曰"诸虚妄灭则一切根识灭"，曰"见习转变名为涅槃"，曰"妄想识灭名为涅槃"，曰"意识灭七识亦灭"，曰"无所有及胜"，曰"远离思惟想"，曰"离无常过，离于我论"，曰"欲求胜进者，当净如来藏及识藏名，若无识藏，名如来藏者，则无生灭"，曰"自妄想慧灭故解脱"，凡此皆言其修行之法也。欲穷其说者，合此数类而详玩之，则知余所谓"灭妄识而契真识"，诚有以得其要领矣。夫识者，人心之神明耳，而可认为性乎！且其以本体为真，末流为妄，既分本末为两截；谓迷则真成妄，悟则妄即真，又混真妄为一途。盖所见既差，故其言七颠八倒，更无是处。吾党之号为聪明特达者，顾不免为其所惑，岂不深可惜哉！

【译 文】

　　四卷《楞伽经》，每一卷的开头都有这样一句话："一切佛语心品。"这是因为佛家认为所有现象都是识造成的，而诸多的识又都是由心产生的，种种差别不出乎心识之外，所以经中谈识特别详尽。第一卷开头说，"各种识有两种生、住、灭"。这就是流注生与相生，流注住与相住，流注灭与相灭。接着说，"诸识有三种相"，即转相、业相、真相。又说："简单地说有三种识，详细地说有八种相。什么是三种识呢？即是真识、现识、分别事识。"又说："如要恢复真识的自相，就要使种种虚妄不实的东西消灭，从而使一切根识消灭，这就是消灭了识相。"又说："转识与藏识，它们的真相如果不同，藏识就不成为转识的原因；如果相同，那么转识消灭，藏识也就应该消灭，可是真实相并不消灭。不是真实相消灭，只是业相消灭。如果真实相消灭，藏识就应该消灭，肯定藏识消灭，就与外道坚持的否定佛性永恒性的断见一致了。"又批评外道断见说："如果说业识的流注消灭了，无始以来的诸识应该断灭。"又说："受多种因缘的影响，藏识便会产生转识的水流与波浪。"又说："人心的境界风刮起来，心海中就不断产生识浪。"又说一偈："藏识之海永在，受境界风吹拂，种种诸识的波浪，随即腾跃起来。"又说一偈道："俗人没有智慧，将藏识比作大海，业相比作波浪，可以使他们通晓。"

第二卷说："一切自性习气，藏意、意识习见转变，名为涅槃。"注释说："自性习气，说的是众生心中的业识熏习而成的习气。藏意意识，就是藏识与其他各识，这些识是由于欲望和妄想熏习而成的。转变，说的是转变藏识与各识成为自觉圣智境。"经书还说："识由于喜欢外境界中的种种事物，所以使得人总是在六道中轮回。"它说："外道讲四种涅槃，但那不是我所说的道理。我所讲的是只要你由妄想产生的各识消灭了，那就是涅槃。"它说："意识者，境界分段计着生。习气长养，藏识意俱。我我所计着，思惟因缘生。不坏身相藏识，因攀缘，自心现境界，计着心聚生。展转相因，譬如海浪，自心现境界风吹，若生若灭亦如是。是故意识灭七识亦灭。"注释说："境界分段说的是六识从六尘生。习气长养说的是六识不能脱离七识与八识。我我所计着的意思是七识产生的我执，是由于它思虑着外界的因缘而来的。不坏身相藏识就是第八识，说的是这第八识一方面表现为能接受感应的六识，另一方面又有能进行感应的境界，由于执着的缘故，所以产生了六识，六识统于一心，所以说心聚生。展转相因，指八识产生诸识，六识能造成善恶，而七识在六识与八识之间传递其相互作用。海比喻第八识，浪比喻六识，六尘即是境界风。境界是自心所呈现的，它反过来又吹八识心海，从而产生其他诸识。若生若灭也就是说由有海而有风，因风而掀起大浪，风停之后浪即消失。所以说意识消灭七识也消灭了。"还有一则偈语："心缚于境界，觉想智随转，无所有及胜，平等智慧生。"注说："当前的一念，被境界所左右，所以才有业力束缚着人，这样本有的觉智也被妄想支配。如果能认清了虚妄，即可达于真实，离开各种事相，到了佛的地位，那么就恢复了平等的佛家智慧。"

　　第三卷说："那有生有灭的是识，而不生不灭的是智。执着于有相可得和无相可得，执着于有与无的种种相与原因的是识；超越有相与无相的则是智。增加习气的是识，不增加习气的是智。"又说："无碍相的是智，有境界种种碍相的是识。三事（根、尘与我）和合而产生的作用是识，无事方便自性相是智。有所得的是识，而无所得的是智。自得圣智境界是不出不入的，好像水中月一样。"注释说："根、尘与我和合而生的是识，这是由于不知自身性相的缘故。如果知道了性相，那就是一念灵知，不依赖于因缘而生，所以说无事方便自性相是智。相只是一个，而有离相与不离相的区别，所以说有得与无得。"又有一偈说："心意和诸识，要远离思惟与妄想，得到无思想之法，便与声闻根本不同。由此得到寂静胜进忍，成就如来的清净智慧，产生高妙的理论，远离烦恼与执着。"注说："得无思想之法，就能将识转成智。这是菩萨而不是声闻，因而是智的开端。寂静胜进忍即是如来清净忍智，这是智的终点。"

第四卷说："如来藏是世上一切善与不善的原因，能够普遍地造成一切趣的生命。好像魔术师那样，变现出各个趣，远离我与我所。愚夫们不能觉察其中道理，于是使根尘识三缘和合，并在业力影响下进入各个趣。外道不懂这个道理，总是执着地认为有一个造物者主宰着一切。阿赖耶识由于受无始以来的虚假的恶习所熏染，名字叫作识藏。它与无明及前七识同时俱生，譬如海浪那样，常生不断。人们如果能离开生灭无常，摆脱有我的思想，那么便可证得自性无垢，而得到最终的清净。"对于"常生不断"以上的部分，注释说："这是随染缘的发展，从细到粗。若是能一念觉悟，而跟着净缘发展，就可以离开无常的错误，人我与法我的执着，达到自性清净，所谓本性中的如来终于显出来了。"又说："修大乘菩萨道的人，想要求得最大进步，应当认清如来藏和识藏这个名称。如果没有识藏这个名称，如来藏本身即是没有生灭的。"注文说："识藏被说成是名称，是因为迷惑，如来藏转成了妄识，然而这个妄识并没有另外一个体，所以只有一个空名。如果没有识藏之名，那么妄识即转变为如来藏了。"又说："那些相，作为眼识的对象叫作色，耳识、鼻识、舌识、身识、意识的对象分别叫作声、香、味、触、法，这些都叫作相。妄想也就是设想出许多名字，用来表示这些现象。与上面所说的一样，象、马、车、步、男、女等名目，也都是妄想。正智就是认识到，名与相是实际不存在的，好像过客一般，这就使诸识不再产生，阿赖耶识不断不常，而不落在一切外道与声闻缘觉的水平上。因此正智是不立所谓名与相的；也不是不立名相，乃是摆脱了执着与否定这样两种见解。知道名相本是不存在的，这就叫作如如。"又说："善与不善，都是从八识来的。什么是八识？即如来藏（称作识藏）、第七识心意、第六识意识及前五识（眼耳鼻舌身识），不是外道所说的那样。五识与第六识、七识在一起。它有善与不善的事相，一方面辗转消灭，一方面又流注不断。不坏的五识身产生出来即是亦生亦灭的。凡夫俗子看不到这一切全是自心所现，一个接一个地幻灭，又一个接一个地生起。执着形象与其差别的五识都摄受于意识，六识也和五识一样，与尘境相对应而生，并且也是刹那不停留的。注说："不坏就是不断。摄受意识，即五根控制五尘而归摄于意识，评成善恶的事相。"又说："愚夫根据七识消灭这种现象，产生世界空无所有的断见；或因不觉悟识藏的本质，因而又产生一切永恒存在的常见。这些皆因有妄想的缘故，所以不知自心的真实情况，自身智慧消灭了妄想之后，就可以得到解脱。"注文说："愚夫所知道的只限于七识，七识之外什么也不知道，所以见七识灭即产生断见。但是因对识藏的性质缺乏了解，看到它是念念接续的，于是又产生常见。由于他自身的妄想，是在内而不及于外的缘故，不能了解心的本际。但是妄想是不会自己消亡的，它必须通过智慧的发展而消亡。"又有一偈说："意识之所起，识宅意所住。意及眼识等，断灭说无常。或作涅槃见，而为说常住。"注文说："意识由八识而产生，八识又是意识所存住的地方，所以把它叫作宅。由此来说，自然不可以七识本身消灭而产生断见。有人在意识和眼识等等断灭之处来说无常，或者以此为涅槃境界。这都是凡夫与外道，从妄想立论，所以不知自心本际，如来为此给他们讲说常住的道理。"

经里面谈论识的地方，从头到尾都抄在这里了。其中有的牵涉别的问题的，没时间完全把它抄录下来，但是已经太多了，也用不着全抄下来。它开头说的"诸识有两种生住灭"乃是它所说的"生死根"。最后说的"识宅常住"乃是它所说的"涅槃相"。但是佛家认为"生死即涅槃，涅槃即生死"，不是两种事相；所以诸识虽有种种名目，其实没有两个本体。只要迷惑就是妄想，觉悟就是真实。如果能消灭妄识而合于真识，就能超生死，证得涅槃。真识亦即本觉，涅槃即所觉的境界。从这来看，佛家所说的性，有超出知觉之外的内容吗？虽然它的话反反复复头绪很多，研讨其本末，不过就是这个意思。但是乍一看恐怕还有不能理解的地方，我就以藏识为主，分成几类，把这个内容说清楚。

藏就是所谓如来藏，因为它包含有善恶种子，所以称作藏。它所以为善为恶，在于它的识，所以叫作"藏识"。藏识只是一个，但是有本有末。称作"真相""真识""真实相"

"无始流注""藏识海""涅槃""平等智慧""不生不灭"等的是智。称作"如来清净智""自性无垢毕竟清净""识宅""常住"是一类，都是本体的意思。叫作"流注生、住、灭""相生、住、灭""业相""分别事识""识浪""乐种种迹境界""意识""生灭"等的是识。说"识藏，生住地无明，与七识俱，如海浪身，常生不断""识藏名""心意、意识及五识身""意及眼识等"这些是一类，都是说的末流。称作"转相""现识""转识""觉想智随转"等，这是一类，说的是本末区分的缘由。说到修行的地方，又应该分为一类，比如说"诸虚妄灭则一切根识灭""见习转变名为涅槃""妄想识灭名为涅槃""意识灭七识亦灭""无所有及胜""远离思惟想""离无常过，离于我论""欲求胜进者，当净如来藏及识藏名，若无识藏名，如来藏者则无生灭""自妄想慧灭故解脱"，所有这些都是谈论修行方法的。想要弄通佛家道理的人，将这几类合起来仔细琢磨，就会知道我所说的"灭妄识而合于真识"这句话确实抓住了它的要领。识即是人心的精神，怎么可以认作性呢？并且，它以本体为真，末流为妄，将本末分为两截，说迷则真成妄，悟后妄即真，这又是将真妄混为一谈了。因为基本观点错了，所以它的话乱七八糟，没有对的东西。我们儒家的聪明人反而被它迷惑，岂不是非常可惜吗？

【原文】

六、佛氏分本末为两截，混真妄为一途，害道之甚无过于此。不可但如此说过，须究言之。夫以心识为本，六识为末，固其名之不可易者，然求其实，初非心识之外别有所谓六识也，又非以其本之一，分而为末之六也。盖凡有所视则全体在目，有所听则全体在耳，有所言则全体在口，有所动则全体在身。（只就此四件说，取简而易见尔。）所谓感而遂通，便是此理。以此观之，本末明是一物，岂可分而为二，而以其半为真半为妄哉！

若夫真妄之不可混，则又可得而言矣。夫目之视，耳之听，口之言，身之动，物虽未交而其理已具，是皆天命之自然，无假于安排造作，莫非真也。及乎感物而动，则有当视者，有不当视者，有当听者，有不当听者，有当言者，有不当言者，有当动者，有不当动者。凡其所当然者，即其自然之不可违者，故曰真也。所不当然者，则往往出于情欲之使然，故曰妄也。真者存之，妄者去之，以此治其身心，以此达诸家国天下，此吾儒所以立人极之道，而内外、本末无非一贯也。若佛氏之说，则方其未悟之先，凡视听言动，不问其当然与不当然，一切皆谓之妄；及其既悟，又不问其当然与不当然，一切皆谓之真。吾不知何者在所当存乎，何者在所当去乎？当去者不去，当存者必不能存，人欲肆而天理灭矣。使其说肆行而莫之禁，中国之为中国，人类之为人类，将非幸欤？

【译 文】

佛家将本与末分为两截，又将真妄混为一谈，这一点对儒道来说危害最大。我们不能只是这样说了就算了，应该把这个话题说透。以心识为本，以六识为末，是佛家一贯坚持的观点，但是实际上，绝不是心识之外另有六识，也不是从一个根本而分为六个末梢。因为如果要看，那么心的全体都在眼，要听，则心之全体都在耳，要说话，心之全体都在口，要动作，则心之全体都在身（只是就这四件来说，因为其简便并且显而易见）。所谓"感而遂通"就是这个道理。从这里来看，本与末明明是一个东西，怎么可以分为两个东西呢？又怎么能认为它的一半是真的，另一半是虚妄的呢？

至于真与妄不能混淆，则又可以说出一番道理来。眼看、耳听、口说、身动，即使在人还没与物接触的时候，它们的理已经存在了，这都是天命自然的，不须人的安排和造作，全都是真的。待到与物相感应从而有了动作，那么又有该看的，有不该看的，有该听的，有不该听的，有该说的，有不该说的，有该动的，有不该动的。凡是应当做的，也就是事物自然而然不可违背的，所以说是真。凡是不应当做的，往往都是出于情欲的支配，所以说是妄。真的就保留着，妄的就去掉，用这个来修养身心，把这个贯彻到治国平天下的活动中。这是我们儒者用来建立做人准则的方法，这样做了内外本末全都是一贯的。如果像佛家所说，那么当人没有觉悟的时候，所有的视听言动，不问是不是应当做的，一概都说是妄，待到人觉悟之后，又不问是不是应当做的，一切都说是真。我不知道什么是应当保留的，什么是应当去掉的。应当去掉的不去掉，应当保存的必然不能保存，那么人欲就要横流，天理就要灭亡。如果让佛家之言大肆流行，而没有人禁止它，中国作为中国，人类作为人类，将不是侥幸吗？

【原　文】

七、《楞伽》四卷并无一理字，注中却多用理字训释其说，盖本他经之文尔。尝见《楞严》有云："理则顿悟，乘悟并销。"《圆觉》有云："一者理障，碍正知见；二者事障，续诸生死。"事理二障，在《楞伽》但谓之惑障、智障尔，非逃儒归佛者，谁能易之？虽其所用理字不过指知觉而言，初非吾儒所谓性命之理，然言之便足以乱真，不可不辨。

【译　文】

《楞伽》四卷之中并没有一个理字，但是注释当中却用了许多理字来解释它的理论，大概是根据其他经文来的。我曾经看到《楞严经》说："理只能顿悟，因悟而完全理解。"《圆觉经》说："第一是理障，它妨碍真正佛家的见解；第二是事障，它能让人在生死中轮回。"事、理这两障，在《楞伽经》

中只是称之为惑障与智障，如果不是背叛儒家而皈依佛家的人，有谁能进行这种改换呢？虽然它所用的理字，不过是指知觉而言的，原本不是儒家所说的性命之理，但是这样说就能以假乱真，不能不分辨清楚。

【原 文】

　　八、《传习录》有云："吾心之良知，即所谓天理也。"又云："道心者，良知之谓也。"又云："良知即是未发之中。"《雍语》有云："学、问、思、辨、笃行，所以存养其知觉。"又有，"问：'仁者以天地万物为一体。'答曰：'人能存得这一点生意，便是与天地万物为一体。'又问：'所谓生者即活动之意否，即所谓虚灵知觉否？'曰：'然。'"又曰："性即人之生意。"此皆以知觉为性之明验也。

【译 文】

　　《传习录》说："我心中的良知，就是人们说的天理。"又说："道心就是指良知说的。"又说："良知就是未发之中。"《雍语》说："学、问、思、辨、笃行，都是用来存养人的知觉的。"其中还有一段问答，学生问："仁者以天地万物为一体是什么意思？"湛甘泉回答说："人能够存养这一点生意，就是与天地万物为一体。"学生又问："所谓生，是不是活动的意思，也就是虚灵知觉的意思？"他回答道："是的。"他还说："性也就是人的生意。"这都是以知觉为性的明显证据。

【原　文】

九、达磨所尊信者惟《楞伽》，凡其切要之言，余既联比而贯通之，颇为论断，以究极其归趣，其所以异于吾儒者章章明矣。自达磨而下，其言之乱真者不少，欲一一与之辨明，未免失于繁冗，将一切置而不辨，又恐吾人尝误持其说以为是者，其惑终莫之解也。乃杂取其一二尤近似者，别白而究言之。

【译　文】

达磨所尊信的经典，只有《楞伽经》。对这部经中重要的话，我已进行了排比与贯通，并加以论断，探讨了它们的宗旨，此书不同于儒家思想的地方已经明明白白了。从达磨开始，禅宗中人以假乱真的颇多，要一个一个地加以辨别，未免过于繁琐，如果全都不辨，又担心信奉佛教的人不能解除迷惑。我现在要选择其中特别近似儒家的言论，加以分析研究。

【原　文】

一〇、达磨告梁武帝有云，"净智妙圆，体自空寂"。

只此八字，已尽佛性之形容矣。其后有神会者，尝著《显宗记》，反复数百语，说得他家道理亦自分明。其中有云："湛然常寂，应用无方。用而常空，空而常用。用而不有，即是真空。空而不无，便成妙有。妙有即摩诃般若，真空即清净涅槃。"此言又足以发尽达磨"妙圆空寂"之旨。余尝合而观之，与《系辞传》所谓"寂然不动，感而遂通天下之故"，殆无异也。然孰知其所甚异者，正惟在此乎！夫《易》之神，即人之心。程子尝言："心一也，有指体而言者，'寂然不动'是也；有指用而言者，'感而遂通'是也。"盖吾儒以寂感言心，而佛氏以寂感为性，此其所为甚异也。良由彼不知性为至精之理，而以所谓神者当之，故其应用无方，虽不失圆通之妙，而高下无所准，轻重无所权，卒归于冥行妄作而已矣，与吾儒之道，安可同年而语哉！

【译　文】

达磨告诉梁武帝说："净智妙圆，体自空寂。"仅仅这八个字，就把佛性表达清楚了。后来有一禅僧神会，写了一本《显宗记》，反复几百句话，把佛家道理说得也很明白。其中说："湛然而永远寂静，但在任何情况下都发挥作用；虽有作用，但本体永远是空寂的。本体虽然空寂，却永远发挥作用。发挥作用却不是具体存有，这就是真空。虽然是空，但却不是绝对虚无，因而成为妙有。妙有就是大般若，真空即是清净涅槃。"这话又能完全表达达磨所谓"妙圆空寂"的意蕴。我曾将这些论点合起来看，它们与《易·系辞传》的"寂然不动，感而遂通天下之故"好像没有什么差别，但是谁知两者的重大差异，正在这里呢！《易》所说的神，也就是人的心。程子曾经说过："心这个词，有时是指本体，如说'寂然不动'；有时则是指作用，如说'感而遂通'。"大体说来，我们儒家以为能寂能感的是心，但佛家却以为能寂能感的是性，这就是二者间的重大差异。这其实是由于他们不懂得性是最精微的理，而拿所谓能感应的精神来充当，所以他们虽然能够到处应用不失其圆通的妙处，但是高低轻重都没有准绳，最终归结为冥行妄作，这怎么可以与我们儒家的道相提并论呢！

【原文】

一一、程子尝言"仁者，浑然与物同体"，佛家亦有"心佛众生，浑然齐致"之语，何其相似也！究而言之，其相远奚啻霄壤哉！唐相裴休，深于禅学者也，尝序《圆觉经疏》，首两句云："夫血气之属必有知，凡有知者必同体。"此即"心佛众生，浑然齐致"之谓也。盖其所谓齐同，不出乎知觉而已矣。且天地之间，万物之众，有有知者，有无知者，谓有知者为同体，则无知者非异体乎？有同有异，是二本也。盖以知觉为性，其窒碍必至于此。若吾儒所见，则凡赋形于两间者，同一阴阳之气以成形，同一阴阳之理以为性，有知无知，无非出于一本。故此身虽小，万物虽多，其血气之流通，脉络之联属，元无丝毫空阙之处，无须臾间断之时，此其所以为浑然也。然则所谓同体者，亦岂待于采揽牵合以为同哉？夫程子之言，至言也，但恐读者看得不仔细，或认从知觉上去，则是援儒以助佛，非吾道之幸矣。

【译 文】

程子曾说："仁就是自我浑然无别地与他物同体。"佛家也有这样的话："心与佛、与众生，浑然无别地一致。"这两句话是多么相似啊！但是说到底，二者的距离大大超过燕越。唐朝宰相裴休深刻了解禅学，他为《圆觉经疏》写的序言开头两句便说："有血气的一类必定有知觉，而凡是有知觉的必定是同体的。"这便是"心与佛、与众生，浑然无别地一致"的意思。他们所说的齐、同，不出知觉的范围。天地之间的存在物是无数的，有的是有知觉的，有的则是没有知觉的，说有知觉的是同体的，那么无知觉的不是异体的吗？万物有同体有异体，岂不是说世界有两个本原了吗？以知觉为人、物之性的理论，它的毛病必然导致两个本原的谬误。至于我们儒家的看法，则是凡是在天地之间的有形物，都是由同一个阴阳之气构成形体，由同一个阴阳之理构成本性，有知觉的存在物与无知觉的存在物都出自一个本原。因此人、物的一身虽然渺小，万物虽然众多，其间血气是流通的，脉络是相联结的，根本没有一丝一毫的空缺，没有一时一刻的间断，这才是真正的浑然。这样，所谓同体哪里是要依赖人为地牵合才成为同体的呢！程子的话是至理名言，只是怕读者看得不仔细，有理解为知觉的可能，那便是拉着儒家去帮助佛家，不是儒道的幸事了。

【原 文】

一二、"有物先天地，无形本寂寥，能为万象主，不逐四时凋。"此诗乃高禅所作也。自吾儒观之，昭然太极之义，夫复何言？然彼初未尝知有阴阳，安知有所谓太极哉？此其所以大乱真也。今先据佛家言语解释一番，使彼意既明且尽，再以吾儒言语解释一番，然后明指其异同之实，则似是之非，有不难见者矣。

以佛家之言为据，则"无始菩提"，所谓"有物先天地"也；"湛然常寂"，所谓"无形本寂寥"也；"心生万法"，所谓"能为万象主"也；"常住不灭"，所谓"不逐四时凋"也。作者之意，不亦明且尽乎？求之吾儒之书，"太极生两仪"，是固先天地而立矣；"无声无臭"，则无形不足言矣；"富有之谓大业"，万象皆一体也；"日新之谓盛德"，万古犹一时也。太极之义，不亦明且尽乎？诗凡二十字，其十七字彼此意义无甚异同，不足深辨。所当辨者三字尔："物"也，"万象"也。以物言之，菩提不可为太极，明矣。以万象言之，在彼经教中即万法尔，以其皆生于心，故谓之能主，然所主者实不过阴、界、入，自此以外，仰而日月星辰，俯而山河大地，近而君臣父子，兄弟夫妇朋友，远而飞潜动植，水火金石，一切视以为幻妄而空之矣，彼安得复有所谓万象乎哉！为此诗者，盖尝窥见儒书，遂窃取而用之尔。

余于前《记》尝有一说，正为此等处，请复详之。所谓"天地间非太极不神，然遂以太极为神则不可"，此言殊未敢易。诚以太极之本体，动亦定，静亦定。神则动而能静，静而能动者也。以此分明见得是二物，不可混而为一。故《系辞传》既曰"一阴一阳之谓道"矣，而又曰"阴阳不测之谓神"。由其实不同，故其名不得不异。不然，圣人何用两言之哉！然其体则同一阴阳，所以难于领会也。佛氏初不识阴阳为何物，固无由知所谓道，所谓神。但见此心有一点之灵，求其体而不可得，则以为空寂，推其用而遍于阴、界、入，则以为神通。所谓"有物"者，此尔。以此为性，万无是处。而其言之乱真，乃有如此诗者，可无辨乎！然人心之神，即阴阳不测之神，初无二致。但神之在阴阳者，则万古如一，在人心者，则与生死相为存亡，所谓理一而分殊也。佛氏不足以及此矣，吾党之士，盍相与精察之？

【译 文】

"有物先天地，无形本寂寥，能为万象主，不逐四时凋。"这首诗是一位禅宗高僧所作。从我们儒家来看，这明明应该是太极的意思，还有什么话说呢？但是禅家根本不知道有阴阳存在，哪里会知道有所谓太极呢？正因如此，这首诗能够大大地乱真。现在我先依照佛家的话来解释一番，使佛家的意思既明白又完全，接着再用儒家的话来解释一番，明确地指出两家的实质性差别，那么就不难看出佛家似是而非的地方。

根据佛家的言语，"无始菩提"即所谓先于天地而存在的那个事物，"湛然常寂"就是没有形体寂然不动的意思，"心生万法"就是主宰万象的意思，"常住不灭"即是不随时间的变化而变化的意思。作者的用意不是明白而且完备了吗？从我们儒家的书来看，"太极生两仪"不是先于天地而存在的意思吗？对太极的形容——"无声无臭"，岂不是比无形更为虚无吗？《易传》上说的"富有之谓大业"就是说万象都是一体，而"日新之谓盛德"则是说永恒对它犹如一瞬。太极的意思，不也是明白而又完备吗？这首诗一共二十个字，其中十七个字两家没什么差别，用不着深入地辨下去。应当辨明的就是三个字：物、万象。从物来说，菩提不能算太极，这是明显的。从万象——在佛家经典中即是万法——来说，因为它都生于心，所以说心能主宰它们，但是心所能主宰的不过是五阴、十八界、十二入，这以外的日月星辰、山河大地、君臣父子、兄弟夫妇朋友、鸟兽虫鱼草木及水火金石，一切都看作是幻妄，是假有而真空，他们怎么还会有所谓万象呢？作这首诗的人大概是看过儒书，于是便窃取来为己所用。

我在本书前面的部分，曾有一个说法，正是针对这类观点的，请让我再说明一下。我的话是："天地间没有太极便没有神妙作用，但是因此就把太极说成神则是不可以的。"这话断不能改。正因为太极的本体，在动或静的情况下都是定的，神则是动而能静，静而能动的，所以它们分明是两个东西，不能混为一谈。因此《系辞传》既说"一阴一阳之谓道"，同时又说"阴阳不测之谓神"，这是因为道（太极）与神的实质不同，所以不能不用两个名称。如果它们是一回事，圣人为何要这么说呢？但是太极与神的本体则是同一个阴阳，所以理解起来比较困难。佛家根本不识阴阳是什么东西，当然无法知道什么是道，什么是神。只是看到此心有一点灵明，又看不到它的本体是什么，就认为心体空寂，再把它的作用推广到阴、界、入，便认为它有极大的神通。所谓"有物"的物，就是这个心。以此心为性，无论如何是不通的。可是佛家言论的乱真竟然像这首诗这样严重，能够不辨明吗？其实，人心的精神就是阴阳不测的那个神，二者根本没有不同。但是在阴阳的神是万古如一的，而在人心的神则随着人的生死而存亡，这就是理一分殊的道理。佛家的人是不能理解这一点的，我们儒家人士何不一起仔细研究呢？

【原文】

一三、南阳慧忠破南方宗旨云："若以见闻觉知是佛性者，《净名》不应云'法离见闻觉知'。若行见闻觉知，是则见闻觉知，非求法也。"南僧因问："'《法华》了义，开佛知见'，此复何为？"忠曰："他云'开佛知见'，尚不言菩萨二乘，岂以众生痴倒，便成佛之知见邪？"汾州无业有云："见闻觉知之性，与太虚齐寿，不生不灭。一切境界，本自空寂，无一法可得。迷者不了，即为境惑。一为境惑，流转无穷。"此二人皆禅林之杰出者，其言皆见于《传灯录》，何若是之不同邪？盖无业是本分人，说本分话。慧忠则所谓神出鬼没以逞其伎俩者也，彼见南方以见闻觉知为性，便对其人捏出一般说话，务要高他一着，使之莫测。盖桀黠者之情状每每如此。

尝见《金刚经》，明有"是法平等，无有高下"之语。佛与众生，固然迷悟不同，其知见之体即是平等，岂容有二？又尝见《楞严》中有两段语。其一，佛告波斯匿王云："颜貌有变，见精不变。变者受灭，彼不变者元无生灭。"其二，因与阿难论声闻，有云："其形虽寐，闻性不昏，纵汝形销，命光迁谢，此性云何为汝销灭？"此皆明以见闻为性，与波罗提说相合。若《净名》，则紧要在一离字，余前章论之悉矣。

先儒尝言佛氏之辞善遁，便是此等处。《传灯录》中似此尽多，究其渊源，则固出于瞿昙也。盖瞿昙说法，常欲离四句，谓"一异"，"俱不俱"，"有无非有非无"，"常无常"。然而终有不能离者，如云"非异，非不异""非有非无""非常非无常"。只《楞伽》一经，累累见之，此便是遁辞之根。若将异处穷着他，他便有非异一说；将无常穷着他，他便有非无常一说。自非灼然看得他破，只得听他愚弄尔。

【译 文】

南阳慧忠在批评南宗的宗旨时说："如果说见闻知觉是佛性，那么《净名经》就不应该说'佛法超越见闻知觉'。如果你要运用见闻知觉，那就是以它们为准则，就不是求佛法。"持南方宗旨的僧人说："经书上说《法华经》是最高经典，能开出佛的知见，这'知见'二字是什么意思？"慧忠说："他说开佛的知见，并没有提到菩萨与声闻缘觉二乘，难道由于众生痴迷便有了佛的知见吗？"汾州无业禅师说："见闻知觉这个性与太虚同样是永恒的，是不生不灭的。世上一切境界本来都是空的，没有一个现象是真实存在的。迷惑的人不懂这个道理，所以被虚假的外境所蒙骗，一旦被蒙蔽，他便要在六道之中进行无穷尽的轮回。"慧忠与无业，都是禅宗中的杰出人物，他们的言论都刊载在《传灯录》中，但他们的观点为什么这样不同呢？因为无业是本分人，说本分话。慧忠则是所谓神出鬼没以表现其伎俩的人，他看到南宗以见闻知觉为佛性，于是就对别人造出一些言论，一定要使自己高出他人一着，使人感到神秘莫测。大体上说，狡猾的家伙常常是这样的。

我曾读《金刚经》，其中明确写着，"佛法是平等的，没有高低的差别"，这就是说，佛与众生，固然有迷惑与觉悟的不同，但是他们知见的本体却是一样的，岂能有所不同？我又看到《楞严经》的两段话，一段是说，佛对波斯匿王说："人的容颜有变化，但是能见的精神是不变的，变化的东西是要灭亡的，不变的东西则是没有生灭的。"另一段是佛与弟子阿难论说声闻乘的情况，佛说："众生的形体虽然睡着了，可是他的听的本性没有昏迷。即使你的形体坏了，生命完结了，这个性怎么能随你一起消灭呢？"这些都是以见闻为性的证据，与波罗提所说的一致。至于《净名经》，它最重要的一个词是"离"，我在前一章中已经说得很详细了。

前代儒者曾经说，佛家的话最善于设遁辞，就是指这些地方，《传灯录》中像这一类的东西很多，考察其根源，则是出自佛祖释迦牟尼。释迦牟尼讲述佛法，总是要超出这样四句话，即一与异，俱与不俱，有无与非有非无，常与无常。但是到头来总归有不能超出的，比如说"非异，非不异；非有，非无；非常，非无常"等等。仅仅《楞伽经》里面就出现多次，这便是遁辞的根子。你如果要拿"异"来追问他，他就有"非异"这一说来解救，如果拿"无常"来追问他，他就有"非无常"这一说来解救。如不能清楚地看破，只好受他愚弄。

一四、大慧禅师宗杲者，当宋南渡初，为禅林之冠，有《语录》三十卷。顷尝遍阅之，直是会说，左来右去，神出鬼没，所以能耸动一世。渠尝拈出一段说话，正余所欲辨者，今具于左。

僧问忠国师："古德云：'青青翠竹尽是法身，郁郁黄华无非般若。'有人不许，云是邪说；亦有信者，云不思议。不知若为？"国师曰："此是普贤、文殊境界，非诸凡小而能信受，皆与大乘了义经合。故《华严经》云：'佛身充满于法界，普现一切群生前，随缘赴感，靡不周而恒处此菩提座。'翠竹既不出于法界，岂非法身乎？又《般若经》云：'色无边故，般若亦无边。'黄华既不越于色，岂非般若乎？深远之言，不省者难为措意。"又华严座主问大珠和尚云："禅师何故不许'青青翠竹尽是法身，郁郁黄华无非般若？'"珠曰："法身无像，应翠竹以成形。般若无知，对黄华而显相。非彼黄华、翠竹而有般若、法身。故经云：'佛真法身，犹若虚空，应物现形，如水中月。'黄华若是般若，般若即同无情。翠竹若是法身，翠竹还能应用？座主会么？"曰："不了此意。"珠曰："若见性人，道是亦得，道不是亦得，随用而说，不滞是非。若不见性人，说翠竹着翠竹，说黄华着黄华，说法身滞法身，说般若不识般若，所以皆成诤论。"宗杲云："国师主张翠竹是法身，直主张到底。大珠破翠竹不是法身，直破到底。老汉将一个主张底、一个破底收作一处，更无拈提，不敢动着他一丝毫，要你学者具眼。"

余于前《记》尝举"翠竹""黄华"二语，以谓与"鸢飞鱼跃"之言"绝相似，只是不同"，欲吾人识其所以不同处，盖引而未发之意。今偶为此异同之论所激，有不容不尽其言者矣。据慧忠分析语，与大珠"成形""显相"二言，便是古德立言本旨。大珠所以不许之意，但以黄华、翠竹非有般若、法身尔。其曰"道是亦得"，即前"成形""显相"二言；曰"道不是亦得"，即后"非彼有般若、法身"一言也。慧忠所引经语与大珠所引经语皆合，直是明白，更无余蕴。然则，其与吾儒"鸢飞鱼跃"之义所以不同者，果何在邪？诚以鸢、鱼虽微，其性同一天命也。飞、跃虽殊，其道同一率性也。彼所谓般若、法身，在花、竹之身之外。吾所谓天命、率性，在鸢、鱼之身之内。在内则是一物，在外便成二物。二则二本，一则一本，讵可同年而语哉？且天命之性，不独鸢、鱼有之，花、竹亦有之。程子所谓"一草一木亦皆有理，不可不察"者，正惟有见乎此也。佛氏只缘认知觉为性，所以于花、竹上便通不去，只得以为法界中所现之物尔。《楞伽》以"四大种色，为虚空所持"，《楞严》以"山河大地，咸是妙明真心中物"，其义亦犹是也。宗杲于两家之说更不拈动，总是占便宜，却要学者具眼，殊不失为人之意。余也向虽引而不发，今则舍矢如破矣。吾党之士夫，岂无具眼者乎？

【译 文】

大慧禅师宗杲是南宋初年的著名禅僧，著有《语录》三十卷。我最近遍读其书，的确是会说，左来右去，神出鬼没，因此能抓住一世人心。他曾提出一段话来，正是我所要辨明的，现在写在下面。

和尚问忠国师道："古代高僧说过'青青翠竹尽是法身，郁郁黄花无非般若'。有人不同意，认为这是邪说，但是也有相信的，认为说它是邪说的人不动脑子思考。不知如何认识这个问题？"国师回答道："这是普贤、文殊的境界，不是一般凡夫俗子所能相信的，都与大乘最高经典相合。因此《华严经》说：'佛身充满于全世界，普遍地呈现在一切众生面前，有了缘便去感应，周遍一切却永远处在自己的菩提座上。'另外《般若经》说：'物象是无边的，因而般若也是无边的。'黄花既然不超出物象的范围，能说它不是般若吗？这种意义深远的言论，对于不理解此的人，我们没有办法想。"

又有一段华严座主与大珠和尚的对话。座主问大珠道："禅师您为什么不同意'青青翠竹尽是法身，郁郁黄花无非般若'这句话呢？"大珠说："法身没有形象，可以应着翠竹表现出形象；般若是无知的，可以对着黄花来显出自身，并不是那黄花、翠竹具有般若、法身。所以经书上说：'佛的真实法身犹如虚空，它能应和着事物显现形象，这种情况就像水中月一样。'黄花如果是般若，那么般若就与无情之物一样了，翠竹如果是法身，那么翠竹能如法身一样地应用吗？座主你理解了吗？"座主回答道："不明白这个意思。"大珠说："如果是理解佛性的人，他说是也对，说不是也对。根据具体环境来说，不拘泥于是与非。如果是不理解佛性的人，说翠竹就执着于翠竹，谈黄花就执着于黄花，说法身就执着于法身，论般若其实不识般若，所以总也说不清楚。"

宗杲说："忠国师主张翠竹是法身，一直主张到底，大珠批判翠竹是法身，一直批判到底。老汉我把一个主张的，一个批判的，收在一处，不再说任何话，不动它一丝一毫，要你学佛法的人自己有眼光。"

我在本书前卷曾经举"翠竹""黄花"两句话，认为与"鸢飞鱼跃"的话"绝相似，只是不同"，希望大家了解所以不同之处，当时是引而不发。现在受这个辩论所激，不能不把我的话说透。慧忠的分析与大珠"成形""显相"两句话，便是古代禅宗大德立言的本旨。大珠之所以不同意竹与花是法身、般若，是因为黄花、翠竹自身没有法身、般若。他说"说是也对"，指的是法身应翠竹来成形，般若对着黄花来显相；"说不是也对"，指的是竹与花本身没有法身与般若。慧忠所引经中的话与大珠所引的全都符合，很是明白，没有更多的意思了。但是其意蕴与儒家"鸢飞鱼跃"的不同之处究竟在哪里呢？鸢鱼虽然很微小，但是它们的性同样是天之所命，飞与跃虽然不同，它们的道同样是本性的实现。佛家所说的般若与法身，在花、竹的身外，我们儒家所说的天命、率性在鸢、鱼的身内。在内的是一个东西，在外便是两回事了。两回事就是承认两个本原，一回事就是肯定一个本原。怎么可以同日而语呢？程子说"一草一木也都有理，不可以不察知"。那正是有见于此。佛家只因以知觉为性，所以在花、竹上便说不通了，只得以为它们是法界中所呈现的事物。《楞伽经》说"地水火风四大种色，是由虚空所扶托的"，《楞严经》认为"山河大地都是神妙的真心中的事物"，其意义也一样。宗杲对两家的论证不加可否，总是占便宜，但是要求学者自己长眼睛，很有点为别人打算的意思。我过去虽然引而不发，现在则是发箭破的。我儒家士大夫难道没有长眼睛的吗？

【原 文】

一五、宗杲尝谓士人郑尚明曰："你只今这听法、说法一段历历孤明底，未生已前毕竟在甚么处？"曰："不知。"杲曰："你若不知，便是生大。你百岁后，四大、五蕴一时解散。到这里，历历孤明底却向甚么处去？"曰："也不知。"杲曰："你既不知，便是死大。"又尝示吕机宜云：“现今历历孤明，与人分是非别好丑底，决定是有是无，是真实是虚妄？”前此临济亦尝语其徒曰："四大身不解说法听法，虚空不解说法听法。是汝目前历历孤明勿形段者，解说法听法。"观此数节，则佛氏之所谓性，亦何难见之有？渠道理只是如此，本不须苦求解悟。然而必以悟为则者，只是要见得此历历孤明境界更亲切尔。纵使见得亲切，夫安知历历孤明者之非性，而性自有真耶？

【译 文】

　　宗杲曾对士人郑尚明说："你现在这个听佛法与讲述佛法的精神，在你未生之前在什么地方？"郑答道："不知道。"宗杲说："你如果不知道，这就是生大。你百年之后，你的四大与五蕴，一下子散掉了，这时你的精神往哪里去了？"郑说："也不知道。"宗杲说："你既然不知道，这便是死大①。"他又写信给吕机宜说："现今这个清清楚楚给人分辨好坏的精神到底是有还是无，是真实还是虚妄？"在这之前，临济义玄也曾对弟子们说："四大之身不会说佛法、听佛法，虚空也不会。是你目前清醒明白没有形体的精神会说佛法与听佛法。"看了这几节，那么佛氏所说的性，哪里有什么难于理解的呢？他的道理只是这样，本来不必苦求理解觉悟，之所以定要以悟为目

───────────────

①　生大、死大，指生死的神秘不可知性。

标，只是要见这个精神更为亲切罢了。可是即使见得亲切，又怎么会知道精神本来不是性，而另有真性在呀！

【原文】

一六、杲《答曾天游侍郎第二书》说得他家道理直是明尽。渠最善捏怪，却有此等说话，又不失为本分人也。书云："寻常计较安排底是识情，随生死迁流底亦是识情，怕怖憧惶底亦是识情。而今参学之人不知是病，只管在里许头出头没，教中所谓'随识而不随智'，以故昧却本地风光，本来面目。若或一时放下，百不思量计较，忽然失脚，蹋着鼻孔，即此识情便是真空妙智，更无别智可得。若别有所得，有所证，则又却不是也。如人迷时唤东作西，及至悟时，即西便是东，无别有东。此真空妙智，与太虚空齐寿。只这太虚空中，还有一物碍得他否？虽不受一物碍，而不妨诸物于空中往来。此真空妙智亦然，凡圣垢染，着一点不得。虽着不得，而不碍生死、凡圣于中往来。如此信得及，见得彻，方是个出生入死、得大自在底汉。"细观此书，佛氏之所谓性，无余蕴矣。"忽然失脚，蹋着鼻孔"便是顿悟之说。

【译文】

宗杲《答曾天游侍郎第二书》，讲佛家道理很是明白。他最善于讲歪道理，却有这样的话，还算得上是一个本分人。这封信说："寻常用来计较与安排的是识情，随着生死流动变化的也是识情，害怕惶恐的也是识情，现在参学禅理的人不知道这是毛病，只管在识情之中折腾。这便是佛教所说的'随识而不随智'，因此对自己本有的佛性糊涂起来。如果能一下子把安排、计较、害怕、恐惧等等都放在一边，什么都不思量，'忽然失脚，踏着鼻孔'，那时即可见到这个识情就是真空妙智，再没有别的智可以得到。如果另有所得，有所证悟，肯定又不对了。好比人迷惑时将东叫作西，等到醒悟之后方才知道这个西也就是东，不是另外还有一个东。这个真空妙智与太虚一样是永恒的。这个太虚中还有什么东西能妨碍它呢？太虚虽然不受一物妨碍，也不妨碍各种物体在它里面自由往来。真空妙智也是一样，凡圣净染，一点都碍不着它，虽然碍不着，却不妨碍生死、凡圣在其中往来。像这样信得过，见得透，方才是一个出离生死，得大自在的人。"细细地观看这封书信，佛家所说的性，再没有别的内容了。"忽然失脚，踏着鼻孔"就是顿悟的意思。

【原文】

一七、杲《示真如道人》有云："今生虽未悟，亦种得般若种子在性地上，世世不落恶趣，生生不失人身，不生邪见，家不入魔军类。"又《答吕舍人书》有云：

"若依此做工夫，虽不悟彻，亦能分别邪正，不为邪魔所障，亦种得般若种子深。纵今生不了，来生出头，现成受用，亦不费力，亦不被恶念夺将去。临命终时，亦能转业，况一念相应邪！"又《答汤丞相书》有云："若存心在上面，纵今生未了，亦种得种子深。临命终时，亦不被恶业所牵，堕诸恶趣。换却壳漏子，转头来亦昧我底不得。"此等说话，只是诱人信向，岂可为凭？人情大抵多贪，都不曾见个道理，贪今生受用未了，又要贪来生受用，安得不为其所惑也！《易》曰："原始反终，故知死生之说。"生死轮回，决无此理，万有一焉，只是妖妄。为学而不能无疑于此，则亦何以穷理为哉！

【译 文】

　　宗杲《示真如道人》说："这一辈子即使没有悟道，也能把般若种子种在你本性里，这样便可以世世代代不落在恶趣里①，总是保持着人身，不产生邪见，家中没有恶魔入内。"他在《答吕舍人书》中说："如果按照这个意思做工夫，即使不到悟透的地步，也能分别邪与正，不被邪魔蒙蔽，般若种子也会种得深。纵然这辈子解决不了问题，来世也能享用，也不用费力，也不被恶念夺去，到死的时候也能将恶业转为善业，

————————

① 恶趣，佛家认为众生皆在六道中轮回，六道亦即六趣，它们是地狱、饿鬼、畜生、阿修罗、人间、天上。其中前三项是恶趣。

更何况一下子顿悟呢?"他在《答汤丞相书》中说:"如果存心在这里,即使此生未成正果,也可将般若种子种得深。到死时也可不受恶业影响堕入恶趣。换个躯体,转过来投胎也不能使我昏昧。"这一类的话只是骗人相信他罢了,怎么可以当真?人情还是贪心的多,全不懂道理,贪今生享受不算,又要贪来生的享受,怎能不被他欺骗?《周易》说:"考察生命的开始与结束,即可以知道什么是死与生。"生死轮回,绝没有这个道理,万一有一例,那也是妖妄。学道而不能坚信此理,那还要穷理干什么呢?

【原 文】

一八、杲《答吕舍人书》有云:"心无所之,老鼠入牛角,便见倒断也。"倒断即是悟处,心无所之是做工夫处。其做工夫只看话头便是,如"狗子无佛性""锯解秤锤""柏树子""竹篦子""麻三斤""干屎橛"之类,皆所谓话头也。余于"柏树子"话头偶尝验过,是以知之然。向者一悟之后,佛家书但过目便迎刃而解,若吾圣贤之微词奥旨竟不能通,后来用工久之,始知其所以然者。盖佛氏以知觉为性,所以一悟便见得个虚空境界。《证道歌》所谓"了了见,无一物,亦无人,亦无佛"是也。渠千言万语,只是说这个境界。悟者安有不省!若吾儒之所谓性,乃"帝降之衷",至精之理,细入于丝毫秒忽，无一非实，与彼虚空境界判然不同，所以决无顿悟之理。世有学禅而未至者，略见些光影便要将两家之说和合而为一。弥缝虽巧，败阙处不可胜言，弄得来儒不儒，佛不佛，心劳日拙，毕竟何益之有！

【译　文】

宗杲《答吕舍人书》中说："心中任何东西都不思量，就像老鼠钻到牛角中那样，就可以见到倒断了。"倒断即是觉悟，心不思量即是做工夫。做工夫只要看话头就行了，如"狗子无佛性""锯解秤锤""柏树子""竹篦子""麻三斤""干屎橛"之类，都是所谓话头。"柏树子"话头我曾经验证过，所以知道是怎么回事。那时一悟之后，佛家的书只要一看就能迎刃而解，至于我儒家圣贤的微言大义却不能通，后来用功时间长了，才知道其所以然。因为佛家是以知觉为性的，所以一悟就能知道虚空境界。《证道歌》上说："明白地看到任何一物都不存在，既没有人，也没有佛。"说的就是虚空的道理。他千言万语都是说这个境界。我们儒家所谓的性乃是上天降给人的至善，这是最精微的理，细到丝毫秒忽，没有一件不是实在的，与佛家的虚空截然不同，所以绝不可能有所谓顿悟。世上有学禅但没学到家的，略见一点影子就要把儒佛两家的道理合而为一。掩饰得虽然巧妙，但漏洞多得数不过来，弄得来儒不儒，佛不佛，心劳日拙，到底有什么用呢？

【原 文】

　　一九、梁武帝问达磨曰："朕即位以来，造寺写经度僧不可胜纪，有何功德?"答曰："并无功德。"帝曰："何以无功德?"答曰："此但人天小果，有漏之因，如影随形，虽有非实。"又宗杲《答曾侍郎书》有云："今时学道之士，只求速效，不知错了也。却谓无事省缘，静坐体究为空过时光，不如看几卷经念几声佛，佛前多礼几拜，忏悔平生所作罪过，要免阎家老子手中铁棒。此是愚人所为。"呜呼！自佛法入中国，所谓造寺写经，供佛饭僧，看经念佛，种种糜费之事，日新而月盛。但其力稍可为者，靡不争先为之，道之者固其徒。向非人心之贪，则其说亦无缘而入也。奈何世之谄佛以求福利者，其贪心惑志，缠绵固结而不可解？虽以吾儒正色昌言，恳切详尽，一切闻如不闻。彼盖以吾儒未谙佛教，所言无足信也。达磨在西域称二十八祖，入中国则为禅家初祖，宗杲擅名一代，为禅林之冠，所以保护佛法者，皆无所不用其心，其不肯失言决矣。乃至如上所云，种种造作以为无益者，前后如出一口。此又不足信邪？且夫贪嗔痴三者，乃佛氏之所深戒也，谓之"三毒"。凡世之造寺写经，供佛饭僧，看经念佛，以为有益而为之，是贪也；不知其无益而为之，是痴也。三毒而犯其二，虽活佛在世，亦不能为之解脱，乃欲谄事土佛木佛，以侥幸于万一，非天下之至愚至愚者乎！凡吾儒解惑之言不可胜述，孰意佛书中乃有此等本分说话！人心天理诚有不可得而泯灭者矣，余是用表而出之。更有丹霞烧木佛一事，亦可以解愚夫之惑。

【译文】

梁武帝问达磨："我从即位以来，造寺、写经、度僧，做的善事说不完，究竟有什么功德？"达磨说："没有功德。"梁武帝问："为什么没有功德？"达磨说："这只是人天两趣中的小果，是有漏①的因缘，好比影子似的，虽说是有但不是真实的东西。"宗杲《答曾侍郎书》中说："现在学习佛法的人只求速效，不知道这是错误的。认为无事时省察因缘，静坐时体究是浪费时间，不如看几卷佛经，念几声佛，对佛多拜几拜，忏悔平生所做的罪过，可免阎王爷手中的铁棒，这是愚人干的事情。"呜呼！自从佛法传入中国，那些建造寺庙、刻写佛经、供奉佛祖、布施僧人、读经念佛等许多糜费的事情，天天有新花样，月月扩大规模。只要稍有一点钱的，没有不争先去做这些的，引诱他们的固然是佛徒，如果不是人心太贪，那么佛家的道理也没有法子打进来。怎奈世上向佛献媚以求福的

---

① 有漏，佛家用语，即有烦恼。有漏因果皆在六道，最好的情况也只在人与天两道之中，与有漏对立的无漏才属于佛的境界。

人，他们的贪心与糊涂，固结严重，无法解开，虽有我们儒者严肃讲解，恳切详尽，但是他们听了就如没有听到一样。他们大概以为儒者不懂佛教，所说的不值得信。达磨在印度是第二十八祖，到中国成为禅宗的第一代祖师。宗杲也是禅家一代宗师，禅林的头号人物，这二人保护佛法当然都是非常用心的了，他们不肯失言也是肯定的，但是他们却像上面那样指出种种佞佛之事都是无益的，前后就像出自一人之口。这还不值得相信吗？再说，贪嗔痴是佛家严格要求戒掉的，被称为三毒，凡是世上造寺写经、供佛布施、读经念佛的人，认为这是有益而去做的属于贪，不知它没有益处而去做的属于痴。三毒之中占了两毒，即使活佛在世，也不能让他解脱，可是他们却要向土木之佛献媚，侥幸有得，那不是天下最愚蠢的人吗？儒家解惑的话多得数不过来，谁想到在佛书中也有这样老老实实的话！人心中的天理确有不能泯灭的，我因此把它宣传一下。还有丹霞禅师烧木佛这件事，也可以帮助糊涂人清醒。

【原 文】

二〇、儒书有五行，佛家便言四大。儒书有五事，佛家则言六根。其蹈袭邪，抑偶同邪？是不可得而知也。然名物虽相似，其义理则相辽绝矣。四大有风而无金、木，《楞严》又从而附益之，揣摩凑合，都无义理，只被他妆点得好，故足以惑人。朱子尝言："佛书中惟《楞严》最巧，颇疑房融窜入其说。"看来此事灼然，无足疑者。且如《楞伽》四卷，达磨最所尊信，其言大抵质实而近乎拙，有若欲尽其意而未能者。佛一人尔，人一口尔，以二经较之，不应其言之工拙顿异如此。此本无足深辨，但既攻其失，则亦不可不知，又以见佛学溺人之深，有如是之才而甘心为之役，殊可叹也！

【译文】

儒书有金木水火土五行，佛家便谈论地水火风四大。儒书有貌言视听思五事，佛家则言眼耳鼻舌身意六根。这究竟是抄袭还是偶然相合呢？无法弄得清楚。不过名称虽然相近，道理本身相差甚远。四大之中有风但没有木与金。《楞严经》又增加了一些说法，全是揣摩凑合的，没有什么道理，只是它装点得好，所以能够迷惑人。朱子曾说："佛书中只有《楞严经》最巧，我很怀疑是房融把自己的意思掺了进去。"看来这件事很明白，用不着怀疑。比如四卷《楞伽经》是达磨最尊信的，它的话语基本是质朴甚至近于愚拙的，好像并不能把自己的意思表达出来。佛是一个人，人只一张嘴，拿《楞严》与《楞伽》相比较，其言语的工拙不应该有这样大的差别。这件事本用不着过于深入地思考，可是既然批评它的错误，那么也不能不知道。从这里又可以知道佛学迷惑人太厉害了，有这样的才能却甘心为他效劳，真是可叹呀！

【原　文】

　　二一、昔有儒生悟禅者，尝作一颂云："断除烦恼重增病，趣向真如亦是邪。随顺世缘无罣碍，涅槃生死是空华。"宗杲取之。尝见杲示人有"水上葫芦"一言，凡屡出。此颂第三句即"水上葫芦"之谓也。佛家道理真是如此。《论语》有云："君子之于天下也，无适也，无莫也，义之与比。"使吾夫子当时若欠却"义之与比"一语，则所谓"无适无莫"者，何以异于"水上葫芦"也哉！

【译　文】

　　过去有一个儒生悟了禅理，写了一首颂："断除烦恼是更增加病痛，向真如迈进也是一种邪恶。你随顺着世缘不要有任何执着，涅槃与生死全都是空花。"宗杲认为写得不错。在宗杲给人写的信中，"水上葫芦"这个词出现好几次。这首颂的第三句即是"水上葫芦"的意思，佛家道理就是这么回事。《论语》说："君子在天下既不要一定做什么，也不要一定不做什么，而要与义相一致。"如果孔子当时少了"与义相一致"这句话，那么他的话怎样与"水上葫芦"区别开来呢？

【原　文】

　　二二、韩子之辟佛老，有云："其亦幸而出于三代之后，不见黜于禹、汤、文、武、周公、孔子也；其亦不幸而不出于三代之前，不见正于禹、汤、文、武、周公、孔子也！"善哉言乎！自今观之，其幸也未若其不幸之甚。《景德传灯录》所载，旧云千七百人，其琐琐者姑未论，若夫戒行之清苦，建立之精勤，论辨之通明，语句之超迈，记览之该博，亦何下百十人？此其人亦皆有过人之才，要为难得，向使获及吾圣人之门而取正焉，所成就当何如也！而皆毕竟落空以死。呜呼，兹非其不幸之甚而何！

【译　文】

韩愈批评佛教与道家说："它们有幸产生在三代之后，没有被禹、汤、文王、武王、周公、孔子所批评。但它们也不幸没产生在三代之前，没有被上述圣人救正。"这话说得好。现在来看，它们幸运的程度不如它们不幸的程度。《景德传灯录》载，过去说有一千七百人，其中小人物姑且不论，那些持戒修行十分清苦的，建立事业精进勤奋的，论辨通畅明达的，语言玄远的，博闻强记的，不少于百十人。这些人都有过人的才能，是很难得的，如果能够到圣人门下接受教育，他们的成就又该怎样呢？但他们毕竟毫无所得而死。呜呼！这不是严重的不幸是什么呢？

【原 文】

二三、吾儒之辟佛氏有三，有真知其说之非而痛辟之者，两程子、张子、朱子是也；有未能深知其说而常喜辟之者，笃信程、张数子者也；有阴实尊用其说而阳辟之者，盖用禅家诃佛骂祖之机者也。夫佛氏似是之非，固为难辨，至于诃佛骂祖之机作，则其辨之也愈难。吁，可畏哉！

【译 文】

我们儒家人士批判佛家，大体可以分为三种人，一种是真的知道佛教理论的错误而猛烈批判的，如大程子、小程子、张子、朱子等等；一种是没有能够深入了解佛教理论，但常常喜欢批判的，这是笃信程子、张子的人；最后一种是暗地里信奉佛家理论，表面上搞假批评的，这是玩弄禅家诃佛骂祖伎俩的人。佛家似是而非的理论，本来就难以辨明，等到诃佛骂祖的伎俩运用出来，要加以辨明就更为困难了。哎，可怕呀！

【原 文】

二四、程子之辟佛氏，有云："自谓之'穷神知化'而不足以开物成务；言为'无不周遍'实则外于伦理；'穷深极微'而不可与入尧舜之道。"即其所言所造，而明指其罪过，诛绝之意，凛然辞气之表矣。夫既不足以开物成务，则不得谓之"神化"。伦理且弃而不顾，尚何"周遍"之有！尧舜之道既不可入，又何有于"深微"！盖"神化""周遍""深微"之云，皆彼之所自谓，非吾圣人所谓"神化""周遍""深微"者也。韩子云："道其所道，非吾所谓道也；德其所德，非吾所谓德也。"此之谓也。他日程子又尝有言："佛氏不识阴阳、昼夜、死生、古今，安得谓形而上者与圣人同乎！"夫阴阳、昼夜、死生、古今，《易》之体也；深微者，《易》之理；神化者，《易》之用也。圣人全体皆《易》，故能范围天地之化而不过，曲成万物而不遗。佛氏昧焉，一切冥行妄作，至于灭绝彝伦而不知悔，此其所以获罪于天，有不可得而赎者。吾儒之诛绝之，亦惟顺天而已，岂容一毫私意于其间哉！

【译 文】

程子批评佛家说："自认能穷神知化，却做不出治国平天下的实事。说是能包容一切，却逃避现实的伦常关系。说能研究极其深微的理论，却有背于尧舜之道。"他针对佛教的言论与实际作为，明确地指出它的罪过，彻底否定的意思凛然地表现于言语之外。既然不能治国平天下，当然不能说得上是穷神知化。伦常都不顾了，怎么能说是包容一切呢？背于尧舜之道又如何谈得上理论深微？所谓神化、包容、深微等等，都是它自己说的，绝不是我们圣人的神化、包容、深微。韩愈说："认它自己的道为道，不是我们所说的道，认它自己的德为德，不是我们所说的德。"正是说的这一点。后来，程子又说："佛家不知道阴阳、昼夜、死生、古今，怎么可以说它在形而上的方面与圣人是一样的呢？"阴阳、昼夜、死生、古今是《易》的体，深微是《易》的理，神化是《易》的用。圣人全体都是《易》，所以能辅相天地的化育而不犯过失，全面地成就万物而没有遗漏。佛家糊里糊涂，一切都是盲目去做，到了灭绝伦常而不知悔悟的地步，这就是它对天犯了大罪而不能赎的缘故。我们儒家彻底否定它也只是顺天而已，哪有一丝一毫的私意在里面呢？

【原　文】

二五、程子曰："佛有个觉之理，可以'敬以直内'矣；然无'义以方外'，其直内者，要之其本亦不是。"此言虽简，而意极圆备。"其本不是"正斥其认知觉以为性尔，故非但无以方外，内亦未尝直也。当详味可以二字，非许其能直内之辞。

【译　文】

程子说："佛家主张觉悟，这个道理可以修养内心，但是它没有以道德准则约束外部行为，因此它的内心修养从根本上来说也是不对的。"这话虽然简单，但是意思却非常完备。说佛教从根本上是错的，正是指责它以知觉为性，所以不但不能约束外面的行为，内心也未尝得以修养。应该好好体味"可以"这两个字，这绝不是肯定它能进行内心修养的意思。

【原　文】

　　二六、程子尝言："圣人本天，释氏本心。"直是见得透，断得明也。本既不同，所以其说虽有相似处，毕竟和合不得。吕原明一生问学，欲直造圣人，且尝从二程游，亦稔闻其议论矣。及其晚年，乃见得"佛之道与吾圣人合"，反谓二程"所见太近"，得非误以妙圆空寂为形而上者邪？以此希圣，无异适燕而南其辕，蔑由至矣。

【译　文】

　　程子曾说："圣人以天为本，而佛家以心为本。"真是观察得透彻，判断得明白。根本既然是不同的，所以两家学说虽然有相似之处，但是到底不能和合在一起。吕原明一生求学，想要达到圣人的地位，并且曾跟二程学习，也熟知他们的思想。但是他到了晚年却认为"佛道与圣人之道是相合的"，反而说二程"见识短浅"，这难道不是把妙圆空寂当作形而上的理了吗？用这个观点来学圣人，无异于要到燕国而朝南走，那是到不了的。

【原　文】

二七、张子曰："释氏不知天命，而以心法起灭天地，以小缘大，以末缘本，其不能穷而谓之幻妄，真所谓疑冰者欤！"此言与程子"本心"之见相合，又推到释氏穷处，非深知其学之本末，安能及此！

【译　文】

张子说："佛家不了解天命，把心当作天地生灭的根据，以小的东西当作大的东西，把末梢当作根本，它不能穷天地之理，而说天地是幻妄，真是人们所说的因未见过冰而怀疑冰存在的夏虫！"这话与程子关于佛家以心为本的话是一致的，又能推到佛家说不通的地方，如果不是深刻了解佛学，怎么能达到这个地步？

【原　文】

二八、程、张辟佛氏之言，见于《遗书》及《正蒙》者多矣，今但举其尤切要者著于篇，以明吾说之有所据，其他皆吾人之所通习，无庸尽述也。

【译 文】

　　程子与张子批判佛学的言论，在《遗书》与《正蒙》里面有很多，现在只举出其中特别切要的写在这里，以表明我的说法是有根据的。别的是大家都学过的，用不着全部抄出来。

【原 文】

　　二九、朱子辟佛氏之言，比之二程子、张子尤为不少，今亦无庸尽述，录其尤著明者一章。凡今之谤朱子者无他，恐只是此等处不合说得太分晓，未免有所妨碍尔。朱子尝语学者云："佛家都从头不识，只是认知觉运动做性，所以鼓舞得许多聪明豪杰之士。缘他是高于世俗，世俗一副当污浊底事，他是无了，所以人竞趋他之学。"或曰："彼以知觉运动为形而下者，空寂为形而上者，如何？"曰："便只是形而下者。他只是将知觉运动做玄妙说。"或曰："如此则安能动人？必更有玄妙处？"曰："便只是这个，他那妙处离这知觉运动不得，无这个便说不行，只是被他作弄得来精。所以横渠有释氏'两末'之论，只说得两边末稍头，中间真实道理都不曾识。如知觉运动是其上一稍也，因果报应是其下一稍也。"或曰："因果报应，他那边有见识者亦自不信。"曰："虽有不信底，依旧离这个不得。如他几个高禅，纵说高煞也，依旧掉舍这个不下，将去愚人。他那个物事没理会，捉摸他不得。你道他如此说，又说不如此。你道他是知觉运动，他又有时掉翻了都不说时。虽是掉翻，依旧离这个不得。"或曰："今也不消学他那一层，只认依着自家底做便了。"曰："固是。岂可学他！只是依自家底做，少间自见得他底低。"观此一章，则知愚前所谓"洞见其肺腑，而深中其膏肓之病"，诚有据矣。

【译 文】

朱子批判佛教的言论，比起二程和张子也并不少，现在也不必全部叙述出来，我只抄他最显著的一章。凡是现在诽谤朱子的，没有别的原因，恐怕是这些地方说得太明白，未免对他们有妨碍。朱子曾对学生说："佛家是从根本上不认识真理的，只是把知觉运动当作佛性，所以鼓动了许多聪明有能力的人。由于佛家比世俗要高，世俗一套污浊的事，他们是没有的，所以人们争着学习他家的学说。"有人说："他们如果把知觉运动当作形而下的，把空寂当作形而上的，又该如何评价其理论？"朱子回答："仍然是形而下的。他只是把知觉运动当作玄妙的东西来看。"有人说："这样怎么能打动人？应该有更玄妙的地方吧？"朱子说："就是这些，他的妙处不能离开知觉运动，没有这个就讲不下去。只是被他作弄得很巧妙，所以张子有佛家是'两末'的论点，就是说只说到两边的末梢，中间真实的道理都没有去认识。如知觉运动是它的上一梢，因果报应是它的下一梢。"又有人说："因果报应，他那边有见识的人也是不相信的。"朱子说："虽然有不信的，但是仍然不能离开这个东西。比如他那里几个高明禅师，虽说是很高，依旧不能放下这个，还是拿着它去骗人。你对他那个关键的东西没有把握，就无法捉摸他。你说他是这样说的，他却说不是这样，你说他是以知觉运动为性，他有时又都抛在一边不说。虽然是抛开了，但是仍旧不能离开这个。"有人说："现在用不着学他那一套，只要依着自己的做就对了。"朱子说："本来是这样，怎么可以学他！只是依着自己的路子去做，过段时间就会看出他的东西层次低。"看了这一章，就会知道我前一章所说的"朱子洞见佛家的肺腑，打中其膏肓之病"是真有根据的。

【原文】

三〇、《朱子语类》有云："道谦言：'《大藏经》中言，禅子病脾时，只坐禅六七日，减食，便安。'谦言渠曾病，坐得三四日便无事。"李延平所称谦开善者，必此人也。谓朱子尝从渠用工夫来，于此可见。然朱子后来尽弃前习以归于正，非全具知、仁、勇三德不能，其为百世师也，殆无愧矣。

【译 文】

《朱子语类》说："道谦说：'《大藏经》中说，和尚消化不好，只要坐六七天，少吃东西，就舒服了。'他说他曾得病，坐了三四天就没事了。"李延平所说的谦开善，一定就是这个人。李说朱子曾经跟他下工夫，在这里可以看到。但是朱子后来完全抛弃以前学的东西而归于正道，如果不是全面具备智、仁、勇三种品德，这是做不到的。他不愧是百世师表。

【原 文】

三一、今之道家，盖源于古之巫祝，与老子殊不相干。老子诚亦异端，然其为道，主于深根固蒂，长生久视而已。《道德》五千言具在，于凡祈禳蒌祷，经咒符箓等事，初未有一言及之。而道家立教乃推尊老子，置之三清之列，以为其教之所从出，不亦妄乎！古者用巫祝以事神，建其官，正其名，辨其物，盖诚有以通乎幽明之故，故专其职掌，俾常一其心志以导迎二气之和，其义精矣。去古既远，精义浸失，而淫邪妖诞之说起。所谓经咒符箓，大抵皆秦汉间方士所为，其泯灭而不传者计亦多矣，而终莫之能绝也。今之所传，分明远祖张道陵，近宗林灵素辈，虽其为用，不出乎祈禳蒌祷，然既已失其精义，则所以交神明者率非其道，徒滋益人心之惑，而重为世道之害尔。望其消灾而致福，不亦远乎！盖老子之善成其私，固圣门所不取，道陵辈之譸张为幻，又老子之所不屑为也。欲攻老氏者，须分为二端，而各明辨其失，则吾之说为有据，而彼虽桀黠，亦无所措其辞矣。

【译 文】

现在的道教，大概来自古代的巫祝，与老子没有什么关系。老子的确也是异端，但是他的道，重点是在深根固柢，长生久视。《道德经》五千言根本没有提到祈福免灾，经咒符箓这些事。而道教却崇敬老子，把他放在三清的位置上，认为道教理论是从老子来的，这不是瞎说吗？古代用巫祝来通神，设立官职，给以恰当名目，置办通神的用具，由于他们能在人与神之间传递信息，所以让他们专门从事这项工作，使他们专心致志地做好导迎二气的事，这个意思是很深的。随着时间的推移，这个道理被埋没了，而荒诞不经的说法出来了。所谓经咒符箓大概都是秦汉间从事神仙方术的人搞出来的，其中泯灭失传的估计也是很多的，但终究没有绝种。现在所传的，分明是以汉代张道陵、明代林灵素为祖师的神道，虽然它的作用不过是求福除灾，然而既然已经失去原来的意思，那么用来与神明联系的全都不是正当办法了，只是白白地增加人心中的迷惑，而严重地危害世道。希望由它来消灾致福，差得太远了。老子善于谋求私利，是儒家所不取的，张道陵一伙人虚诞放肆，又是老子所不屑的。想要批评老氏，应该把它分为道家与道教两个部分，对每一部分都明辨其错误，那么我们的批评就是有根据的了，而他们虽然狡猾，也没有什么好说的了。

【原　文】

三二、老子外仁义而言道德，徒言道德而不及性，与圣门绝不相似，自不足以乱真。所谓弥近理而大乱真，惟佛氏尔。

【译　文】

老子抛弃仁义而谈道德，只谈道德而不联系人性，与儒家圣人的理论绝不相似，自然是不足以乱真的。所谓非常接近儒道而严重乱真的只是佛家。

【原　文】

三三、列子、庄子出入老佛之间。其时佛法未入中国也，而其言之相合者，已自不少。《易·大传》曰："仁者见之谓之仁，知者见之谓之知。"是安有华夷之别，古今之异邪？理固然矣。圣人所见，无非极致，则虽或生于千百世之上，或生于千百世之下，或相去千万里之远，其道安有不同？故凡谓佛为圣人者，皆非真知圣道者也。

【译 文】

　　列子、庄子的思想在老氏与佛家之间徘徊，当时佛法还没有传入中国，但他们言论中与佛相合之处已经不少。《易·大传》说："仁者见到它称它为仁，智者见到它称它为智。"这一点上哪有中外的差别和古今的不同呢？理本来是这样的。圣人的见解，没有不是最高真理的，因此虽然有的生于千百世以上，有的生于千百世以下，有的相距千万里之远，但他们的道哪里会有不同呢？所以凡是说佛是圣人，都不是真知圣道的人。

【原 文】

　　三四、"黄老于汉，佛于晋、魏、梁、隋之间。"韩子之言是也。然佛学在唐尤盛，在宋亦盛，夷狄之祸所以相寻不绝，何足怪哉！程朱数君子相继而出，相与推明孔孟之正学，以救当世之沦胥者，亦既谆谆恳恳，而世莫之能用也。直至我朝，其说方盛行于天下，孔孟之道于是复明。虽学者之所得不必皆深，所行不必皆力，然譬诸梓匠轮舆，必以规矩，巧或不足，终不失为方圆，亦足以成器而适用矣。近来异说纷起，直欲超然于规矩准绳之外，方圆平直，惟其意之所裁。"觚哉，觚哉！"

此言殊可念也。有世道之责者，不远为之虑可乎！

【译 文】

"黄老之术盛行于汉代，佛教盛行于晋、魏、梁、隋之间。"韩愈这话说得对。但是佛学在唐代特别盛行，在宋也是盛行的，所以外族入侵的灾祸接连不断，就不奇怪了。程朱等几位君子相继出世，一起推明孔孟的正学，以拯救当代陷溺的人们。他们的理论真是详明恳切，但是不能为世人所用。直到我大明朝，他们的学说才盛行于天下，孔孟之道因而复明。虽然学道的人所得不一定都很深刻，他们的实践也不一定都很努力，但是好比木匠做轮子和车厢，一定要有圆规矩尺，即使他们不是巧手，最终也能画出方与圆，也足以造成轮与车厢而适于用。近来异端的理论纷纷出笼，简直就要超出规矩准绳之外，方圆横竖，想怎么画就怎么画。孔子慨叹礼器觚的走样时说："觚啊，觚啊！"这话很值得我们记取。有责任提高大众道德水平的人，没有远虑怎么行呢？

【原 文】

三五、朱子尝言："伊川'性即理也'一语，便是千万世说性之根基。"愚初发愤时，常将此语体认，认来认去，有处通，有处不通。如此累年，竟不能归一，却疑伊川此语有所未尽，朱子亦恐说得太过，难为必信也。

遂姑置之，乃将理气二字参互体认，认来认去，一般有处通，有处不通。如此又累年，亦竟不能归一，心中甚不快，以谓识见有限，终恐无能上达也。意欲已之，忽记起"虽愚必明"之言，又不能已，乃复从事于伊川之语，反复不置。一旦于理一分殊四字有个悟处，反而验之身心，推而验之人人，又验之阴阳五行，又验之鸟兽草木，头头皆合。于是始涣然自信，而知二君子之言，断乎不我欺也。愚言及此，非以自多，盖尝屡见吾党所著书，有以"性即理"为不然者，只为理字难明，往往为气字之所妨碍，才见得不合，便以先儒言说为不足信，殊不知工夫到后，虽欲添一个字，自是添不得也。

【译 文】

朱子曾说："程伊川先生的'性即是理'这句话，是千万代人谈性的基础。"我在开始下工夫研究理学的时候，常把这句话拿来体认，认来认去，有的地方通了，有的地方不通。这样搞了几年，也不能归一，反而怀疑伊川这话还不够完整，朱子对他的肯定也恐怕太过头了，难以相信。于是便暂且放在一边，拿理、气两个字来对照体认，认来认去，一样有地方通，有地方不通。这样又进行了几年，也还是不能归一，心中很不愉快，以为自己的见识有限，不能理解最高的道理。我想要放弃理学研究，但是忽然记起"即使愚笨，也必能明白"的话，觉得不能放弃，便再来体认伊川的话，反复不已。一旦对

"理一分殊"这四个字有所领悟，反回来在自己身心上验证，推广出去在他人身上进行验证，又在阴阳五行、鸟兽草木上进行验证，条条都是符合的，于是才真的焕然自信，知道两位君子的话肯定不会骗我。我说这些，不是要自我表扬，因为我多次看到儒者所写的书，有的便认为"性即理"是不对的。这是因为理字难以理解，往往受气字影响的缘故，刚刚觉得不合，便以为先儒所说的话不值得相信，殊不知工夫到了以后，即使想多添一个字，也是添不得的。

【原　文】

　　三六、理无往而不定，不定即非所以为理。然学者穷理须是看得活，不可滞泥。先儒多以善观为言，即此意也。若看得活时，此理便活泼泼地，常在面前。虽然如此，要添一毫亦不得，减一毫亦不得，要抬高一分亦不得，放下一分亦不得，以此见理无往而不定也。然见处固是如此，向使存养之功未至，则此理终非己有，亦无缘得他受用，故曰："知及之，仁不能守之，虽得之，必失之。"

【译　文】

　　理无论在哪里都是确定的，不确定就不称其为理。但是学道的人看理要活，不可以滞泥。先前的儒者多提倡善观，就是这个意思。如果能看得活，此理就活泼泼地常在面前。虽然是这样，但要添一毫也不行，减一毫也不行，要抬高一分也不行，压低一分也不行，由此可见，理是无往而不定的。但是这只是认识，如果存养的工夫不够，那么此理还不能为己所有，也没有法子得益，所以说："智虽然认识了理，但是道德自觉还不能守住它，即使得到了，也一定会失去它。"

【原 文】

三七、穷理譬则观山，山体自定，观者移步，其形便不同。故自四方观之，便是四般面目；自四隅观之，又各是一般面目。面目虽种种各别，其实只是此一山。山之本体，则理一之譬也，种种面目，则分殊之譬也。在人所观之处，便是日用间应接之实地也。

【译 文】

穷理好比观山，山的本体自然是一定的，看的人挪动脚步，山的形状就不同了。所以从四方来看，就是四种样子，从四角来看，又各是一种样子。样子虽然有种种，其实只是这一座山。山的本体譬如理一，种种样子譬如分殊。人观察之处就是日常运用的实地。

【原 文】

三八、理只是气之理，当于气之转折处观之。往而来，来而往，便是转折处也。夫往而不能不来，来而不能不往，有莫知其所以然而然，若有一物主宰乎其间而使之然者，此理之所以名也。"易有太极"，此之谓也。若于转折处看得分明，自然头头皆合。程子尝言："天地间只有一个感应而已，更有甚事？"夫往者感则来者应，来者感则往者应。一感一应，循环无已。理无往而不存焉，在天在人一也。天道惟是至公，故感应有常而不忒，人情不能无私欲之累，故感应易忒而靡常。夫感应者，气也；如是而感则如是而应，有不容以毫发差者，理也。适当其可则吉，反而去之则凶，或过焉，或不及焉，则悔且吝，故理无往而不定也。然此多是就感通处说，须知此心虽寂然不动，其冲和之气自为感应者，未始有一息之停，故所谓"亭亭当当、直上直下之正理"，自不容有须臾之间。此则天之所命，而人物之所以为性者也。愚故尝曰："理须就气上认取，然认气为理便不是。"此言殆不可易哉！

【译 文】

理就是气的理，应当在气运行的转折处来看。往而来，来而往就是转折处。往而不能不来，来而不能不往，没有人知道为什么，它自己就成了这样，好像有一个东西在其中主宰，这就是所谓理。"易有太极"就是说的这个。如果能在转折处看得清楚，自然是件件都符合的。程子曾说："天地之间只有一个感应，此外还有什么东西？"往者去感，来者就应；来者去感，往者就应。一感一应，永远循环，理则无往而不在，这对于天（自然）与人（社会）都是一样的。天道是至公的，所以感应总是符合常规而没有差错的。人情总要受私欲的影响，所以感应容易出现差错而不合常规。感应的是气，这样感便这样应，不容许有丝毫差错的即是理。正好符合于理的是吉利的，完全相反便要遭受凶险，有过有不及，便有悔与吝，因此理是无往而不定的。但这里多是从人与物之间的感通来说的。要知道人心虽然寂然不动，但它的冲和之气本身形成的感应，从来没有停息过，因此所谓"亭亭当当，直上直下之正理"，在心中自然不容有一刻间断。这即是天所命的人与物的本性。我曾说过："理应该在气上认识，但是如果把气认作了理也是不对的。"这话恐怕不能更改。

【原　文】

三九、余自入官后，尝见近时十数种书，于宋诸大儒言论，有明诋者，有暗诋者，直是可怪。既而思之，亦可怜也。坐井观天而曰天小，不自知其身在井中尔。

然或往告之曰："天非小也，子盍从井外观之？"彼方溺于坐井之安，坚不肯出，亦将如之何哉！呜呼！斯固终归于愚而已矣。

【译 文】

我自从做官以后，曾见到过近来流行的十几种书，它们对宋代诸位大儒有的是明里诋毁，有的是暗中诋毁，着实令人奇怪。但是接下来想想，也觉得可怜。坐井观天而说天小，是因为不知自己正在井中罢了。有人去告诉他们："天并不小，你何不从井外去看呢？"那些人正陷溺于井中的舒服，坚决不肯出来，那又怎么办呢？哎！那些人最终是要落到愚昧的地步的。

【原 文】

四〇、诸大儒言语文字，岂无小小出入处？只是大本大原上见得端的，故能有以发明孔孟之微旨，使后学知所用力之方，不为异说之所迷惑。所以不免小有出入者，盖义理真是无穷，其间细微曲折，如何一时便见得尽？后儒果有所见，自当信得及。于其小小出入处，不妨为之申明，亦先儒"以俟后之君子"之本意也。

【译 文】

诸位大儒的言语文字，怎能没有小小的出入？只因在大本大原上认识正确，所以才能发挥孔孟微妙的思想，使后学知道如何用力做工夫，不被异端的理论迷惑。其间所以有小的出入，是因为义理是无穷的，里面的细微曲折怎能一下子就看透呢？后代儒者果真有所见，自然应当相信他们。在那些小小出入之处，不妨给它讲明白，这也是先前儒者所说的"等待后代的君子给以修正"的本意。

【原　文】

四一、"心有所忿懥，则不得其正，有所恐惧，则不得其正，有所好乐，则不得其正，有所忧患，则不得其正。"每尝玩味此章，所谓"不得其正"者，似只指心体而言。《章句》以为"用之所行，不能不失其正"，乃第二节事，似于心体上欠却数语。盖"心不在焉"以下，方是说应用之失，视听饮食一切当面蹉过，则喜怒忧惧之发，鲜能中节也可知。故"欲修其身者，必先正其心"，其义明矣。又详"有所"二字，只是说人情偏处。盖人之常情有多喜者，有多怒者，有多惧者，有多忧者，但一处偏重，便常有此一物横在胸中，未免碍却正当道理，此存养省察之功，所以不可须臾忽也。大抵《大学》正心工夫与《中庸》致中无异，《中庸章句》所谓"至静之中，无少偏倚"，便是心得其正之状也。蔡介夫尝述王端毅公语谓"经筵进讲此章，每句贴一先字"，以为未当。看来情既有偏，则或先或后，皆能为病，但不可指杀一处说尔。公所著有《石渠意见》一编，与朱子颇有未合处，旧尝一见之，惜未及详读也。

【译 文】

《大学》说："心中有所忿怒，就不能正，有所恐惧，就不能正，有所偏好，就不能正，有所忧患，就不能正。"我常玩味这一章，所谓不能正似乎是指心体而言的。《大学章句》认为这是说"有了运用，就不能不产生偏差"。其实这是次一节的事情，似乎是在心体上少说了几句话。"心不在焉"以下才是说应用方面的偏差，所有的视听饮食都糊涂过去，那么喜怒忧惧发出来当然很少能中节了。所以说，"想要修身的人先要正自己的心"，这意思非常明白。我又研究了"有所"两个字，它们只是说人情的偏失的地方。大概说来，人之常情，有多喜的，有多怒的，有多惧的，有多忧的，只要有一处偏重了，就会常有这一个东西横在心中，未免影响正当道理的知与行，这便是存养省察工夫之所以不能有一刻忽略的道理。《大学》的正心工夫，与《中庸》的致中工夫没有区别，《中庸章句》所谓"在至静之中，没有一点点偏差"就是心体得正的状态。蔡清曾叙述端毅公王恕的话说："给皇帝进讲，到了这一章时，我在每一句都贴一个先字。"蔡氏以为不正确。看来情既然有偏差，那么不论先后都能犯错误，不能指定一个地方说。王先生所著《石渠意见》，与朱子有不少不合的地方，过去我曾见过一次，可惜没有详读。

【原文】

四二、近时格物之说，亦未必故欲求异于先儒也。只缘误认知觉为性，才干涉事物便说不行。既以道学名，置格物而不讲又不可。而致知二字，略与其所见相似，难得来做个题目。所以别造一般说话，要将物字牵拽向里来。然而毕竟牵拽不得，分定故也。向里既不得，向外又不通，明是两无归着，盍于此反而思之？苟能姑舍其所已见者，虚心一意，恳求其所未见者，性与天道未必终不可见。何苦费尽许多气力，左笼右罩，以重为诚意正心之累哉！

【译文】

近来的格物理论，也未必故意要与先儒格物说相反。只因误以知觉为性，刚刚牵涉事物就说不通，但是既然打着道学旗号，把格物放在一边不讲也不行。而"致知"两个字大体与他们的看法相似，好不容易拿来做一个题目，所以要另外造出一番话来，把物字向里拉。但是毕竟是拉不得的，因为位分已经固定了。向里既然不行，向外又不通，明明是两边都没有着落，何不在这里反思一下。如果能舍弃既有的见解，虚心恳切地研求自己未见到的，性与天道未必就不能知，何苦要费尽许多力气，左遮右掩，严重地影响诚意正心的学问呢？

【原 文】

四三、《论语》首篇，首以学为言，然未尝明言所学者何事。盖当时门弟子皆已知所从事，不待言也，但要加时习之功尔。自今观之，"子以四教：文、行、忠、信。"夫子之所以教，非学者之所学乎？是知学文、修行皆要时时习之，而忠、信其本，尤不可须臾失焉者也。注所谓"效先觉之所为，亦不出四者之外"。若如陆象山之说，只一个"求放心"便了，然则圣门之学与释氏又何异乎！

【译 文】

《论语》第一篇开头就提到学，但是没有明白说出学的是什么。大概孔子的弟子们都知道应该学什么，所以用不着说，下工夫按时练习就行了。《论语》说："孔子以四种学问来教学：文、行、忠、信。"夫子所教的，不正是学生所学的吗？可见学文与修行是都要时时复习的，而忠信乃是学问根本，尤其不能有一刻间断。注文中说："效法先觉者的行为，也不出于这四者之外。"如果像陆象山说的那样，只一个"求放心"就完事了，这样的话，孔门的学问与佛门的学问又有什么区别呢？

【原　文】

四四、《中庸》首言戒惧、慎独，即《大学》正心、诚意工夫，似少格物、致知之意，何也？盖篇首既分明指出道体，正欲学者于言下领会，虽不言知，而知在其中矣。末章复就下学立心之始说起，却少知字不得，所以说"知远之近，知风之自，知微之显"。曰近，曰自，曰微，皆言乎其本体也，性也。曰远，曰风，曰显，皆言乎其发用也，道也。知此，则有以见夫内外本末，初无二理，戒惧、慎独方有着力处，故曰"可与入德矣"。《大学》所谓知至而后意诚、心正，其致一也。

【译　文】

《中庸》开头就谈戒惧、慎独，这就是《大学》正心、诚意工夫，但是比较起来，好像少了格物致知的意思，这是为什么呢？因为它开头即明白地指出了道体，正是要学道的人言下有所领会，虽然没有提到知，但是知自然在其中了。而在它的末篇，又从立志学习之始说起，这时不能少了知字，所以它说，"知远之近，知风之自，知微之显"。说近、自、微，都是说它的本体，亦即是性。说远、风，显，都是说它的发用，亦即是道。知道了这一点，就能知道内外本末根本没有两个理，戒惧、慎独才有着落，所以说"可以进入圣德境界"。《大学》所谓的知至而后意诚、心正，与它的意思是一致的。

【原　文】

　　四五、孟子曰："孩提之童，无不知爱其亲也，及其长也，无不知敬其兄也。"以此实良知良能之说，其义甚明。盖知能乃人心之妙用，爱敬乃人心之天理也。以其不待思虑而自知此，故谓之良。近时有以良知为天理者，然则爱敬果何物乎？程子尝释知觉二字之义云："知是知此事，觉是觉此理。"又言："佛氏之云觉，甚底是觉斯道，甚底是觉斯民？"正斥其认知觉为性之谬尔。夫以二子之言，明白精切如此，而近时异说之兴，听者曾莫之能辨，则亦何以讲学为哉！

【译　文】

　　孟子说："小孩子没有不知爱其父母的，等到长大之后，没有不知敬其兄长的。"这就是良知良能的道理，它的意义非常明白。知与能是人心的妙用，爱与敬乃是人心的天理。由于它是不用思虑而自然知道的，所以叫作良知。近来有人认为良知就是天理，如果是这样，那么爱与敬又是什么呢？程子曾解释"知觉"两字的意义说："知是知道这件事，觉是觉悟这个理。"又说："佛家说觉，但什么是觉悟此道，什么是觉醒此民？"这里正是批评它以知觉为性的错误。这两位大儒的话这样明白精切，可是近来异说兴起，竟然没有人来分辨其真伪，那么还要讲学干什么呢？

【原　文】

　　四六、性之理，一而已矣。名其德，则有四焉。以其浑然无间也，名之曰仁；以其灿然有条也，名之曰礼；以其截然有止也，名之曰义；以其判然有别也，名之曰智。凡其灿然截然判然者，皆不出于浑然之中，此仁之所以包四德，而为性之全体也。截然者，即其灿然之不可移者也；判然者，即其截然之不可乱者也。名虽有四，其实一也。然其所以如是之浑然灿然截然判然，莫非自然而然，不假纤毫安排布置之力，此其所以为性命之理也。

【译　文】

　　性的理只有一个，但是针对其四德，立了四个名字。由于它是浑然无间的，所以名之为仁；由于它是灿然有条理的，所以名之为礼；由于它是截然有止的，所以名之为义；由于它是判然有差别的，所以名之为智。凡是它那灿然、截然、判然，都不超出浑然之外，这便是仁之所以能包四德，而成为性的全体的原因。所谓截然就是灿然中不可更改的东西，判然也就是截然中不可乱的东西。所以名称虽然有四个，但其实质只有一个。但它能够像这样的浑然、灿然、截然、判然，无非是自然而然，用不着一点人为的安排与布置，因此才成其为性命之理。

【原 文】

四七、"上天之载，无声无臭"，又安有形体可觅邪？然自知道者观之，即事即物，此理便昭昭然在心目之间，非自外来，非由内出，自然一定而不可易。所谓"如有所立卓尔"，非想像之辞也。佛氏以寂灭为极致，与圣门卓尔之见绝不相同，彼旷而虚，此约而实也。果然见到卓尔处，异说如何动得？

【译 文】

"上天之事，本是无声无臭的"，哪有形体可见呢？但是在得道的人看来，在任何一个事物上，这个理总是昭昭然地存在于心目之中，既不是从外而来的，也不是从内而出的，它是自然一定而不能改变的。所谓"如有所立，卓尔"（好像有一个东西高高地立在那里），绝不是猜想的话。佛家以寂灭为最高境界，与我们圣门的卓尔的看法是决然不同的。这是因为佛家空而虚，我们的则是约而实。果真见到了卓尔的地方，异说怎么动摇得了？

【原 文】

四八、以觉言仁固非，以觉言智亦非也。盖仁智皆吾心之定理，而觉乃其妙用。如以妙用为定理，则《大传》所谓“一阴一阳之谓道”，“阴阳不测之谓神”，果何别邪？

【译 文】

用觉来解释仁固然是不对的，用觉来解释智也是不对的。因为仁与智都是我们心中的定理，而觉只是它的妙用，如果以妙用为定理，那么《易·大传》所说的“一阴一阳叫作道”，与另一句话“阴阳不测叫作神”，究竟有什么区别？

【原 文】

四九、朱子尝言：“神亦形而下者。”又云：“神乃气之精英。”须曾实下工夫体究来，方信此言确乎其不可易。不然，则误以神为形而上者有之矣。黄直卿尝疑《中庸》论鬼神有“诚之不可掩”一语，则是形而上者。朱子答以“只是实理处发见”，其义愈明。

【译 文】

朱子曾说：“神也是形而下的东西。”又说：“神乃是气的精华。"只有实下工夫体认研究过的人，才能相信这话的确是不能更改的。不然，就会误以为神是形而上的东西了。黄直卿以为《中庸》论鬼神时说的"诚之不可掩"，意思是说鬼神乃是形而上者。朱子回答说："鬼神只是实理的表现。"的意义更加明白了。

【原　文】

　　五〇、《先天图》最宜潜玩，性命之理直是分明。"分阴分阳"，太极之体以立；"一阴一阳"，太极之用以行。若玩得熟时，便见得一本之散为万殊，万殊之原于一本，无非自然之妙，有不知手之舞之，足之蹈之者矣。

【译　文】

　　《先天图》最值得深入思考。在一气之中分出阴与阳，太极之本体由此而立；一阴一阳往复运动，太极之作用由此而发生。如果思考得精熟，就可以看到，一个本体表现为万殊的事物，万殊的事物来源于一个本体，都是自然而然的，因而快乐得不知不觉地手舞足蹈。

【原　文】

　　五一、圣贤千言万语，无非发明此理。有志于学者，必须熟读精思，将一个身心入在圣贤言语中，翻来覆去体认穷究，方寻得道理出。从上诸儒先君子，皆是如此用工。其所得之浅深，则由其资禀有高下尔。自陆象山有"六经皆我注脚"之言，流及近世，士之好高欲速者，将圣贤经书都作没紧要看了。以为道理但当求之于心，书可不必读，读亦不必记，亦不必苦苦求解。看来若非要作应举用，相将坐禅入定去，无复以读书为矣。一言而贻后学无穷之祸，象山其罪首哉！

【译 文】

圣贤的千言万语，无非是要阐发儒家的道理。有志于学的人，必须熟读圣贤书，精思其中的道理，把整个身心投入进去，翻来覆去地体认思考，才能发掘出道理来。以前的各位儒家大师，都是这样用功的，而所得的深浅，是由自己的天赋决定的。陆象山"六经都是我心的注脚"这句话流传到现在，使一些好高骛远、想快速成名的读书人，把圣贤经书看得无关紧要，以为道理只应求之于心，书可以不必读，读也用不着记，也不必苦苦地去理解。看来如果不参加科举考试，都要一个个坐禅入定，不再读书了。一句话给后学带来无穷的祸害，象山是罪魁祸首。

【原 文】

五二、"宰我、子贡善为说辞，冉牛、闵子、颜渊善言德行，孔子兼之。"看来说得道理分明，自是难事，见之不真者不待论，亦有心下了了，而发脱不出者，却是口才短也。此则须要涵养，涵养得熟，终久说出来亦无病痛。若本无实见，而揣摩想像以为言，言语虽工，文字虽妙，其病痛必不能免。

【译 文】

"宰我、子贡善于辞令，冉牛、闵子、颜渊善于谈论德行，孔子兼有他们的优点。"看来把道理说明白，原是一件难事。见理不真的不用说了，也有心中明白而讲不出来的，这是口才差，需要涵养，涵养熟了，说出来就没有毛病。若是本来对道理没有认识，只是依赖揣摩猜想，即使话说得漂亮，文章写得巧妙，理论上的毛病也是不能避免的。

【原 文】

五三、邵子《观物外篇》有云："气一而已，主之者乾也。"朱子《易本义》所谓："天地间，本一气之流行，而有动静尔。以其流行之统体而言，则但谓之乾，而无所不包。"与邵说合。又云："神亦一而已，乘气而变化，能出入于有无生死之间，无方而不测者也。"如此则神别是一物，与朱子所谓"气之精英"不合。异同之际，学者不可不致思也。

【译 文】

邵雍的《观物外篇》说："气只有一个，主宰它的是乾。"朱子《周易本义》说："天地之间本是一气的流动运行，不过有动有静罢了。从它流动运行的全体来说，称之为乾，乾是无所不包的。"这说法与邵子一致。邵子又说："神也只是一个，借助于气而变化，在有无生死之间运行，它是没有方所而不可测度的。"这就是说，神是与气不同的东西，与朱子所说的"神是气之精华"不一样。对于理论观点的异同，求学的人不可不好好寻思。

【原 文】

五四、邵子有"神无方而性有质"一言，亦见得好。但质字未善，欲作定字，亦未知如何。大抵理最难言，得失只在一两字上。故《易·文言》有"修辞"之训，只要说得端的，便是"立其诚"也。

【译 文】

邵雍说："神是没有方所的，性则是有质地的。"这个看法不错。但是质地这个词用得不大好，我想改为定字，也不知道怎么样。总之理是最难表述的，得失只在一两个字上，所以《易·文言》要求"修辞立其诚"。只要说得正确，就是立其诚了。

【原 文】

　　五五、先儒言："情是性之动，意是心之发。"发动二字亦不相远，却说得情意二字分明。盖情是不待主张而自然发动者，意是主张如此发动者。不待主张者，须是与他做主张，方能中节。由此心主张而发者，便有公私义利两途，须要详审。二者皆是慎独工夫。

【译 文】

　　先儒说："性动就成为情，心发就成为意。"发与动两个字的意思差不多，但是却把情与意两个字说清楚了。情是不依赖意志而自然发动的，意则是在意志的支配下发动的。不依赖意志发出的情，要用意志去指导，才能使之符合道德规范；由意志指导而发出来的意，有公与私、义与利两条道路，这些都要弄明白。用意志指导，与分清公私义利，这两者都是慎独工夫。

【原 文】

　　五六、"主佩倚，则臣佩垂。主佩垂，则臣佩委。""凡为长者粪之礼，必加帚于箕上，以袂拘而退，其尘不及长者，以箕自向而扱之。"“并坐不横肱，授立不跪，授坐不立。"“上于东阶则先右足，上于西阶则先左足。"此等皆是粗迹，感应之理便在其中，只要人识得。故程子曰："洒扫应对，便是形而上者。"理无大小故也。若于事物上无所见，谈玄说妙有何交涉！

【译文】

　　"在君臣相授受时，君直立（因而其佩玉贴身），臣折腰（所以其佩玉从腰间下垂）；如果君表敬重而折腰（其佩垂下），那么臣下进一步曲身（其佩委地）。"“凡是替长者扫除、布席的礼节，开始要把扫帚放在簸箕上，用双手捧来；打扫时用袖子掩住笤帚退扫，不让长者沾灰尘；收垃圾时簸箕对着自己。"“与人并排而坐，不可以横着胳膊，免得妨碍人家；给立着的尊者递东西，你就不要跪，免得他弯腰；给坐着的尊者递东西，你就不要立，免得他仰视。"“从东边的台阶上去时，要先迈右脚，从西边的台阶上去，要先迈左脚。"所有这些都是粗迹，但是感应的道理就在这里面了，应该知道粗迹中有道理。所以程子说："洒扫应对就是形而上的东西。"这是因为理没有大与小的差别。如果在事物上见不出个道理，只是谈玄说妙，于理又有什么关系？

【原文】

　　五七、"莫之为而为，莫之致而至，便是天理。"程子此言最尽，最好寻思。若读书不精，此等切至之言，都当面蹉过矣。

【译 文】

"没人去做而自然形成，没人招致而自然来到，这就是天理。"程子这话最到家，最值得思考。如果读书不精细，这样透彻的话都会当面滑过去的。

【原 文】

五八、天地人物，止是一理。然而语天道则曰阴阳，语地道则曰刚柔，语人道则曰仁义，何也？盖其分既殊，其为道也自不容于无别。然则鸟兽草木之为物，亦云庶矣，欲名其道，夫岂可以一言尽乎？大抵性以命同，道以形异，必明乎异同之际，斯可以尽天地人物之理。

【译 文】

天地人物，统统由一个理支配。但是人们提起天道，总是说阴阳，提起地道总是说刚柔，提起人道总是说仁义。这是为什么呢？因为它们的位分既然不同了，它们的道也不能没有差别。鸟兽草木多得很，要说出它们的道，一句话是不够的。大体说来，性由于是天之所命，所以相同；而道则由于事物的形体不同而不同。一定要明白异与同的关系，这样才能真正了解天地人物之理。

【原　文】

　　五九、《洪范》之五行，在《大禹谟》则谓之六府，皆以其质言之，人之所赖以生者也。盖五行之质，惟人有以兼而用之。其他有知之物，或用其二，或用其三，更无能用火、金者，此人之所以灵于万物也欤？若夫创制之始，裁成之妙，圣人之功诚所谓万世永赖者矣。

【译　文】

　　《洪范》的五行，在《大禹谟》中称为六府，这都是以事物的材料来说的，都是人所赖以生活的东西。五种材料只有人能全部利用，其他有知觉的东西，有的是用其中的两个，有的则用其中的三个，再没有能用火与金的，这大概就是人之所以为万物之灵的原因吧！至于建立制度，裁成万物，圣人的这些功劳，是千万代人所永远依赖的。

【原　文】

　　六〇、"一动一静之间，天地人之至妙至妙者"，本邵子第一亲切之言，其子伯温解注，却说得胡涂了。

【译 文】

"一动一静之间乃是天地人最妙的东西。"这是邵雍最深刻的言论。其子邵伯温的注解，却把这点说糊涂了。

【原 文】

六一、李习之虽尝辟佛，然陷于其说而不自知。《复性书》有云："情者，妄也，邪也。曰邪与妄，则无所因矣。妄情灭息，本性清明，周流六虚，所以谓之能复其性也。"观乎此言，何以异于佛氏？其亦尝从禅师问道，得非有取其微旨而姑辟其粗迹，以无失为圣人之徒邪？且其书三篇，皆及死生之说，尤可见其意之所主。

【译 文】

李翱虽然曾经批判佛教，但是他却陷溺于其中而不自觉。他的《复性书》说："情是虚妄的，是邪恶的。说它是邪与妄，那它就是没有根据的东西。将虚妄的情灭掉，本性就清明了，因而可以周流于上下四方，这样就叫作能复自己的本性。"这些言论与佛家有什么区别呢？李翱曾向禅师学道，莫不是接受了禅家的思想，却来批判它的粗迹，以表明自己仍旧是圣人之徒吗？况且他的《复性书》三篇都谈到死生问题，尤其可以看出他的用意。

【原　文】

　　六二、陆象山《与詹子南书》有云：“日享事实之乐。”即《语录》中所谓“此理已显”者也。其与晦翁《辨无极书》所谓“言论未详，事实先著”，余尝意其指识此心为事实，今始验得分明。

【译　文】

　　陆象山《与詹子南书》说：“天天享受事实的乐趣。”这就是《语录》中所说的“这个理已经显露出来”的意思。他的与晦翁《辨无极书》说：“言论还没有详细理会，但是事实已经显露出来了。”我曾认为他把认识自己的心当作“事实”，现在终于验证清楚了。

【原　文】

　　六三、包显道所录象山语有云：“仰首攀南斗，翻身倚北辰。举头天外望，无我这般人！”按《传灯录》智通禅师临终有偈云：“举手攀南斗，回身倚北辰。出头天外见，谁是我般人！”不知象山之言，其偶同邪，抑真有取于智通之说也？

【译 文】

　　包显道记录陆象山这样一段话："仰头攀缘南斗，翻身倚靠北极，探头向天外看去，没有我这样的人！"查证《传灯录》可知，智通禅师临终时有一偈说："举手抓住南斗，回身靠着北极，伸头天外探看，谁是我这样的人！"不知象山的话与智通是偶然相同，还是从智通那里学来的呢？

【原 文】

　　六四、元之大儒，称许鲁斋、吴草庐二人。鲁斋始终尊信朱子，其学行皆平正笃实。遭逢世祖，致位通显，虽未得尽行其志，然当其时而儒者之道不废，虞伯生谓"鲁斋实启之"，可谓有功于斯文矣。草庐初年笃信朱子，其进甚锐，晚年所见乃与陆象山合。其出处一节，自难例之鲁斋，若夫一生惓惓焉羽翼圣经，终老不倦，其志亦可尚矣。

【译 文】

　　元代的大儒有许衡（许鲁斋）、吴澄（吴草庐）二人。许衡始终尊信朱子，他的学问与行为都是平正实在的。由于元世祖的信任，他官位越来越高，虽然没能完全按他的志向行事，但在他那个时代儒道能够不被抛弃，正如虞伯生所说，"鲁斋为元代尊儒开了头"，可以说对保存儒家文化是有功的。吴澄早年笃信朱子，在学术上的进步很快。但他晚年的见解却与陆象山一致。他在做官与退隐问题上的表现，不能拿许衡来衡量，但一辈子忠心耿耿地表彰圣经，工作到老，这个志向值得推崇。

【原　文】

六五、刘静修天分甚高，学博才雄，议论英发，当时推重，殆与许鲁斋、吴草庐等。然以愚观之，谓之有志于圣人之道则可，谓其有得乎圣人之道，恐未然也。姑举所疑之一二，以俟知言者断焉。《退斋记》有云："凡事物之肖夫道之体者，皆洒然而无所累，变通不可穷也。"即如其言，则是所谓道体者，当别为一物，而立乎事物之外，而所谓事物者，不容不与道体为二。苟有肖焉，亦必有弗肖者矣。夫器外无道，道外无器，所谓"器亦道，道亦器"是也，而顾可二之乎！

又《叙学》一篇，似乎枝叶盛于根本。其欲令学者"先六经而后《语》《孟》"，与程朱之训既不相合，又令"以《诗》《书》《礼》为学之体，《春秋》为学之用。一贯本末，具举天下之理，理穷而性尽矣。穷理尽性以至于命，而后学夫《易》"。此言殊为可疑，夫

《易》之为书，所以教人穷理尽性以至于命也。苟能穷理尽性以至于命，则学《易》之能事毕矣，而又何学焉？性命之理，他经固无不具，然未有专言之如《易》之明且尽者。《易》苟未明，他经虽有所得，其于尽性至命，窃恐未易言也，而静修言之乃尔其易。语曰："为之难，言之得无切乎！"苟尝实用其工，不应若是之易其言也。得非所取者博，而勇于自信之过欤？

又尝评宋诸儒，谓："邵至大，周至精，程至正，朱极其大，尽其精，而贯之以正。"初闻其言，殊若可喜，徐而绎之，未为当也。孰有精而不正，正而不大者乎？

若夫出处之际，议者或以其不仕为高，亦未为知静修者。尝观其《渡江》一赋，其心惟知有元而已，所以为元计者如是其悉，不仕果何义乎？其不赴集贤之召，实以病阻，盖逾年而遂卒矣。使其尚在，固将相时而动，以行其所求之志，必不肯自安于隐逸之流也。然则静修之所为可重者，岂非以其有志于圣人之道乎哉？

【译　文】

　　刘因（刘静修）天资很高，博学而有才，议论风发，受到时人的推重，差不多与许衡、吴澄一样。但是依我看来，说他有志于圣人之道是可以的，说他有得于圣人之道，恐怕不一定。姑且举出一两条，等待知言的君子来判断。他的《退斋记》中说："凡是像道体的事物，都洒然而不受外物影响，并且变通无穷。"如果像他所说，道体就是另一个东西，立于事物之外，而所谓事物，就和道体是两回事。说有像道体的，当然就有不像道体的了。我认为，器外没有道，道外没有器，这就是先儒所说的"器即是道，道即是器"的意思。怎么可以把二者分开呢？

另外，他的《叙学》这篇东西，似乎是枝叶超过了根本。他要求学者"先学六经，然后再学《论语》《孟子》"，这违反了程朱的教导。他还主张"以《诗》《书》《礼》为学问的本体部分，以《春秋》为学问的实用部分。这样便将天下之理从本至末完全把握了。理穷究了，性也就尽了，穷理尽性就理解了命，然后再来学《易》"。这些话特别可疑。《易》这部书正是教人穷理尽性并且理解命的，既然能做到这点，学《易》的目的便达到了，那还学它做什么呢？性命之理，别的经当然也是讲的，但是不如《易》这样专门，而且既明白又透彻。如果没有弄懂《易》，别的经即使学有所得，也很难达到尽性至命的地步，但是刘静修却说得如此容易。常言道："做起来难，说起来能不难吗？"如果是实在地下过工夫，不应该说得这样容易。这是不是学别人现成的东西太多，而且又过于自信造成的错误吗？

他在评论有宋诸儒时说："邵子的特点是至大，周子的特点是至精，程子的特点是至正，朱子则是既大又精，同时贯之以正。"刚听到这话，我觉得非常可喜。慢慢想来，觉得不算恰当。哪里有精而不正，正而不大的呢？

至于在是否出仕的问题上，议论的人都认为他不出仕很高尚，这种看法表明对刘静修还不了解。他写过《渡江》一诗，看他心里只知道有个元朝，为元朝考虑得这样周到，他不仕于元到底是哪门子义呢？他没有应召去做集贤殿学士，实际原因是身患疾病，过了一年他就死了。假如他还健在，肯定要看准时机而动，实现自己的理想，必定不肯安心做隐逸之士。那么，刘静修可被推重的，不就是有志于圣人之道这一点吗？

【原 文】

六六、刘静修之讥许鲁斋，颇伤于刻，苟能无失其正，虽进退无恒，未为过也。窃谓鲁斋似曾子，静修似子路，其气象既别，所见容有不同。

【译 文】

刘因对许鲁斋的批评，过于刻薄。如果能够不失其正直，即使进退无常也不算错。我认为，许鲁斋像曾子，刘因像子路，他们的精神面貌不同，见识当然也就不同了。

【原 文】

六七、不仕固无义，然事之可否，身之去就，莫不有义存焉。先儒之论，可谓明且尽矣。矧求之圣门，具有成法，为其学者，或乃忽焉而不顾，将别有所见耶？

【译　文】

　　不出仕当然是不讲君臣之义，但事情是否可行，人能否去为官，也都有义存在于其中。先儒对这个问题的论述，可以说是明白而又透彻，况且圣门之中早有现成的规定。有的学儒学的人却不顾这一套，是不是另有看法呢？

【原　文】

　　六八、凡事皆有渐，其渐方萌，是即所谓几也。《易》曰："知几，其神乎！"难其人矣。

【译　文】

　　凡事都有个发展过程，这个过程刚刚萌发就是所谓的几。《易》说："能知几那可就神了。"这种人太难得了。

【原　文】

　　六九、邵国贤《简端录》近始见之，于文义多所发明，性命之理，视近时道学诸君子较有说得亲切处。《春秋论断》其辞尤确，独未知尽合圣人之意否也？然其博而不杂如此，可敬也夫！

【译 文】

　　邵国贤所写的《简端录》我近来才看到，其对经典的文义有很多阐发，对于性命问题，比近来从事道学研究的各位，谈得更接近真理。他的《春秋论断》一书写得非常明确，不知是否完全合于圣人的本意？但他这样博而不杂，特别可敬。

【原 文】

　　七〇、"因时制宜"一语最好，即所谓"义之与比"也。动皆合义，则天理周流而无间，而仁亦在是矣。是故君子之用，不偏于刚，不偏于柔，惟其时而已矣。

【译 文】

　　"因时制宜"这话说得特别好，这就是所谓"符合于义"。行为动作都合于义，那么天理周流，没有间断，仁也就在这里了。因此君子的用，应该是不偏于刚，不偏于柔，一切根据当时的需要。

【原 文】

　　七一、时宜用刚而刚，时宜用柔而柔，只是大体如此。须知刚之用不可无柔，柔之用不可无刚。无柔以济其刚，或足以致悔，无刚以制其柔，或足以取吝。

【译 文】

根据当时的条件，宜于用刚即用刚，宜于用柔即用柔，这只是大体应该如此。必须懂得，用刚也不能无柔，用柔也不能无刚。没有柔来成就其刚，可能造成悔；没有刚来控制其柔，可能带来吝。

【原 文】

七二、阳动阴静，其大分固然。然自其流行处观之，静亦动也，自其主宰处观之，动亦静也。此可为知者道尔。

【译 文】

阳是动的，阴是静的，二者的基本情况是这样。但是从气的流行方面来看，静也是动的，从气的主宰方面来看，动也是静的。这点只可对懂得道的人来谈。

【原 文】

七三、规模宽大，条理精详，最为难得。为学如此，为政亦如此，斯可谓真儒矣。

【译 文】

气魄很宽大，条理很详密，这样的人最难得。为学是这样，为政也是这样，这种人才可称作真儒。

【原 文】

七四、所谓无意者，无私意尔。自日用应酬之常，以至弥纶、参赞之大，凡其设施、运用、斟酌、裁制，莫非意也，云胡可无？惟一切循其理之当然而已。无预焉，斯则所谓无意也已。

【译 文】

理学要求的无意，是无私意。小到日常的应酬，大到包容天地、参赞化育，其中所有的筹划、运用、斟酌、裁制，没有不是意的，怎么可以不要呢？只是一切应该按照理之当然去做罢了。不要事先考虑得失，这便是无意。

【原 文】

七五、凡经书文义有解说不通处，只宜阙之，盖年代悠邈，编简错乱，字画差讹，势不能免。必欲多方牵补，强解求通，则凿矣。自昔聪明博辨之士，多喜做此等工夫，似乎枉费心力，若真欲求道，断不在此。

【译 文】

凡是经书中的文句，有解释不通的地方，就应该放在那里。因为年代久远，不能避免简编错乱，字画差误。如果牵强地把它说通，就要穿凿附会。过去一些聪明博学的人，多喜欢做这样的工夫，恐怕是白费了心力。如果真是要学儒道，要做的肯定不是这个。

【原 文】

七六、忠信二字，吾夫子屡以为言，此实人道之本也。常人无此，犹不可以自立于乡党，况君子之学，期于成己成物者乎！若于忠信有所不足，则终身之所成就，从可知矣。

【译 文】

"忠信"两字，我们孔夫子经常提起，这实在是人道的根本。普通人不具备忠信尚且不能在乡里立足，何况期望能成己成物的君子呢①？如果一个人在忠信方面有所不足，那么他一生会有什么成就，也就可想而知了。

【原 文】

七七、成己成物，便是感应之理。理惟一尔，得其理则物我俱成，故曰"合内外之道"也。

【译 文】

成己成物，就是感应之理。理只有一个，把握这个理即可使我与物都得以成就，所以说是"合内外之道"。

【原 文】

七八、子曰："君子喻于义，小人喻于利。"又曰："君子上达，小人下达。"喻于义，斯上达矣；喻于利，斯下达矣。上达则进于圣贤，下达则其违于禽兽也不远

① 成己成物，语出《中庸》："成己仁也，成物知也。"朱子注曰："诚虽所以成己，然既有以自成，则自然及物，而道亦行于彼矣。仁者体之存，知者用之发，是皆吾性之固有，而无内外之殊。既得于己，则见于事者，以时措之，而皆得其宜也。"因此，成己即是实实在在按道德准则去做，使自己成为圣贤；成物即是实实在在按照理的要求处理事务，使事事都符合于理。

矣。有人于此，或以禽兽斥之，未有能甘心受之者。至于义利之际，乃或不知所择，果何说耶！

【译 文】

孔子说："君子懂得义，小人懂得利。"又说："君子向上进取，小人往下堕落。"懂得义才能向上进取，懂得利则要向下堕落。进取就往圣贤方向前进，堕落就离禽兽不远了。一个人如果被斥为禽兽，没有能甘心忍受的，但在义利关系上却不知如何选择，这究竟是怎么回事呢？

【原 文】

七九、富贵贫贱生死寿夭之命，与性命之命，只是一个命，皆定理也。明乎理之一，则有以知夫命之一矣。诚知夫命之一，则"修身以俟之"一语，岂不简而易守乎！

【译 文】

富贵贫贱生死寿夭的命，与性命的命是一个命，都是定理。懂得了理是一个，就能知道命也是一个。真的知道命是一个，那么"修身以等待命运的来临"，岂不是简单易行的事情了吗？

【原　文】

　　八〇、程子论《大学》，则曰："学者必由是而学焉，则庶乎其不差矣。"论《语》《孟》则曰："人只看得此二书切已，终身尽多也。"论《中庸》则曰："善学者玩索而有得焉，则终身用之，有不能尽者矣。"为人之意，何其惓惓若是哉！愚于此《四书》，童而习之，今皓首矣，差则幸而免，至求其切已受用处，殊觉空疏。庸书以识吾愧，且以告吾徒之读《四书》者。

　　往年尝述愚见，为《困知记》两卷。盖欲以告初学之士，使不迷其所向焉尔。惟理至难明，而愚言且拙，意有未尽，乃复笔为是编。虽词若稍繁，或颇伤直，区区之意，诚亦有不得已者。世有君子，必能亮之。续刻完，因赘此于末简。

　　　　　　　　嘉靖辛卯夏六月丙辰　　整庵书

【译　文】

　　程子评论《大学》时说："求学者一定要根据它的教导来学习，那么基本上就可以不出差错了。"评论《论语》《孟子》时说："人只要结合自己思想来学这两部书，那么一辈子也够用。"他在评论《中庸》时说："善于学习的人深入体会并且有收获，终身用它也用不完。"程子为人着想是多么尽心呀！我从小就学习这四本书，现在已经白头了，错误虽是幸免了，但求切己的好处，却觉得很空。因而写下来以记录我心中的惭愧，并用此来告诫我们所有学《四书》的人。

往年曾经写出自己的看法，为《困知记》两卷，是想要告诉初学儒道的学子们，使他们不致迷失方向。但是理是最不容易弄明白的，而且我的话又很笨，意思尚未表达完全，于是又写了这一编。虽然语言似乎稍微多了一些，而且过于直白，我也真是不得已，世上的君子一定会原谅的。续刻《困知记》完成，我将这些话记在书后。

嘉靖十年六月初三（1513 年 6 月 17 日）　　整庵书

续卷下（凡三十三章）

【原 文】

一、癸巳春，偶得《慈湖遗书》，阅之累日，有不胜其慨叹者。痛哉！禅学之误人也，一至此乎！慈湖顿悟之机，实自陆象山发之。其自言"忽省此心之清明，忽省此心之无始末，忽省此心之无所不通"，即释迦所谓"自觉圣智境界"也。书中千言万语，彻头彻尾，无非此个见解，而意气之横逸，辞说之猖狂，比之象山犹甚。象山平日据其偏见，横说竖说，直是果敢。然于圣贤明训有所未合，犹且支吾笼罩过，未敢公然叛之。慈湖上自《五经》，旁及诸子，皆有论说。但与其所见合者，则以为是，与其所见不合者，虽明出于孔子，辄以为非孔子之言。而《大学》一书，工夫节次，其详如此，顿悟之说更无隙可投，故其诋之尤力。至凡孔子之微言大训，又往往肆其邪说以乱之，刓实为虚，揉直作曲，多方牵合，一例安排，惟其偏见是就。务令学者改视易听，贪新忘旧，日渐月渍，以深入乎其心。其敢于侮圣言，叛圣经，疑误后学如此，不谓之圣门之罪人不可也。世之君子，曾未闻有能鸣鼓而攻之者，反从而为之役，果何见哉！

【译 文】

癸巳年（嘉靖十二年）春天，我偶然得到杨简（杨慈湖）的《慈湖遗书》，看了好几天，使我不住地叹息。可痛啊，禅学害人到了这种地步！杨简顿悟的伎俩，实际上是从陆象山那里学来的。陆氏说，"忽然省悟此心是清明的，忽然省悟此心是永恒的，忽然省悟此心是无所不通的"，这便是佛家所说的"自觉圣智境界"。杨氏书中千言万语，从头到尾无非讲这个思想，可是他意气是那样地不可一世，言语是那样的猖狂，比起他老师陆象山厉害多了。陆象山平日里根据自己的偏见，横说竖说，实在勇敢，但是对于他所不同意的圣贤的明确训示，还是支吾过去，不敢公开批评。杨简则不同，他上自《五经》，旁及诸子，都有评论。与他的意见相合的就认为是对的，与他的意见不合的，即使是出自孔子的，他也说那不是孔子的言论。《大学》这本书对修养工夫的次序说得这样详密，以至于顿悟之说没有空子可钻，因此他就拼命诋毁。凡是孔子的微言大义，他都用他的邪说来乱加解释，把实的弄成虚的，把直的弄成曲的，多方拉扯，随意安排，一定要让孔子之言向他的偏见靠拢。要使学者改变看法，贪他杨简之新而忘孔孟之旧，日日讲月月说，以求深入人心。他敢如此侮蔑圣人之言，背叛儒家经典，迷惑毒害后学思想，不定他为圣门罪人是不行的。但世上的君子还没有人对他鸣鼓而攻之，有的反而成为他的俘虏，这成了什么见识！

【原　文】

　　二、人心道心之辨，只在毫厘之间。道心此心也，人心亦此心也。一心而二名，非圣人强分别也，体之静正有常，而用之变化不测也，须两下见得分明方是。尽心之学，佛氏之于吾儒，所以似是而实非者，有见于人心，无见乎道心耳。

　　慈湖之志于道，不为不笃，然终蔽于所见，直以虚灵知觉为道心，夫安得不谬乎！集中《己易》一篇，乃其最所用意，以诱进学徒者，衮衮数千言，将断而复续，左援右引，阳开阴阖，极其驰骋之力，茫茫乎，若无涯涘可窥。然徐究其指归，不出乎虚灵知觉而已，于四圣之《易》绝不相干，参之佛氏之书，则真如符节之合。试举一二以概其余。其曰："吾性澄然清明而非物，吾性洞然无际而非量。天者，吾性中之象，地者，吾性中之形。故曰'在天成象，在地成形'，皆我之所为。"《楞严经》所谓"山河大地，咸是妙明真心中物"，即其义也。其曰："目能视，所以能视者何物？耳能听，所以能听者何物？口能噬，所以能噬者何物？鼻能嗅，所以能嗅者何物？手能运用屈伸，所以能运用屈伸者何物？足能步趋，所以能步趋者何物？血气能周流，所以能周流者何物？心能思虑，所以能思虑者何物？"波罗提"作用是性"一偈，即其义也。其曰："天地非大也，毫发非小也，昼非明也，夜非晦也，往非古也，此非今也，它日非后也。'鸢飞戾天'，非鸢也，'鱼跃于渊'，非鱼也。"《金刚经》所谓"如来说世界，即非世界，是名世界。说三十二相，即是非相，是名三十二相"，即其义也。

凡篇中曰"己"，曰"吾"，曰"我"，义与"惟我独尊"无异，其为禅学也，固昭昭矣。认紫为朱，明是大错，乃敢放言无忌，谓"自生民以来，未有能识吾之全者"，吾不知所谓吾者，果何物耶？夫尧、舜、禹、汤、文、武、周公、孔子，皆天下之大圣，其递相传授，无非"精一执中"之旨，而所谓"中"者，决非灵觉之谓，非惟人人有之，乃至事事有之，物物有之。慈湖顾独未之识耳，诚有以窥见其全，《己易》其敢作乎！阅斯集者，但看得此篇破时，譬之破竹，余皆迎刃而解矣。

【译 文】

人心与道心的区别，只在毫厘之间。道心是这个心，人心也是这个心。一个心而用两个名字，不是圣人硬要分别它，因为它们分别代表人心的体与用，体是静正有常的，而用是变化莫测的，要两方面看得清楚才行。佛与儒都讲尽心，佛氏道理之所以似是而非，就是因为它只了解人心，却不了解道心。

慈湖杨简有志于学道，其心不能说不诚，但是终于受自己偏见的蒙蔽，认为虚灵知觉这种心理现象是道心，这怎么能不错呢？集子中《己易》这篇文章，是他最用心写的用来诱导学生的著作，洋洋几千言，将要断了再接续上，旁征博引，阳开阴合，最大限度地发挥想象力，让人觉得看不到边际。但是慢慢研究他的宗旨，不超出虚灵知觉，与伏牺、文王、周公、孔子这四位大圣人的《易》毫无关系，与佛家的书倒是如符节一样相合。让我举一两个例子。他说："我的性澄然清明而不是一物，我的性没有边际没有限量。天是我性中的象，地是我性中的形。因此《大传》说的'在天成象，在地成形'，这都是我所造成的。"《楞严经》所说的"山河大地，全是人妙明真心中的物象"，就是这个意思。杨简说："目能看，使它看的是什么？耳能听，使它听的是什么？口能吃，使它吃的是什么？鼻能嗅，使它嗅的是什么？手能运用屈伸，使它运用屈伸的是什么？脚能走路，使它走路的是什么？血气能在身体中周流，使它周流的是什么？心能思量，使它思量的是什么？"

波罗提有"作用是性"的偈语，说的就是这个意思。杨简说："天地不大，毫发也不小，昼不是明，夜也不暗，过去不是古，现在也不是今，将来也不是今后。鸢飞戾天，说的并不是鸢，鱼跃于渊，说的也不是鱼。"《金刚经》说："如来说世界就不是世界，正是这个叫作世界。如来说三十二相就不是三十二相，而这就叫作三十二相。"这就是他的观点。

凡是篇中说己、说吾、说我的地方，其意义都与唯我独尊没有差别，这是明明白白的禅学观点。他把紫的说成朱红的，本来就是大错，还竟敢毫无顾忌地发出狂言，说什么"自从有人类以来，没有人能认识我之全体"！我不知道他所谓的我究竟是什么东西？尧、舜、禹、汤、文、武、周公、孔子都是天下的大圣人，他们一个个传授的无非是"精一执中"的思想，而所谓中，绝不是灵觉的意思。不但人人有中，而且事事物物都有这个中。只有杨简不识这个中而已，如果真的看到了中的全体，他敢写出《己易》这样的东西吗？只要将此篇看破，好像破竹一样，其他的都可以迎刃而解了。

【原文】

三、吾圣贤之言，与佛氏之言殊不相入，谓"儒佛无二道"，决非知道者也。慈湖所引经传，如"范围天地""发育万物"等语，皆非圣贤本旨，第假之以成就其说。切恐将来疑误后学不浅，故不得不明辨之。

程子尝言："圣人本天，佛氏本心。"此乃灼然之见，万世不易之论，儒佛异同，实判于此。是故"天叙有典"，吾则从而惇之；"天秩有礼"，吾则从而庸之；"天命有德"，则从而章之；"天讨有罪"，则从而刑之；"克绥厥猷"，本于上帝之降衷；"修道之教"，本于天命之在我。所谓"圣人本天"者，如此其深切著明也。

以慈湖之聪明，宜若有见乎此，何忍于叛尧、舜、汤、孔，而以心法起灭天地，又任情牵合，必欲混儒佛于一途邪！盖其言有云："其心通者，洞见天地人物，皆在吾性量之中，而天地万物之变化，皆吾性之变化。"又云："意消则本清本明，神用变化之妙，固自若也；无体无际，范围天地，发育万物之妙，固自若也。"此等言语，不谓之"以心法起灭天地"，谓之何哉！人之常情，大抵悦新奇而慕高远，故邪说得以乘间而入。学者于此，苟能虚心逊志，无所偏主，而执吾说以审其是非之归，将不为其所惑矣。

【译 文】

我们儒家圣贤的言论与佛家的言论不能相容，说"儒佛没有两个道"的，绝不是懂得道的人。杨简所引经传上的话，如"范围天地""发育万物"等等，都违反了圣贤的原意，只是假借人家的话成就他自己的理论而已。我生怕这些东西蛊惑了后学，所以不得不把问题辨明。

程子曾经说："圣人是以天为本的，佛家则是以心为本的。"这是灼然的高见，万世不易的论断。儒家与佛家的区别，就在这里。因此，"天安排五种伦常之典"，我们就要使它敦厚；"天排列五等爵位之礼"，我们就遵照执行；"天命有德者来统治"，我们就要使他的地位彰显；"天讨有罪之人"，我们就要用刑法来惩治他们。"能顺其德"，这是因为上天在我们心中降下了天理；"修道之教"，这是因为我们有上天赋予的本性。圣人以天为本，就是这样的深刻而且明显。

像杨简那样聪明，如对这些东西有所认识，怎会忍心背叛尧、舜、汤、孔，而将天地的生灭归结为自己观念的生灭呢？并且又任意拉扯，一定要把儒佛混在一起呢？他曾说："心通的人，可以清楚地看到天地人物，都在我心的范围内，天地万物的变化，都是我心的变化。"又说："意念消灭了，那么心的本体便是清明的，它的神妙变化，原本是自如的，它没有形体没有边际，包容天地、发育万物的妙用，原本是自如的。"这样的言论，不说它是用观念生灭解释天地生灭，又是什么呢？喜欢新奇，美慕高妙的东西是人之常情，所以邪说便得以乘虚而入。学道的人在这方面如果能虚心谦逊，没有偏见，拿我的观点考察杨氏的是与非，就不会被他迷惑了。

【原　文】

　　四、愚尝谓："人心之体即天之体，本来一物，但其主于我者谓之心。"非臆说也，乃实见也。若谓"其心通者，洞见天地人物皆在吾性量之中"，而此心可以范围天地，则是心大而天地小矣，是以天地为有限量矣，本欲其一，反成二物，谓之知道，可乎！

"《易》有太极，是生两仪"，乃统体之太极。"乾道变化，各正性命"，则物物各具一太极矣。其所以为太极则一，而分则殊。惟其分殊，故其用亦别。若谓"天地人物之变化，皆吾心之变化"，而以"发育万物"归之吾心，是不知有分之殊矣。既不知分之殊，又恶可语夫理之一哉！盖发育万物自是造化之功用，人何与焉？虽非人所能与，其理即吾心之理，故《中庸》赞"大哉圣人之道"，而首以是为言，明天人之无二也，此岂蔽于异说者之所能识邪！况天地之变化，万古自如，人心之变化，与生俱生，则亦与生俱尽，谓其常往不灭，无是理也。慈湖误矣！藐然数尺之躯，乃欲私造化以为己物，何其不知量哉！《文言》曰："夫大人者，与天地合其德，与日月合其明，与四时合其序，与鬼神合其吉凶，先天而天弗违，后天而奉天时。"此言便是的确。

【译 文】

我曾说："人心的本体即是天的本体，本来是一个东西，只是那主宰我身的叫作心而已。"这不是主观推测，而是真理。如果说"心通的人，可以清楚地看到天地人物，都在我心的范围内"，并且此心可以包容天地，这就是说心大而天地小，认为天地是有限的。慈湖本来想要使人心与天地统一，倒反而弄成两个东西，说他对道有认识，行吗？

"《易》有太极，它产生出两仪"，这是整体的太极。"乾道变化，使物物都有自己的性命"，这是每个物所具有的太极。从太极之所以为太极来说，它们是一个，但是它们的位分则是不同的。因其位分不同，所以作用也就不同。如果说"天地人物的变化都是我心的变化"，并且把发育万物的功劳归于我心，这就是不知道有分之殊。既然不知分的不同，又怎么去谈论理的一致呢？发育万物本来是造化的功用，人哪里会参与呢？虽然不是人所能参与的，但是它的理就是我心中的理。所以《中庸》赞美"伟大呀，圣人之道"的时候，首先提到的就是这个，为的是说明天与人本来不是两回事，这哪里是被佛家异说蒙蔽的人所能了解的呢？何况天地的变化是万古自如的，而人心的变化则是与人的生命俱存俱尽的，说它是常住不灭，没有这个道理。杨简错了，小小几尺身躯却想把天地的造化看成是自己的功能，他是多么不自量啊！《乾·文言》说："大人使自己与天地之德相合，与日月之明相合，与四时的秩序相合，与鬼神的吉凶作用相合。因此他能做到，在天之前行事，天不违背他；在天之后行事，完全尊奉天时。"这话说得正确。

【原文】

五、有心必有意，心之官则思，是皆出于天命之自然，非人之所为也。圣人所谓"无意"，无私意耳；所谓"何思何虑"，以晓夫憧憧往来者耳。《书》曰："思曰睿，睿作圣。"非思则作圣何由？《易》曰："圣人立象以尽意。"意若可无，其又何尽之有？故《大学》之教，不曰"无意"，惟曰"诚意"。《中庸》之训，不曰"无思"，惟曰"慎思"。此吾儒入道之门，积德之基，穷理尽性必由于此，断断乎不可易者，安得举异端之邪说以乱之哉！彼禅学者，惟以顿悟为主，必欲扫除意见，屏绝思虑，将四方八面路头一齐塞住，使其心更无一线可通，牢关固闭，以冀其一旦忽然而有省。终其所见，不过灵觉之光景而已，性命之理，实未有见也，安得举此以乱吾儒穷理尽性之学哉！学术不明，为害非细，言之不觉缕缕，不识吾党之士以为何如？如欲学为佛邪，慈湖之书宜不忍废，必欲学为圣人，则固有《五经》《四书》及廉、洛、关、闽之说在。彼譸张为幻者，又何足以溷吾之耳目哉！

【译文】

有心一定会有意念，心是管思虑的，这是出于天命自然，不是人自己所能决定的。圣人说的"无意"，是没有私意的意思；所谓"何必有思何必有虑"，是针对那些有私意的人说的。《书》经说："思才能使人聪明，聪明才能做圣人。"如果不思怎样做圣人呢？《易》经说："圣人设置象，来表达意。"如果可以没有意，那么还要表达什么呢？因此《大学》的教导不是"无意"而是"诚意"，《中庸》的训诫不是"无思"，而是"慎思"。这是我们儒者入道的门径，积德的基础，穷理尽性一定要从这里前进，是断然不能改变的，怎么可以用异端的理论来扰乱呢？那些搞禅学的人，只以顿悟为主，定要扫除意念，禁绝思虑，将四面八方的路子完全堵住，使自己的心没有一线可通，大门关得严严实实，企盼此心一旦忽然有所觉悟。但是到了最后，所能见到的也不过是一点心理活动而已，至于性命之理是见不到的，怎么可以用这个东西来扰乱我们儒家穷理尽性的学问呢？学术不明，害处极大，所以我的言论不觉又一条一条地多起来，不知我儒家士大夫以为怎样？如果要学佛，那么杨简的书是不能不读的，如果要做圣人，那么本来就有《五经》《四书》和濂洛关闽的学说在，那些胡说八道的人，又怎能混淆视听呢？

【原 文】

　　六、"心之精神是谓圣"，此言出于《孔丛子》，初若可疑，及考其全文首尾，亦颇明白。圣字自不须看得重，而其意义亦非此句所能尽也。慈湖独摘此一句，处处将来作弄，岂有他哉？盖此句实与佛家"即心是佛"之言相似，其悟处正在此，故欣然取以为证，使人无得而议焉，更不暇顾其上下文义何如也，请究言之。

子思问于孔子曰："物有形类，事有真伪，必审之，奚由？"子曰："由乎心。心之精神是谓圣，推数究理，不以物疑。周其所察，圣人病诸。"切详问意，盖以物理事情，皆所当审，而欲知所以审之之由。夫子遂以"由乎心"答之，而申言心之妙用如此。盖圣者，通明之谓。人心之神，无所不通，谓之圣亦可也。惟其无所不通，故能推见事物之数。究知事物之理，物理既得，夫复何疑？若于形迹之粗，必欲一一致察，则虽圣人亦有未易能矣。玩其辞，详其义，可见能通之妙，乃此心之神，而所通之理，是乃所谓道也。若认精神以为道，则错矣。《易·大传》曰："一阴一阳之谓道。"又曰："阴阳不测之谓神。"道为实体，神为妙用，虽非判然二物，而实不容于相混，圣人所以两言之也。道之在人，则道心是也，神之在人，则人心是也。若此处错认，焉往而不错乎？或疑所通之理为道，则道乃在乎事物，而不在吾心。殊不知事物之理与吾心之理，一而已矣。不然，何谓"一以贯之"，何谓"合内外之道"？

【译 文】

"心中的精神叫作圣。"这话出自《孔丛子》，刚看觉得有点可疑，等到查了它的全文，也还是很明白的。圣字本不必看得重，它的意义也不是这句话所能表达完全的。慈湖单单地摘出这一句，到处张扬，还有别的意思吗？只因这句话与佛家"即心是佛"相似，他所悟的正是这个，所以高兴地拿来当成一个证据，使别人没有办法来议论他，根本不管上下文如何。现在请让我把它的意思说清楚。

子思问孔子："物是有形类的，事是有真伪的，要对这些情况进行考察，怎么办？"孔子说："通过心。心的精神叫作圣，可以推测事物的道理，探索事物的原则，不被事物的表面现象迷惑。如果要一件件地观察现象，圣人也难以做到。"考察子思提问题的用意，那就是物理和事情都是要认识清楚的，他要知道认识的途径与方法。孔子于是告诉他，通过心，并且说明了心的妙用。所谓圣就是通明的意思。人心的精神是无所不通的，称它为圣也是可以的。正因其无所不通，所以能推测事物的道，探究事物之理，掌握了物理，还有什么可怀疑的呢？如果对于事物的粗迹要一个一个地去考察，那么即使是圣人也不容易做到。仔细体味原话，详审其意义，可见能通的妙用，是心的精神，而所通的理，则是所谓道。如果就把精神说成是道，那就错了。《易·大传》说："一阴一阳叫作道。"又说："阴阳变化不测叫作神。"道是实体，神则是妙用，虽然不能将它们截然地分成两个东西，但是决不可将它们混为一谈，因此圣人用两个词来表达它们。道在人身上表现为道心，神在人身上表现为人心，如果这里弄错了，那么处处皆错。有人怀疑所通之理是道，那么道就在事物身上，而不在我的心里了。殊不知事物的理与我们心中的理是一个东西。不然的话，什么叫作"一以贯之"，什么叫作"合内外之道"呢？

【原　文】

　　七、因阅《慈湖遗书》有感，偶赋小诗三章。

　　斜风细雨酿轻寒，掩卷长吁百虑攒。不是皇天分付定，中华那复有衣冠！

　　装成戏剧逐番新，任逼真时总不真。何事贪看忘昼夜？只缘声色解迷人。

　　镜中万象原非实，心上些儿却是真。须就这些明一贯，莫将形影弄精神。

　　《书》曰："道心惟微。"程子曰："心，道之所在。微，道之体也。"解得极明。些儿二字乃俗语，邵康节诗中尝用之，意与微字相类。天人物我所以通贯为一，只是此理而已，如一线之贯万珠，提起便都在掌握。故尽己之性，便能尽人物之性，可以赞化育而参天地。慈湖谓"其心通者，洞见天地人物，皆在吾性量之中"，是

"将形影弄精神"也。殊不知镜中之象与镜原不相属，提不起，按不下，收不拢，放不开，安得谓之一贯耶！

【译　文】

　　由于读《慈湖遗书》有感，随便写出小诗三章。

　　"斜风细雨透着微寒，阁上书本忧思长叹。不是老天早有安排，中华传统怎能续延？"

　　"排成戏剧不断翻新，要它逼真万万不能，为何贪看而忘却昼夜？只因声色迷惑人心。"

　　"镜中影像本来虚幻，心上'些儿'绝对真实。应该就此推究一贯，别用形影作弄精神。"

　　《书经》说，"道心惟微"。程子解释说："心是道所在之处，微则是道的本体。"讲得非常明白。"些儿"两个字是俗语，邵雍的诗中曾经用过，意思与微字相似。天人物我之所以能贯通为一个整体，只是因为有此理而已，好像一根线贯穿许多珠子，提起来便都在掌握之中。所以实现自己的本性便能实现他人与万物的本性，便能帮助造化而参与天地的工作。慈湖说："心通的人能见到天地人物都在我心之中。"这是用形影来作弄精神。殊不知镜中的影像与镜本非一体，提不起，按不下，收不拢，放不开，怎么能叫作一贯呢？

【原　文】

　　八、慈湖所引《论语》"知及之"，以合佛氏之所谓

"慧"也；"仁能守之"以合佛氏之所谓"定"也。"定慧不二，谓之圆明"，慈湖盖以此自处。其门人颇有觉者，则处之"日月至焉"之列，乃慧而不足于定者也。观慈湖自处之意，岂但与"三月不违仁"者比肩而已哉？《大哉》一歌，无状尤甚。凡为禅学者之不逊，每每类此。

【译　文】

杨简引《论语》"以智把握它"一语来与佛家的"慧"相合，引"以仁持守它"来与佛家的"定"相合。"定与慧不分离叫作圆明"，大概慈湖以为自己达到了圆明的水平。他把弟子中有一点觉悟的，放在"日月至焉"的地位上，是有慧而定还不够的意思。看杨简对自己的评价，岂止是与颜回并驾齐驱而已！他的《大哉》诗写得肆无忌惮，凡是学禅学的人，他们不谦逊的态度常常就是这样。

【原　文】

九、慈湖《纪先训》内一条云："近世有以小道与其门人讲习，学者宗仰，语录流行，人服其笃行，遂信其说。其说固多矣，而害道者亦多，遗患颇深。"其所指乃伊川程先生也。何以知之？盖慈湖尝与学者讲"圣人有所不知不能"之说，因议及伊川，又回护数语，云：

"程之笃行，亦岂易及？不可不敬也。但讲学不得不辨明耳。"家庭议论，如出一口，决非偶然之故。得无以其所觉者为极致，遂敢于自大邪！夫以大舜之圣，为法于天下，可传于后世者无他，惟是"明于庶物，察于人伦"而已。凡伊川与其门人之所讲习，无非人伦、庶物之理，千万世之所通行者也。安有千万世之所通行者，而可目之为小道哉！若谓大道混成，不容分析，则伏羲既画八卦，又重为六十四卦，文王系卦，周公系爻，孔子作《十翼》，又出许多文字，何其不惮烦也？安知千条万绪，无非太极之实体，苟能灼见其精微之妙，虽毫分缕析，自不害其为一。伊川所作《易传》，盖深得四圣之心者也。顾可以小道目之耶！必如其言，则是大道不在伏羲、舜、文王、周公、孔子，而黄面瞿昙独得之矣。害斯道者，非若人而谁！

【译 文】

　　杨简《纪先训》中有一条说："近代有用小道跟门人讲习的，学道的人都尊敬他，他的语录在士人中流行。大家佩服他能笃行，于是便相信他的理论。他的学说分量大，但是对于道的危害也大，留下的祸害很深。"他所指的就是程伊川先生，怎么知道呢？杨简曾给弟子们讲"圣人有所不知有所不能"这句话，于是便谈到伊川，袒护几句之后说："程子的笃行哪里是容易赶得上的？但理论问题则不能不辨明。"家里面的议论与前面所引的话好像是一口气讲下来的，这绝不是偶然的。这岂不是以为他所认识的是最高理论，于是便敢于自大吗？圣人大舜为天下设立的可以传到后世的准则没有别的，只是"对庶物有所了解，对人伦有所认识"而已。伊川与弟子们讲习的，无非是人伦与庶物之理，千万代都可以通行的东西。哪里有千万代可以通行的东西叫作小道的呢？如果说，大道是混成的，不能进行分析，那么，伏羲画了八卦，又重起来成为六十四卦，文王系辞于卦，周公系辞于爻，孔子作《十翼》，又多出来许多文字，为什么他们这样地不怕麻烦？须知千条万条，全都是太极的实体，如果能清楚地见到它的精微之处，即使是分析得非常细微，也不影响它的统一性。伊川先生作《易传》，对于四圣的旨意理解得很透，反倒以小道来看他，这样说来就是大道不在伏羲、文王、周公、孔子，只能由黄脸的释迦牟尼独占了！危害儒道的人不是慈湖又是谁呢？

【原　文】

　　一〇、千圣相传，只是一理。尧、舜、禹、汤所执之"中"，孔子所不逾之"矩"，颜子之所谓"卓尔"，子思之所谓"上下察"，孟子之所谓"跃如"，皆是物也。上圣大贤，惟其见之真，是以执之固，而行之尽；其次则"博文约礼"，吾夫子有明训矣。盖通天地人物，其理本一，而其分则殊。必有以察乎其分之殊，然后理之一者可见，既有见矣，必从而固守之，然后应酬之际，无或差谬。此博约所以为吾儒之实学也。禅家所见，只是一片虚空旷荡境界，凡此理之在吾心与其在事物者，竟不能识其至精至微之状为何如，而顾以理为障。故朱子谓"禅家最怕人说这理字"，诚切中其病矣。慈湖《训语》有云："近世学者，沉溺乎义理之意说，胸中常存一理不能忘舍。舍是则豁然无所凭依，故必置理字于其中。不知圣人胸中，初无如许意度。"其怕这理字也，不亦甚乎！圣人胸中固自清明莹澈，然于"中"则曰"允执"，于"矩"则曰"不逾"，岂是漠然荡无主宰，而凡视听言动，喜怒哀乐，一切任其自作自止，真如水泡之自生自灭乎哉？必不然矣！且吾儒若除个理字不讲，更讲何事？若见得此理真切，自然通透洒落，又何有于安排布置之劳！为此言者，适以自状其不知理焉尔。

【译　文】

　　千百圣人相传的只是一个理。尧、舜、禹、汤所执的"中"，孔子所不逾越的"矩"，颜子所说的"卓尔"，子思所谓的"上下察"，孟子所谓的"跃如"，都是这个理。大圣人、大贤人正因为他们的见解正确，所以能坚持得牢固，实践得彻底。次于圣贤的人则需要"博文约礼"，孔子早已教导得很清楚了。因为通贯天地人物的道理本来是一个，而其位分则有所不同。必须考察其位分的不同（博），然后才能见到理一（约）。有见于理一之后，还要牢牢地遵守它，然后在应酬上才有可能避免差错。正因如此博约才是儒家的实学。禅家所见的，只是一个虚空境界，对心中与事物中的理，根本不能认识它的精微，反而以它为障。所以朱子说，"禅家最怕人说这个理字"，真是切中它的要害。慈湖《训语》说："近世学道的人，沉溺在关于理的臆说之中，胸中常存一个理字不能忘掉。去掉了这个东西，就空空地没有了依靠，所以一定要把这个理字放在心中。不知圣人胸中，根本没有这么多的臆想。"他是多么怕这个理字！圣人心中本来是清明莹澈的，但是对于"中"则要求"允执"，对于"矩"则要求"不逾"，怎么可以空荡荡的没有主宰，对于视听言动、喜怒哀乐完全放任自流，使之像水泡一样自生自灭？当然不行。再说，我们儒者如果连个理字都不讲，那么还讲什么呢？如果能把理看得很真切，自然是通达洒落的，根本不需要装成心中有个理字的样子。说这种话的人，恰好表明自己不知理。

【原文】

一一、《慈湖遗书》不知何人所编，初止十八卷，有目录可考，皆自诸稿中选出。《续集》二卷，又不知出自何人。自十八卷观之，类皆出入经传，不杂以佛氏一语，有以知编者之虑至深，吾虽目为禅学，人或未必尽悟。及观至《续集》，则辞证具备，亦其势终有不可得而隐者，如《炳讲师求训》《奠冯氏妹词》二首，已自分明招认，尚何说哉！程子尝论及佛氏，以谓"昔之惑人也，乘其迷暗，今之入人也，因其高明"。若慈湖者，天资亦不为不高矣，乃终身为禅学所误。今其书忽传于世，有识之士固能灼见其非，亦何庸多辨？惟是区区过虑，自有所不能已尔。

【译 文】

《慈湖遗书》不知道是什么人编的，开始的时候只有十八卷，有目录可查，都是从各种稿子中选出来的。此书的《续集》二卷，也不知何人所编。从十八卷的《遗书》来看，似乎完全在儒家经传中转，其中没有一句佛家的话，由此可知编者的考虑非常深远。我虽然指出杨简是禅学，但是看了《遗书》的人未必都能相信。等到看《续集》，禅学的证据就齐备了，这也是他走到这一步，无法再隐瞒下去了。如《炳讲师求训》《奠冯氏妹》等两篇文章，已经清楚地招认了，还有什么说的呢？程子在评论佛家时曾说："过去它迷惑人，是利用了人们的糊涂，而现在它迷惑人，则是利用了他们的高明。"像杨简这样的人，天资也不能算不高，可是却终身被禅学所毒害。现在他的书忽然在世上流传起来，有识之士本来能够认清他的错误，哪里需要多辨呢？只是我过虑了，因此仍然不能作罢。

【原　文】

一二、《易》曰："立人之道曰仁与义。"其名易知，其理未易明也。自道体言之，浑沦无间之谓仁，截然有止之谓义。自体道者言之，心与理一之谓仁，事与理一之谓义。心与理一，则该贯动静，斯浑然矣。事与理一，则动中有静，斯截然矣。截然者，不出乎浑然之中。事之合理，即心与理一之形也。心与理初未尝不一也，有以间之则二矣。然则何修何为，而能复其本体之一耶？曰敬。

【译　文】

《周易》说："确立人道为仁与义。"仁与义的词语是容易知晓的，但是它们的道理却不易明白。从道本身来说，浑然没有间隔叫作仁，截然有止叫作义。从实现道的人来说，心与理一致叫作仁，事与理一致叫作义。心与理一致是贯穿动静的，因而便是浑然的。事与理一致，是动中有静的，因而便是截然的了。截然的义不超出于浑然的仁之外。事的合理即是心与理一致的表现。心与理本来是一致的，有东西间隔就不一致了。那么，怎样修养才可以恢复其本来的一致呢？那就是敬。

【原文】

一三、《虞书》之所谓"道心"，即《乐记》所谓"人生而静，天之性也"，即《中庸》所谓"未发之中，天下之大本也"，决不可作已发看。若认道心为已发，则将何者以为大本乎？愚于此所以不能无少异于朱子者，前已有说。平生所见，此为至先，比年反复穷究，益信此论之不容易也。

【译文】

《尚书·虞书》所说的"道心"，即是《乐记》所说的"生来心静，这就是天性"，也就是《中庸》所说的"未发的中，是天下的大本"。因此道心决不可以当已发来看，如果认为道心是已发，那么把什么当作大本呢？我在这里不能不与朱子有小的分歧，这在前面已经说过了。我一生在理论上的建树，这是第一条。近年我来反复探索，越加相信这个论点是不能改变的。

【原文】

一四、"允执厥中"之"中"，先儒专以无过不及言，似乎未尽。窃详其义，当与"中庸"之"中"同，体用兼举而无遗，斯为圣道之大全也。《仲虺之诰》有云："王懋昭大德，建中于民，以义制事，以礼制心。"其言亦兼体用，可见先圣后圣，其揆一也。

【译 文】

尧说的"允执厥中"里面的中字，先儒仅仅将它解释为没有过头也没有不及的地方，似乎不全面。我考虑它的意义应当与"中庸"的中一样，既包括体，也包括用，因此是儒道的大全。《仲虺之诰》说："商王以盛大光明之德，为万民建立中的准则，用义来制约行事，用礼来制约思想。"这里所说的中也是包括体与用的，可见前圣与后圣思想是一致的。

【原 文】

一五、"舍己从人"，非见得道理透彻，安能及此？人所以固执己见，善言更不能入者，只是见不到。复有一种性资轻快，闻言便转，然未必皆当，亦是无定见也。夫所谓"舍己从人"者，岂苟然哉？从其至当而已矣。

【译 文】

"放弃自己的意见，遵从别人的意见。"如果不是将道理看透彻，怎能做到这点呢？人之所以固执己见，好的意见听不进去，只因见识浅。还有一类人性情轻浮，听到别人的话就改变主意，但是未必都正确，这属于没有定见。其实"放弃自己的意见，尊从别人的意见"，岂能是随随便便的？遵从最正确的才是。

【原文】

一六、舜命禹曰："予违，汝弼。汝无面从，退有后言。"禹岂面从后言者邪？益之告舜，则以"违道从欲"为戒，禹则以"慢游、傲虐"为戒，皋陶则以"丛脞"为戒。舜亦曷尝有此数者之失邪？盖其君臣相与至诚恳切，惟欲各尽其道而无毫发之歉，故常致谨于未然之防。读《书》者能识虞廷交相儆戒之心，斯可以事君矣。

【译文】

舜对他的大臣禹说："如果我错了，你就帮助我。不要当面顺从，背后发牢骚。"禹难道是当面顺从，背后发牢骚的人吗？大臣益对舜的告诫是不要违背道德准则而放纵私欲。禹告诫舜，不要偷惰游玩调笑嬉戏。而皋陶则希望舜做事不要过于细碎烦琐。舜又何尝有这些错误呢？由于他们君臣之间是至诚恳切的，希望各人都尽自己的义务而没有一点点欠缺，所以常常在预防错误上下功夫。读《尚书》的人能理解大舜朝廷上君臣相互儆诚的心情，那么便可服务君王了。

【原 文】

一七、"善无常主，协于克一"，时中之谓也。

【译 文】

"善没有固定的模式，合于一理的即是至善。"这说的就是因时制宜的意思。

【原 文】

一八、《秦誓》一篇，有可为后世法者二，孔子所以列之四代之书之终。悔过迁善，知所以修身矣。明于君子小人之情状，知所以用人矣。慎斯道也以往，帝王之治其殆庶几乎！

【译 文】

《尚书·秦誓》提出两点可以作为后代准则的东西，孔子因此将它列为四代之书的最后一篇。一是悔过从善，这是教导如何修身的；一是了解君子小人的情况，这是教导如何用人的。谨慎地按这个道来行事，是可以达到帝王之治的。

【原 文】

一九、《鹿鸣》之诗，虽云上下通用，要非贤人君子，不足以当之。今以"鹿鸣"名宴，以宾礼初升之士，待之不为不厚矣。听其歌，饮其酒，能无感动于其心乎？然而"周行"之示，能言者皆可勉也。"视民不恌"，则非声音笑貌所能为矣。不如是，将何以答主人之盛礼，而称其为嘉宾也耶！

【译 文】

《鹿鸣》诗虽说是上下通用，但是如果不是贤人君子，就承当不起。现在以"鹿鸣"来命名宴会，以此宴招待刚刚晋升的士人，待他不能说不厚。在宴会上听歌饮酒，能不被感动吗？该诗要求嘉宾请人为自己指示大道，这一点会说话的人都可以做到；该诗还要求嘉宾庄重不轻佻，这就不是只用语言表情所能达到的了。但不这样，怎么能答谢主人的盛情而与自己的嘉宾地位相称呢？

【原 文】

二〇、《乐记》所举"欲"与"好恶"，《大学》所举"亲爱，贱恶，畏敬，哀矜"，《中庸》所举"喜怒哀乐"，《孟子》所举"恻隐，羞恶，辞让，是非"，等是人情，但名言之不同耳。凡情之发，皆根于性，其所以为善为恶，系于有节与无节，中节与不中节，辟与不辟而已。《乐记》《大学》《中庸》三说，足以互相发明。

《孟子》道性善，故所举四端，主意只在善之一边，其说终是不备。但以《大学》证之，亦可见矣。哀矜犹恻隐也，贱恶犹羞恶也，畏敬犹恭敬也，如发而皆当，又何辟之可言哉！此可见人心之危矣。危字着在中间，操持向上，则极于《中庸》所谓"天地位，万物育"；放纵趋下，则如《乐记》所谓"大乱之道"，固理势之所必至也。

【译 文】

《乐记》所举的"欲"与"好恶"，《大学》所举的"亲爱、贱恶、畏敬、哀矜"，《中庸》所说的"喜怒哀乐"，《孟子》所说的"恻隐、羞恶、辞让、是非"，同样都是人情，只是名词不同罢了。凡是情的发露都从性来，它们到底是善是恶，在于有节与无节、中节与不中节、邪辟与不邪辟而已。《乐记》《大学》《中庸》三种说法，足以相互阐发。孟子主张性善，所以所举的四项，用意是在善的一边，道理仍然是不完备的。以《大学》来验证，也可以看出来。哀矜相当于恻隐，贱恶相当于羞恶，畏敬相当于恭敬，如果发出来而且都恰当，哪里会发生邪辟呢？这就可见人心之危了。所谓危即处在中间，从这努力向上，则可达到《中庸》所说的"使天地得正，使万物发育"的崇高境地，从这放纵向下，则如《乐记》所说的是"大乱之道"，从道理与趋势来看都是这样。

　　二一、《汉高帝纪》云："母媪尝息大泽之陂，梦与神遇。是时雷电晦冥，父太公往视，则见交龙于上。"夫人梦中所遇，从未闻在他人有见之者。史迁所记，殊费分疏。若太公所见者诚然，则媪决非梦。媪诚梦，则太公之所见者妄矣。

【译　文】

　　《史记·高祖本纪》说："刘邦的母亲曾经在湖边上休息，梦见与神相遇，这时天上阴云密布，雷电交加，刘邦的父亲去看，发现一条蛟龙正在她身上。"从未听说人能见到别人梦中的遭遇。司马迁所记的东西，太难理解。如果其父所见是真的，那么其母就不是做梦，反过来，如果其母确实在做梦，那么其父所见必是假的。

【原　文】

　　二二、汉武帝表章《六经》，而黄老之说遂熄，吾道有可行之兆矣。然终帝之世，未见其能有行，岂其力之不足哉？所不足者，《关雎》《麟趾》之化尔。善乎，汲黯之言曰："内多欲而外施仁义，奈何欲效唐虞之治乎？"黯之学术不可知，然观乎此言，非惟切中武帝之病，且深达为治之本。

【译 文】

汉武帝抬高《六经》的地位，因而黄老道家的学说方才衰微，我们儒家的道于是有了可行的征兆。但是直到武帝去世，也没有见到他在推行儒道方面有大的作为，难道是力量不足吗？所不足的是《诗经》中《关雎》《麟趾》两篇所表现的庄重仁厚的教化。汲黯对武帝的批评很正确，他说："你心中多欲，外表上却要装出仁义来，为何要仿效唐虞三代之治呢？"对汲黯的学术我不太了解，看这两句话，不但切中武帝的毛病，而且深刻揭示了为治的根本。

【原 文】

二三、唐之祸乱本于李林甫，宋之祸乱本于王介甫。林甫之祸唐，本于心术不端，介甫之祸宋，本于学术不正。

【译 文】

唐代的祸乱从李林甫来，宋代的祸乱从王安石来。李林甫为害唐朝，是由于心术不正；王安石为害宋朝，是由于学术不正。

【原文】

二四、图治当先定规模，乃有持循积累之地。规模大则大成，规模小则小成，未有规模不定而能有成者也。然其间病源所在，不可不知。秉德二三，则规模不定，用人二三，则规模不定。苟无其病，于致治乎何有！

【译文】

要想天下大治，应该先把格局定下来，这样才有一个坚持和发展的基础。格局大就能大有成就，格局小只能小有成就，没有格局不定而能有成就的。但是这病根在哪，则应当知道。目标变来变去，则格局不定，用人变来变去，格局也就不定。如果没有这种毛病，天下大治有什么难的呢？

【原文】

二五、久任自是良法。陆宣公明于治体，乃不甚以为然，盖欲以救德宗之偏，庶广登延之路，以济一时之用，且于惇大之化或有小补焉尔，议法者未可执为定论。正德间，愚尝建白此事，而并及超迁之说，大意以为，超迁之法与久任之法相为流通，超于前自可责其后之久，超于后固无负其前之淹。此盖区区素见，因他策忤用事者，疏竟寝。

【译　文】

　　久任（让官员长期担任某一职务），是一个好办法。唐代陆贽是一位很懂国家政治体制的人，他之所以不主张久任，主要是为了纠正唐德宗的偏颇，把用人的路子拓宽，来满足当时的需要，而且对于加强道德教化可能会有一定的益处，但议法的人不能执为定论。正德年间我曾在奏疏中提出过这个建议，也提到超迁（越级提拔）问题，认为这两个方法可以相辅相成。开头超迁的人，自然可以要求他后来久任，后来超迁的人也不负他开头的久任。这是我素来的见解，因为别的意见与当政的人不合，这个奏疏就被搁置起来了。

【原　文】

　　二六、取士之法，宜有变通。士行修，然后民德归厚。治安之本，无切于此。

【译　文】

　　取士的办法应该变通。士的德行修养好了，百姓的品德才会敦厚起来。在维护国家治安的方针中，这是最重要的一条。

【原　文】

　　二七、孟子之学，亦自明而诚，知言养气是也。自明而诚者，未必便造其极，理须善养，"尽心知性"一章即是此义。然其告公孙丑，不曰"善养吾性"，而曰"气"者，因告子"勿求于气"而言，以见其所以异也。程子尝言"学者须先识仁"，一段说话，皆与孟子相合，但以存字该养字尔。吾儒之学，舍此更无是处。然异学亦有假之以文其说者，不可不明辨之。

【译 文】

　　孟子的学问也是从明到诚的，也就是先知言后养气。自明发展到诚，未必就能达到最高点，求道应该善于养，《孟子》关于尽心知性一章说的就是这个问题。但是他告诉公孙丑，不说善养我的性，而是说善养我的气，这是针对告子不要求于气来说的，用以表明他们的不同。程子说的"学者应该先去认识仁"的这段话，与孟子完全一致，只是以存字来概括养字而已。我们儒家的学问如果舍掉了存养，绝对是错误的。异端之中有人也拿这条来装饰自己，这就不能不加以辨明。

【原 文】

　　二八、凡圣贤言语，须是看得浃洽，义理方尽。若执定一处将来硬说，其他说不通处更不管，只是成就得一个偏见，何由得到尽心地位邪？近世学者因孟子有"仁，人心也"一语，便要硬说心即是仁，独不思"以仁存心"，"仁义礼智根于心"，其言亦出于孟子，又将何说以通之邪？孔子之称颜渊，亦曰："其心三月不违仁。"仁之与心，固当有辨。须于此见得端的，方可谓之识仁。

【译 文】

　　对于圣贤的话要看得全面，这样认识道理才能通透。如果抓住一个地方硬说，其他说不通的地方都不管，那就会形成偏见，没有办法达到尽心的地位。近来一些学道的人，抓住孟子"仁，人心也"这一句话就硬说心即是仁，偏偏不想另一些话，如"以仁存心""仁义礼智根于心"，也是孟子说的。这里将心解释为仁，怎么能讲得通呢？孔子称赞颜回时也说："他的心在很长时间里不违背仁。"仁与心应当是有区别的，把这个问题看透，才可以说是认识了仁。

【原 文】

　　二九、程子曰："以吾观于儒释，事事是，句句合，然而不同。"夫既曰"事事是，句句合"矣，何以又曰"不同"？此正所谓毫厘之差也。且如吾儒言心，彼亦言心，吾儒言性，彼亦言性，吾儒言寂感，彼亦言寂感，岂不是句句合？然吾儒见得人心道心分明有别，彼则混然无别矣，安得同！

【译 文】

程子说："在我来看儒家与佛家，事事一致，句句相合，但仍是不同的。"既然说是事事一致，句句相合，为什么又要说不同呢？这正是人们说的差之毫厘，谬以千里。比如，儒家谈心，佛家也谈心；儒家谈性，佛家也谈性；儒家谈寂感，佛家也谈寂感，怎么不是句句合？但是儒家认为人心与道心是有严格区别的，而佛家则认为它们是混然无别的，怎么能相同呢？

【原 文】

三〇、天地、鬼神、阴阳、刚柔、仁义，虽每每并言，其实天该乎地，神该乎鬼，阳该乎阴，刚该乎柔，仁该乎义。明乎此说，其于道也，思过半矣。

【译 文】

天与地、鬼与神、阴与阳、刚与柔、仁与义，虽然常常是并列着说，但其实天包括了地，神包括了鬼，阳运括了阴，刚包括了柔，仁包括了义。明白了这一点，对于道的问题也就认识了一大半了。

【原　文】

　　三一、义理愈穷究，愈见细密。到得愈细密处，愈难为言，一字未安，或反累其全体。故有志于明道者，其言自不容易。若可增可减，可移可换，吾未敢以为知言也。

【译　文】

　　道理越是深入研究，越是显得细密，到了越加细密处，越是难说，一个字说得不妥当，有时就会影响全体。所以有志于讲明道理的，他的话自然是不能随便改动的，如果可增可减，可移可换，那就算不上知言了。

【原　文】

　　三二、佛氏之学，不知人物之所自来，断不足以经世。儒而佛者，自以为有得矣，至于经理世务，若非依傍吾圣人道理，即一步不可行。所得非所用，所用非所得，正所谓由其蔽于始，是以缺于终尔。内外本末既不免分为两截，犹譊譊然动以“一贯”借口，吾圣人所谓“一以贯之”者，果如是乎！

【译　文】

　　佛氏的学问，不知人与物是从何而来的，决不可以用来治国。儒生学佛者，自以为有所得，但在处理各种世务时，如果不依照儒家道理来办，那将寸步难行。这种人是所得非所用，所用非所得。正如人们所说的，思想先被蒙蔽，德行终有缺憾。内外本末被分成了一佛一儒的两截，还要振振有词地拿一以贯之来标榜。我们圣人说的一以贯之真的是这样吗？

【原文】

三三、颜渊曰："舜何人也？予何人也？有为者亦若是。"盖以舜自期也。舜饭糗茹草，若将终身。颜子箪食瓢饮，不改其乐。本原之地，同一无累，如此，则颜之进于舜也，其孰能御之！孟子曰："人能无以饥渴之害为心害，则不及人不为忧矣。"此希圣希贤之第一义也。

山林日长，别无所事，札记之续，时复有之，然亦简矣。偶阅《慈湖遗书》，不觉又有许多言语。夫学之不讲，圣人以为忧。余言虽多，凡以讲明此学，非好辨也，于初学之士，或者未为无益。乃删取近年所记而并刻之，盖其言间有互相发明者尔。《记》凡再续，故其卷亦分为上下云。

嘉靖癸巳夏五月戊申整庵识

【译 文】

颜渊说："舜是什么样的人，我也就是什么样的人，凡是有为的人都应该与舜一样。"这是以舜自期呀。舜吃干粮和野菜，似乎要终身如此，颜渊吃豆子喝冷水，但是永远乐观。这是因为在内心深处他们都是潇洒的。这样，颜子向大舜的境界前进，又有谁能阻挡呢？孟子说："人如果能不以饥渴影响内心修养，那就不愁不如人了。"这是向圣贤努力的最重要条件。

住在乡间，日久天长，没有别的事，常常续写《困知记》，但是也已经少了。偶然阅读了《慈湖遗书》，不觉又写下许多话来。孔子以不讲学为值得忧虑的事，我的话虽然多了一些，但都是用来讲明儒家之学的，不是逞强好辩，对于初学的人来说，这大概不是无益的吧。于是把近年所记的东西，筛选后一并刻出来，因为其内容有些能够相互阐发。《困知记》续了两次，因此也分为上下卷。

嘉靖十二年五月初六整庵识

三续（凡三十六章）

　　一、"人心，人欲；道心，天理。"程子此言本之《乐记》，自是分明，后来诸公，往往将人欲两字看得过了，故议论间有未归一处。夫性必有欲，非人也，天也。既曰天矣，其可去乎？欲之有节无节，非天也，人也。既曰人矣，其可纵乎？君子必慎其独，为是故也。独乃天人之际，离合之机，毫厘之差千里之远。苟能无所不致其慎，则天人一矣。到此地位甚难。但讲学则不可不尽。

【译　文】

　　"人心即是人欲，道心即是天理。"程子这话是以《乐记》

为依据的，本来是明白的。但是后来理学的各位大师，往往将人欲两字看得过头了，所以议论之间有不协调的地方。有性就会有欲，这不是人故意造成的，而是天使之然的。欲既然是天生的，难道可以去掉吗？欲的有节与无节，这不是天生的，而是人自己造成的，既然决定于人，难道可以放纵吗？君子必须慎独，道理就在这里。独乃是天道与人事离合的关键，在这里差了一丝一毫，结果则会差到千万里之远。如能在任何地方都慎独，那么天与人即得统一。到这个地位当然很难，但是讲学时这个道理不能不说透。

【原　文】

二、《朱子语类》有云："吾儒只是一个真实底道理。他也说我这个是真实底道理，如云'惟此一事实，余二则非真'。只是他说得一边，只认得那人心，无所谓道心。"愚按此言真说透禅学骨髓。

【译　文】

《朱子语类》说："我们儒家讲的只是一个真实的道理，佛家也说他那个是真实的道理，如说什么'惟此一事实，余二则非真'，但是他把道理说偏了，只讲一个人心，而没有道心。"我认为，这话真是说透了禅学的骨髓。

【原 文】

三、明道先生云："知性善，以忠信为本，此先立其大者。"说得头脑分明，工夫切当。始终条理，概具于三言之中。

【译 文】

程明道先生说："认识本性是善的，以忠信为修身之本，这就是先立其大者的意思。"这话把根本问题讲清楚了，工夫也说得很切当。从始至终的脉络，就在这三句话之中。

【原 文】

四、徐居父问于朱子曰："尽己之谓忠。今有人不可尽告，则又当何如？"朱子曰："圣人到这里又却有义。且如有人对自家说那人，那人复来问自家。其人凶恶，若尽以告之，必至杀人，夫岂可哉！到这里又却别是一个道理。"愚尝因此言而思之，窃以忠之为义，尽其心之谓也，非尽其言之谓也。今有凶恶之人于此，吾所闻于其仇敌，固有不容尽告之者。言之尽，必将至于杀人，吾则姑举其可言者告之，不可言者不以告也。此人闻其仇敌之言不至已甚，则杀心亦不萌矣。吾之言于彼者，虽有所隐而未尽，然所以保全两家，实在于此。此其用心曾有所不尽乎？事理自当如此便是义，似不须云"别是一个道理"也。

【译 文】

徐居父问朱子："坦白无欺叫作忠，如果由于对方的原因，不能把话都告诉他，那么应该怎么办呢？"朱子说："圣人遇到这种情况，另外用义来处理。比如有人对自己谈另外一人，后者来问自己前边的人说了些什么。后者很凶恶，如果全告诉他，一定会导致杀人，怎么可以告诉呢！到了这里就要依另一个道理行事。"我曾就这话思考过一番，我认为忠的意思是尽心，而不是尽言。假如有一个凶恶的人，我从他仇人那里听来的事，当然不能都告诉他，全说了必定导致杀人。我姑且把能说的讲给他听，不能说的不告诉他。这人听仇人所说也没有什么过分的，就不会萌生杀心。我对他说的虽然有所隐瞒，但用来保全两家的就是这点。这样的用心能说是不尽的吗？事理应该这样的便是义，似乎不必说另外有一个道理。

【原 文】

五、子见南子，子路不悦，盖疑夫子欲因南子以求仕也。始，夫子入卫，弥子便疑其求仕，故有"孔子主我，卫卿可得"之言，子路欣然奉之以告，未必不意夫子之见从也。而夫子答以"有命"，则固拂其意矣。及见南子，遂激发其不平之气，忿然见于辞色。然当是时，不独子路疑之，王孙贾亦疑之矣。"媚奥"之讽，殆指南子而言也，后人所谓"奥援"，盖出于此。但贾之词微婉，故夫子应之亦甚从容。子路粗鄙，必然忿厉之甚，有未可遽解者，故夫子不得已而出矢言。然其所谓"天厌之"者，即"获罪于天"之意，亦可见其曲折矣。此章之旨，旧说多欠分明，区区之见，似颇得当时事实，记以俟后之君子。

【译 文】

孔子去见南子，弟子子路很不高兴，因为他怀疑孔子企图借助于南子在卫国谋求官职。开始的时候，孔子到卫国，弥子就怀疑他要来做官，所以说："孔子住在我家，可以做卫卿。"子路听了高兴地去告诉孔子，未必不希望孔子这样做。但是没想到孔子回答说"有命"，让他碰了一个软钉子。等到见了南子，子路生起气来，明显地表现在脸上。当时不仅子路怀疑，就是王孙贾也怀疑。他问孔子："与其媚于奥，宁媚于灶，这是什么意思？"灶大概就是指南子说的。后人说的奥援，恐怕就是从这里来的。但是王孙贾的话委婉，所以孔子的回应也很从容。子路粗鄙，一定闹得很厉害，所以孔子不得已就对天发誓。不过他所说的"天厌之"也就是"得罪于天"的意思，从这里也可以看出里面的复杂情形了。这一章的旨意，旧说都讲得不清楚，我的这个看法，似乎很符合当时的事实，因而记录下来，等待日后君子的评价。

【原　文】

　　六、侯氏之说《中庸》，以孔子问礼，问官，为圣人所不知，似乎浅近，恐未得为"至也"；以孔子不得位，为圣人所不能，尤害事。如此则是孔子非无意于得位，但力不能尔，岂所以论圣人乎！大凡解释经书，自不须一一引证，理明足矣。愚见以为，天高地厚，罔测所穷，古往今来，莫窥所始，圣人所不知，殆此类也。有教无类，下愚不移，博施济众，尧舜犹病，圣人所不能，殆此类也。以此类求之，庶无远于"至也"之义。

【译　文】

　　侯氏讲述《中庸》，其中说到孔子的问礼、问官，认为是由于不知才问的。这样说似乎太浅了，这样孔子还能算是"至圣"吗？其中又说到孔子没有做官是因为他没有这个本事，这就更加错误。这么说就是孔子并非无意于为官，而只是由于能力不足，能够这样来议论圣人吗？大凡解释经书，当然不需要一一做引证，道理讲清也就可以了。我认为，天之高，地之厚，无法知道它们的边际，古往今来，无法知道何年为宇宙之始，圣人所不知的大概是这一类。用有教无类来改变下愚的人，尧舜也难以做到的博施济众，圣人所不能的大概是这一类。用这个思路去理解，大概离真理不远。

【原文】

七、作人才，厚风俗，非复乡举里选之法不可。科举取士，惟尚辞华，不复考其实行。其所得者，非无忠厚正直之士，任重致远之才。然而顽嚚鄙薄、荡无绳检者由之而进，亦不少也。官使既多若人，风俗何由归厚？治不古若，无足怪也。诚使乡举里选之法行，则人人皆务修饰，居家有善行，居乡有令名，则居官必有善政，其于化民成俗，岂不端有可望者哉！《易》："穷则变，变则通。"《孟子》曰："以其时考之，则可矣。"

【译文】

培养人才，敦厚风俗，一定要恢复乡举里选的方法。科举取士，只看重文章，不再考察人的行为。通过科举选拔的人当然也有忠厚正直、可承担大任的，然而鄙薄顽劣、没有规矩的人也有不少被选上的。为官者中这种人多了，风俗怎么能够敦厚呢？治化不如古代是不足怪的。如果实行乡举里选之法，那么人人都来修身，在家里有善行，在乡里有好名声，这种人居官一定会有善政，对于教化民众，养成美俗，这不是确实有希望了吗？《周易》说："穷则变，变则通。"孟子说："以现时的情况来考察，是可行的。"

【原 文】

八、"人而无恒，不可以作巫医。"夫子善南人之言，殆亦有所感而发也。夫医乃圣人仁民之术，所系诚不轻矣。世之庸医，《素》《难》弗通，经脉莫辨，率以侥幸为事，妄投汤剂，缪施针砭，本非必死之疾，因而误死者往往有之。仁人君子安得不为之动心也！然则教养之法，其可以不讲乎！巫之所从来者亦远，本以利人之生，而世之淫巫往往假于鬼神时日以疑众，坐妨人事，阴耗民财，为害反甚。虽律有明禁，要不可不思所以处之之方。

【译 文】

"人如果没有恒心，不可以作巫者与医生。"孔子认为南方人这话说得好，大概是有感而发吧。医道是圣人施惠于老百姓的手段，它所担负的使命实在不轻。世上的庸医连《素问》《难经》都不懂，经络与脉象也分不出来，平时都侥幸看病，胡开方子、乱下银针，本来不是必死的病，往往给他们送了命。仁人君子能不为之痛心吗？教养的方法能够不讲习吗？巫的起源也很久远了，本来是要有利于人的生活的，但世上乱七八糟的巫者，往往假借鬼神与命运来欺骗群众，妨害人们的正常生活，暗中耗费民财，造成很大的恶果。虽然法律已经明确禁止了，但是还要考虑对待它的办法。

【原 文】

　　九、文王之民，无冻馁之老，是五十者鲜不衣帛，七十者鲜不食肉也。今之槁项黄馘辈，岁得一布袍，朝夕得一盂蔬食，苟延残喘，为幸已多，何衣帛食肉之敢望邪！少壮之民窘于衣食者，十常八九，饥寒困苦之状，殆不可胜述。中间一二，岁计粗给，或稍有赢余，贪官污吏又从而侵削之，受役公门不过一再，而衣食之资有不荡然者，鲜矣。此皆有目者之所共见，诚可哀也。仁人君子能不思所以拯之之策耶！

【译 文】

　　文王治下的老百姓，没有受冻挨饿的老人，很少有五十岁的人不穿帛，很少有七十岁的人不吃肉。现在的老人，一年有一件布袍子，早晚得一盆菜粥，就已是很幸运了，哪里敢想穿帛吃肉！青壮年缺衣少吃的常有百分之八九十，饥寒困苦的情况，简直说不完。有百分之十至二十的人，刚刚能维持生活，或者稍有盈余，贪官污吏又来搜刮，到公家服役一两次，很少有不倾家荡产的。这些都是有目共睹的，实在可怜。仁人君子能不考虑如何来拯救他们吗？

【原　文】

一〇、学至于自得，盖难其人。苟能笃信圣人之言而力行之，其所自立，亦可以无愧于君子矣。若夫未得谓得，言行相违，非余之所知也。

【译　文】

学习达到有心得的水平，这种人很难得呀。如果能忠实相信圣人之言并且努力去实践，他的表现也可以无愧于君子了。如果没有心得而吹嘘成有心得，言行完全相反，这种人就毫无价值。

【原　文】

一一、五行之质根于地，而其气则运于天。根于地者，随用而不穷，运于天者，参错以成化。此理之可推者也。七政之齐，书于《舜典》，五辰之抚，著在《皋谟》，《孟子》亦有天时之说，其来远矣。穷其本末，不出乎阴阳两端。夫有气斯有神，有象斯有数。变化纷纭，胡可胜纪？然太极之妙，无乎不在。其流为谶纬、术数之学者，良由昧于至理，而溺于偏见耳。高明之士，固宜知所决择。如《洪范·五行传》之类，牵合附会，诚无足取，或乃并与其所当信者而不之信，至欲一例破除，将无矫枉过正已乎！

【译　文】

　　五行的形质扎根于地下，而五行之气则运行在天上。扎根在地下的随用随有，运行在天上的交相配合形成造化。这些都可以依照道理推出来。《舜典》上有关于齐七政的议论，《皋陶谟》上有抚五辰的说法①，孟子也有关于天时的言论，因此五行学说的来源很久远了。考察它的本末，不外乎阴阳两端而已。有了气才有神，有了象才有数，变化错综复杂，无法完全弄得清楚，但是太极的妙用则是到处都存在的。阴阳五行学说演变为谶纬、术数，是由于不懂大道，溺于偏见。高明的人士，应该知道如何分辨大道与偏见。像《洪范五行传》之类的书牵合附会，当然是不足取的，但是如果连应该相信的也不相信了，要将五行学说一概破除，那不是矫枉过正吗？

【原　文】

　　一二、"思虑未萌，而知觉不昧。"朱子尝有是言。余尝疑其欠一理字。精思默究盖有年矣，辄敢忘其僭越，拟用"所"字易"知"字，觉得意义都完。然非敢臆决

---

① 齐七政即观察七星（日月与金木水火土）的运行轨道，抚五辰即顺从五行之时。按五行学说，木火金水各主一个季节，土寄王四时，所以称为五行之时。

也。《书》曰"顾谑天之明命"，《论语》曰"立则见其参于前也，在舆则见其倚于衡也"，非"所觉不昧"而何？此实平日存养工夫，不容有须臾之间者也。

【译　文】

　　"思虑尚未发生，但是知觉不昏昧。"朱子曾有过这样的话。我怀疑这里面少了一个理字，精思默想了许多年，才敢于冒犯朱子，打算用所字来替换知字（成为"所觉不昧"），觉得这样意义才完备。但是我不敢主观地判断。《尚书》说："看着这天的命令。"《论语》说："站立时好像看见它在我们面前，坐在车厢里好像见它刻在前面的衡木上。"这不就是"所觉不昧"吗？这就是平日的存养工夫，不允许有一时一刻的间断。

【原　文】

　　一三、近世言太极者，皆不出汉儒"函三为一"之见。函字与生字意义大相远，若非真见太极之本体，难乎与之论是非矣。

【译 文】

　　近代讲太极的，都离不开汉儒"函三为一"①的看法。函字与太极本来的生字的意思差得太远了，对于未见太极本体的人，真是很难跟他谈论是非。

【原 文】

　　一四、"当理而无私心则仁"，乃李延平先生之言，而朱子述之者也。此言须就人事上体认，内外兼尽，则仁之为义自明。或谓"当理即无私心，无私心即是当理"，而以析心与理为未善，是盖知其一而不知其二也。且如齐桓公攘夷狄以尊周，汉高祖为义帝发丧，孰不以为当理？谓无私心得乎？又如直躬之证攘羊，申生不忍伤父之志而自毙，其无私心不待言矣，谓之当理可乎？果如或者之言，则王伯将混为一途，而师心自用之害，有不可胜救者矣。

【译 文】

　　"符合于理又没有私心就是仁。"这是李延平先生的话，

---

①　函三为一，即认为易之一言而函三义：简易，变易，不易。太极即此三义的统一。

朱子曾经阐述过。这话应该在人事上体认，思想与行动都达到要求，那么仁的意义自然明白。有人说"符合于理就是没有私心，无私心即是符合于理"，因此认为将心与理分开是不对的。这是只知其一而不知其二。比如，齐桓公排斥夷狄尊崇周王，汉高祖为义帝发丧，谁不认为是符合于理的呢？但说他没有私心行吗？又比如直躬主动证明自己父亲偷了羊，申生不忍心不服从父亲的要求而自杀，此事没有私心是用不着说的，但认为他们符合于理行吗？果然像那人所说的，理即心，心即理，王与霸就要混为一谈，师心自用的危害将无法挽救。

【原　文】

一五、圣贤立言，各有攸当，诚得其所以言之意，则虽说开说合，其理自无不通。伊川先生云："'配义与道'，谓以义理养成此气，合义与道也。方其未养，则气自是气，义自是义，及其养成浩然之气，则气与义合矣。本不可言合，为未养时言也。如言道，则是一个道都了。若以人而言，则人自是人，道自是道，须是以人行道始得。"他日又云："《中庸》曰：'道不可须臾离也，可离非道也。'又曰：'道不远人。'此特圣人为始学者言之耳。论其极，岂有可离与不可离，而远与近之说哉！"向非伊川造道之深，安能说得如此分晓？故不知圣贤所以立言之意，未可轻于立论也。

　　圣贤说话，各有道理。理解了说话的用意，不管怎么说，道理都是通的。伊川先生说："'配义与道'，意思是以义理来培养此身之气，就是将它与义、道合一。在未加培养时，气是气，义是义，等到养成了浩然之气，那么气与义就结合在一起了。本来是不可以说合的，这里的合是针对没有培养时说的。如果说道，则一个道就完全包括了。如果以人而言，那么人是人，道是道，应该以人行道才对。"后来又说："《中庸》说，'道是时刻不能脱离的，可以离开的就不是道了'。又说，'道不远离于人'。这是圣人为刚刚学道的人说的话。说到底，哪里有什么可离与不可离和什么远近之类的问题呢？"如果不是伊川对道有深刻理解，怎能说得这样明白？所以不知圣贤立言的本意是不能轻易地发挥的。

【原 文】

　　一六、延平李先生、南轩张先生所见皆真，有言皆当，宜其为朱子之所敬畏也。延平因朱子喜看《正蒙》，尝语之曰："横渠说不须看，非是不是，恐先入了费力。"南轩因朱子有"人心之安者是道"一言，明谓："此语有病。'所安'是如何所安？若学者错会此句，执认己意以为心之所安，以此为道，不亦害乎！"此等言语，惟是

经历过来，方知其为至论。不然，未有不视为浅近者
也。

【译文】

李延平先生、张南轩先生所见的都是真理，所说的都很恰当，朱子敬畏他们是应该的。李延平因为朱子喜欢看《正蒙》，曾对他说："张载的书不要看，不是因为他说错了，我担心的是先学这个学说费力。"张南轩因为朱子说过"人心所安的就是道"，明确地说："这话有毛病。所安是什么意思？如果学道的人理解错了，拿自己的意思作为心之所安，以这个为道，不是很有害吗？"这样的话，只有体验过，才会知道它是至理名言。不然，就会认为太浅近了。

【原文】

一七、南轩《与吴晦叔书》有云："伯逢前在城中，颇疑某所解《太极图》。渠亦录去，但其意终疑'物虽昏隔，不能以自通，而太极之所以为极者，亦何有亏欠乎哉'之语，此正是渠紧要障碍处。盖未知物则有昏隔，而太极则无亏欠故也。若在物之身太极有亏欠，则是太极为一物。天将其全与人，而各分些子与物也，此于大本甚有碍。"又《答胡广仲书》有云："知觉终不可训仁。如所谓'知者知此者也；觉者觉此者也'，此言是

也。然所谓此者，乃仁也。知觉是知觉此，岂可遂以知觉为此哉！"此皆切至之言，不可不详玩也。近时讲学之误，正在此处。求如南轩灼然之见，岂易得哉！

【译　文】

　　张南轩《与吴晦叔书》说："伯逢前些时在城中，很怀疑我所解说的《太极图》。他也把我的话抄录去了，但是他始终怀疑我下面的话：'物虽然昏蔽而不通，但是太极作为极来说一点也没有少。'这正是他重要的障碍。因为他不知道物虽有昏隔而太极是不会有亏欠的。如果在物身上太极有了亏欠，那就意味着，太极是一物，天把它全部给了人，而只将一部分给了物，这种理解对认识天理非常有碍。"另外他的《答胡广仲书》中说："不可以用知觉来解释仁，比如'知就是知这个东西，觉就是觉这个东西'，这话自然是对的，但要明白这个东西是仁。知觉是知觉这个仁，怎么可以拿知觉当作仁呢？"这些都是最透彻的言论，不能不好好玩味。近来讲学上的错误正在这里，像南轩这样明白的见解非常难得。

【原　文】

　　一八、《象传》"神道设教"一言，近世诸儒多错会了，其所见率与杜镐无异。夫惇典、庸礼、命德、讨罪，无非神道设教之事，不可以他求也。盖"一阴一阳之谓道"，"阴阳不测之谓神"。神道云者，合体用而一名之尔。天地间只是此理，故曰："观天之神道而四时不忒，圣人以神道设教，而天下服矣。"此义不明，至使奸邪如王钦若者，得假之以欺其君，以惑其众。学其可不讲乎！

【译 文】

《彖传》中说的"神道设教"，近世许多儒者都理解错了，他们的认识与杜镐一样。经书上说的惇典、庸礼、命德、讨罪，全部都是神道设教的事情，不能从别的方面来寻求它的意义。《易经》说，"一阴一阳叫作道"，"阴阳运行不测叫作神"。神道乃是体与用合在一起的一种说法。天地之间只有这个理，所以《易经》说，"看天的神道，可知四时循环没有差错。圣人以神道来进行教化，使天下悦服"。这个道理若是不明，以至于王钦若这样的坏人，能够假借它来欺君愚民。理学怎么可以不讲习呢？

【原 文】

一九、"居处恭，执事敬，与人忠，虽之夷狄，不可弃也。""君子无终食之间违仁，造次必于是，颠沛必于是。"工夫即是一般，圣人之言，初无二致，但前章三句说得浑沦。告樊迟者较分明，易下手。年来常自点检，只此数语都不曾行得成个片段，如何便敢说"仁能守之"！

【译 文】

　　孔子说："平时态度庄重，工夫严肃认真，对别人真心实意，即使到了夷狄之国这些品德也不能抛弃。"又说："君子没有任何时间违背仁，即使在仓促匆忙的时候和颠沛流离的时候都与仁在一起。"工夫是一样的，圣人的话也没有不同。但是后面的三句说得浑然一体，前面对樊迟说的几句很分明，容易下手去做。近年来常常自我省察，就这几句话都还没有做得完全，怎么敢说"能以仁持守"呢？

【原 文】

　　二○、庚辰春，王伯安以《大学古本》见惠，其序乃戊寅七月所作。序云：

　　《大学》之要，诚意而已矣。诚意之功，格物而已矣。诚意之极，止至善而已矣。正心，复其体也。修身，著其用也。以言乎己，谓之明德。以言乎人，谓之亲民。以言乎天地之间，则备矣。是故至善也者，心之本体也，动而后有不善。意者其动也，物者其事也。格物以诚意，复其不善之动而已矣。不善复而体正，体正而无不善之动矣，是之谓止至善。圣人惧人之求之于外也，而反复其辞，旧本析而圣人之意亡矣。是故，不本于诚意而徒以格物者，谓之支；不事于格物而徒以诚意者，谓之虚。支与虚，其于至善也远矣。合之以敬而益缀，补之以《传》而益离。吾惧学之日远于至善也，去分章而复旧本，傍为之什以引其义，庶几复见圣人之心，而求之者有其要。噫！罪我者，其亦以是矣。

夫此其全文也，首尾数百言，并无一言及于致知。近见《阳明文录》，有《大学古本序》，始改用致知立说，于格物更不提起。其结语云："乃若致知，则存乎心悟，致知焉，尽矣。"阳明学术以良知为大头脑，其初序《大学古本》，明斥朱子传注为支离，何故却将大头脑遗下？岂其拟议之未定欤？合二序而观之，安排布置，委曲迁就，不可谓不劳矣。然于《大学》本旨，恶能掩其阴离阳合之迹乎！

【译　文】

庚辰年（正德十五年）春天，王阳明送我一本《大学古本》，序言是戊寅年（正德十三年）七月所作。序言的全文如下。

《大学》的要点在于诚意，诚意的工夫在于格物。诚意的极致，就是止于至善。正心是恢复诚意的本体，修身是显示诚意的作用。诚意对于自己来说也就是明德，对于他人来说就是亲民，在天地之间这样也就完备了。因此至善是人心的本体，人心动了之后方才有不善。意即是心之动，物也就是心要做的事情。用格物来使得意诚，目的是使不善的动复归于善。复归于善之后，心体便正了，体正之后就不会有不善的动了，这叫作止于至善。圣人担心人们向心外求道理，所以反复阐述同一个思想。程朱改易章句后的《大学》把圣人的话分开，就丧失了圣人的本意。因此不以诚意为本单做格物的，叫作支离；不从事格物单做诚意的，叫作空虚。支离与空虚距离至善都非常遥远。加上一个敬字更显得多余，补上一个《格物致知传》越加支离。我怕理学一天天远离至善，去掉了朱子的分章而恢复古本，旁边加上旁释来申说其意义，这样可使圣人之心再现于天下，而求学的人都有了要领。啊！怪罪我的人恐怕也是因为这一点吧！

这就是它的全文，从头至尾几百字，没有一个字提到致知。最近看到《阳明文录》，其中有《大学古本序》，开始改用致知来立论，对于格物再也不提了。他在结尾说："至于致知，则在于心悟。致知啊，这就足够了。"阳明的学术是以良知为大头脑的，他在第一个序言中，明确地批评朱子的传注是支离，为什么却把大头脑忘记了呢？难道是那时还没有考虑成熟吗？把两篇序文合起来看，他安排布置，委曲迁就，费了很大的气力，但是对于《大学》的本旨，怎么能掩盖阴离阳合的事实呢！

【原 文】

二一、王伯安答萧惠云："所谓汝心，却是那能视听言动的。这个便是性，便是天理。"又《答陆原静书》有云："佛氏'本来面目'即吾圣门所谓良知。"渠初未尝讳禅，为其徒者必欲为之讳之，何也！

【译 文】

王阳明回答萧惠的问题时说："所谓你的心，是那能视听言动的，这个就是性，就是天理。"在答陆原静的信中说："佛氏的'本来面目'就是我们儒家所说的良知。"他本来并不忌讳禅字，作为他的弟子却定要替他避讳，这是为什么呢？

【原 文】

二二、《大学》八条目，八个字虚，八个字实，须字字看得有下落，不相混淆，方是本旨。而先后两字果见得亲切，自然那动分毫不得。若可随意那动，先者可后，后者可先，则非所以为圣人之训矣。或谓："物格知至，则意便诚，心便正，身便修，更不用做工夫。"此言尤错。即如此，经文何须节节下"而后"两字乎？姑无取证于经文，反求诸身，有以见其决不然者。

【译 文】

《大学》八条目，八个字虚，八个字实，应把每个字都看得有着落，不相混淆，方才算达到要求。如果把先后两字认识清楚了，自然不能挪动分毫。如果可以随意挪动，在先可以变为在后，在后可以变为在先，那就不是圣人之训了。有人说："物格知至之后，意就诚，心就正，身就修，再不用做工夫。"这话尤其错误。如果这样，经文为什么节节都下个"而后"两字呢？即使不以经文做证，反求诸己，也可看到决不是这样的。

【原 文】

二三、湛元明尝辑《遵道录》一编，而自为之序云："遵道者何？遵明道也。明道兄弟之学，孔孟之正脉也。"夫既曰兄弟矣，而所遵者独明道，何邪？"'上天之载，无声无臭'，其体则谓之易，其理则谓之道，其用则谓之神，其命于人则谓之性。"此明道之言也。"物所受为性，天所赋为命。"此伊川之言也。《中庸测》于"天命之谓性"旁注云："命脉之命，难语。"又加一语曰："命门之云。"《雍语》又曰："'于穆不已'是天之命根。"凡此为遵明道耶，遵伊川耶？余不能无惑也。《定性书》有云："圣人之喜，以物之当喜，圣人之怒，以物之当怒。

是圣人之喜怒，不系于心而系于物也。"《雍语》乃云："天理只是吾心本体，岂可于事物上寻讨？"然则，明道之言其又何足遵耶？名为遵道，而实则相戾，不知后学将安所取信也！

【译 文】

湛若水曾编《遵道录》一书，自己写序说："遵道是什么意思？遵明道的意思。明道兄弟的学说是孔孟的正脉。"既然说是兄弟，为什么又要独遵明道呢？"'上天所有的是无声无臭的。'它的体叫作易，它的理叫作道，它的用叫作神，它给予人的叫作性。"这是明道的话。"物所接受的是性，天所赋予的是命。"这是伊川的话。湛若水的《中庸测》在"天命之谓性"这句话旁边注曰："即命脉的命，难说清楚。"又加上一句："命门的意思。"他在《雍语》中又说："'于穆不已'是天的命根。"① 所有这些是遵明道呢，还是遵伊川呢？我对此弄不清楚。明道的《定性书》说："圣人喜是因为事情应该喜。圣人怒是因为事情应该怒。因此圣人的喜怒不决定于心，而决定于事。"《雍语》却说："天理就是我心的本体，怎么能够在事物上寻讨天理？"这样看来，明道的言论哪里值得遵呢？名为遵道，实际却相反，不知后学该信哪一个呢？

---

① 命门，医家称右肾为命门。命根，佛语，指生命本源。

二四、《明论》《新论》《樵语》《雍语》，吾闲中皆尝披览再三。中间以知觉为心之本体，凡数处；又以天理为心之本体，亦数处。不知所谓本体者，一耶，二耶？谓心体有二，断无此理。体既不容有二，则其所认以为天理者，非知觉而何！其教学者，每以"随处体认天理"为言，此言如何破得？但以知觉为天理，则凡体认工夫，只是要悟此知觉而已，分明借天理二字，引入知觉上去。信乎，教之多术也！既又得观其《问辨录》，乃有"知觉是心，必有所知觉之理"一言，似乎稍觉其误。然《问辨续录》又其后出，复有"光明洞烛便谓之知性"之语。又其门人因或者"堕于有物"之疑，而自为之说曰："天理者，天之理也。天之理则有体而无物，变动不居，神妙不测，是故'知微知彰，知柔知刚'，'通乎昼夜之道而知'。何谓为有物也！"答词明以"此说见得是"许之。据此二条，似其惑终未之解。夫"光明洞烛""神妙不测"，心之为物然尔，岂可认以为性与天理乎！且"知微"以下五知字，皆指人而言，经文甚明，不应彼此俱失照勘也。

【译 文】

《明论》《新论》《樵语》《雍语》等书，我闲来无事翻阅

三续

三三一

了几遍。其中以知觉为心本体的有好几处，以天理为心之本体的也有好几处。不知所谓本体究竟是一个还是两个。说心体有两个，绝没有这个道理。心体既然不能有两个，那么他当作天理的不是知觉又是什么？湛若水教导学生，常常要他们"随处体认天理"，这话当然是对的，但是以知觉为天理，那么所有的体认工夫，只是要悟这个知觉而已。分明是借天理两字，把人们引导到知觉上去。的确，他教学的门道还真不少。

后来又看到了他的《问辨录》，其中说："进行知觉的是心，必定有所知觉的理。"好像稍微感觉到了自己的错误。但是后出的《问辨续录》又说："心中光明洞烛，就叫作知性。"由于有人怀疑他犯了"堕于有物"的错误，他的门人替他解释道："天理就是天的理，天理有体却不是一物，它变动不居，神妙不测，因此能够'知微知彰，知柔知刚'，并且'通乎昼夜之道而知'，怎么说是有物呢？"湛若水听了之后说："你的看法很对。"据这两条来看，似乎他的疑惑始终未得解决。"光明洞烛""神妙不测"，是心的特征，岂能认为是性与天理？而且知微以下的五个知字，都是指人而言，经文是很明确的，不应该彼此失了照应。

【原 文】

二五、《雍语》有云："佛之广大高明，吾圣人已有之。而圣人之中庸精微，佛又何尝有邪！"又曰："中庸精微，即是此心感应发用之妙，而广大高明，则心体也。"据此言，则是佛氏心体与吾圣人无异矣。及答周冲问儒释之辨，则曰："圣人之学，至大至公；释者之学，至私至小。大小、公私足以辨之矣。"夫既许之以"广大高明"矣，何为又有"至私至小"之议哉？盖佛氏之"广大高明"即本觉之境界也，此正是元明悟处，其所谓"聪明圣知达天德"者即此，是以概之圣人而不疑。殊不知天德乃帝降之衷，非本觉也。本觉何有于中乎？不中故小，不中故私。狭小偏私，盖先儒之所以议佛氏者，舍此则无以为儒释之辨，故不得不援之耳。

【译 文】

《雍语》说："佛的广大高明，我们圣人已经有了。但是圣人的中庸精微，佛哪里有呢？"又说："中庸精微是人心感应发用的神妙，而广大高明则是心的本体。"按他所说，佛的心体与我们圣人的是没有差别的。他在回答周冲关于儒释之辨的问题时说："圣人的学说，是至大至公的，而佛家的学说则是至小至私的。大小、公私足以把两家区分开来。"既然称许佛是广大高明的，为何又说他是至小至私的呢？佛家的广大高明就是本觉的境界，这正是若水所悟的东西，他所说的"聪明圣知达天德"的就是这个东西，因此毫不怀疑地推到圣人头上。殊不知天德乃是上天给予的本性，不是本觉。本觉哪里谈得上中？不中所以小，不中所以私。狭小偏私，这就是先儒对佛氏的评价，离开这个就不能谈儒释之辨，所以我要援引它来说明问题。

【原　文】

二六、《新泉问辨录》有云："不若大其心，包天地万物而与之一体，则夫一念之发，以至天下之物，无不在内。"此非余之所敢知也。夫程子所谓"仁者，浑然与物同体"，乃其理之自然，今欲大其心以包之，则是出于人为，非所以为自然之理矣。如此体认，其于道也不亦远乎！《中庸》论至诚之德，到其极处惟曰"浩浩其天"，此其所以为实学也。

【译　文】

湛若水的《新泉问辨录》说："不如扩大我心，包容天地万物，并与之成为一体，那么从一个念头到天下之物，无不在我心中。"我不同意这个说法。程子所说的"仁者，浑然与物同体"，是道理自然如此。现在若水要扩大其心而包容天地万物，这是出于人为，不是自然之理了。这样去体认，不是离道更远了吗？《中庸》谈论至诚之德，到了诚的极点，只是说"浩然无际与天同大"，这正表现了它的实学的特点。

　　二七、程子所谓"必有事焉而勿正，心勿忘，勿助长，未尝致纤毫之力"，此其存之之道，须是灼见仁体后方可议此。今犹未识仁体，便要做自然的工夫，已明是助长了。只管翻来覆去，将勿忘勿助四字滕说不置，岂程子之所望于后学乎！诚欲识仁，须实用格物工夫乃可。格物工夫脱不得勿忘勿助，然便要不费纤毫之力，是诬也。凡程子之言具于《大学或问》中者，断不容易。真积力久，自当豁然有个觉处，斯识仁矣。识仁固已得其大者，然其间精微处，未必便能尽。故程子又有"存久自明"之训，说得都无渗漏也。以此知吾人为学，必须循序渐进，范我驰驱，如行万里之途，决非一蹴所能到。其或好高欲速，有能免于差谬而得所归宿者，鲜矣。

【译 文】

　　程子说："一定要下工夫，但不要预期如何。心不要忘了此事，同时也不要助长，不要费一点点力气。"这是存心的方法。只有在清楚地见到仁体之后才能说这个话。现在有人还没有认识仁体，就要做自然的工夫，这明明就是助长。只管翻来覆去把勿忘勿助几个字说个没完，难道是程子所期望于后学的吗？真的要识仁，应该实在地下格物工夫才行。格物工夫离不开勿忘勿助，但是就要不费一点点力气，那是骗人。凡是

《大学或问》中引用的程子的话，是断断不能否定的。下工夫积累到一定时候，自然能够觉悟，这也就认识了仁。识仁固然是把握了学问的基本部分，但是精微的地方不一定能够全通。所以程子又有"存久自明"的教导，说得没有一点漏洞。由此可知，我们做学问必须循序渐进，照规矩行动，好比行万里路，不能一蹴而就。那些好高欲速的人，很少能够免于差错而达到目的。

【原 文】

二八、孟子尝言"尧舜性之，汤武反之"，又以"由仁义行，非行仁义"称舜，其义云何？盖"由仁义行"，自然从容中道，是则所谓"性之"也。"行仁义"者，于道亦无不中，所不足者从容，是则所谓"反之"也。比观《雍语》诸书，每自以为"由仁义行"之学，谓世之学者皆只是"行仁义"，而以伯道眇之，其言殊可骇。夫苟能躬行仁义，惟日孜孜，斯固可以希反之之圣矣，求十一于千百，未易得也。彼伯道，直假之而已，何有于躬行乎？吾夫子尝言："有能一日用其力于仁已乎？我未见力不足者。"谓之用力，非行仁义而何？吾夫子不应错以伯道诲人也。为此言者，亦何不思之甚乎！且舜，大圣人也，其命禹也，犹曰"予违，汝弼"，未尝自为圣也。吾夫子亦曰："若圣与仁，则吾岂敢！抑为之不厌，诲人不倦，则可谓云而已矣。"由仁义行者之言盖如是。吁，言其可不慎乎！

【译 文】

孟子曾说："尧舜性之，汤武反之。"又称赞舜是"由仁义行，非行仁义"。这是什么意思呢？"由仁义行"，是自然而然符合中道，这也就是前面所说的"性之"。而"行仁义"则是没有不符合道之处，所不足的是自然而然，这就是前面说的"反之"。近来看《雍语》等书，湛若水常常表示自己的学问是由仁义行，而其他学者都只是行仁义的，而行仁义就是霸道。这话实在令人震惊！如果能躬行仁义，孜孜不倦，这已接近汤武那样的圣人了，百人之中找一个也很困难，所谓霸道只是假借仁义之名而已，哪里会是身体力行？我们夫子曾说："有能在一天当中在仁上用力气的吗？我没看见力量不够的人。"他说在仁上面用力，这不是行仁义是什么呢？夫子不至于以霸道教人吧？说这话的人为什么这样地不动脑筋？况且舜作为大圣人，主动要求禹在他有错误之时给予帮助，并没有自以为圣。孔夫子也说："至于圣和仁，我怎么敢当？只是自己实践和教导他人都不厌倦，这倒是可以说的。"由仁义行的人是这样说的。啊，说话能够不谨慎吗？

【原 文】

二九、《孟子·尽心》一章，实与《大学》相为表里。盖"尽心知性"乃"格物致知"之验也，"存心养性"即"诚意正心"之功也，"修身以俟"则其义亦无不该矣。孟得圣学之传，实惟在此，始终条理甚是分明，自不容巧为异说。且学而至于"立命"，地位煞高，非平生心事无少愧怍，其孰能与于此！

【译 文】

　　《孟子》的《尽心》一章，是与《大学》互为表里的。《尽心》的"尽心知性"，即《大学》的"格物致知"的效验；《尽心》的"存心养性"，即《大学》"诚意正心"的功夫。《尽心》的"修身以俟"的意义更是无所不包的。孟子得孔子的真传，也就表现在这里，脉络始终非常清楚，想在这里用花言巧语建立异说是行不通的。况且学问到了"立命"，地位已经非常高了，如果不是平生心里没有愧怍，如何能够达到呢？

【原 文】

　　三〇、王、湛二子，皆与余相知。于王，盖尝相与论文，而未及细，忽焉长逝，殊可惜也。湛则会晤绝少，音问亦稀。然两家之书，余皆得而览之，区区之见，终未相合，因续记一二于册。道无彼此，自不容有形迹之拘。后之君子，幸从而折其衷，斯道之明，庶乎其可望矣。

【译 文】

　　王阳明、湛若水两位我都认识。我曾与王相互讨论学理，但是没有来得及细谈，他便去世了，非常可惜。我与湛会晤得少，书信也不多。但是这两家的书我都看过，我的看法始终与他们不合，因而在我的书中续记几条。道是不分彼此的，当然不允许因人而易。后来的君子如能折中我们的意见，儒道的大明是有希望的。

【原 文】

　　三一、宋儒林希逸尝著《三子口义》，近有以刻本贻余者，因得而遍览之。其于庄列两家，多用禅语以释其义，往往皆合。余书谓："庄子、列子出入老佛之间。"乃知昔人固有先得我心者矣。希逸高才能文，学博而杂，亦是无奈胸中许多禅何，故假庄列之书以发之。然于二子本意，十可得其七八，明白条畅，贤于郭、张之注远矣。至于《老子》，殊未见得，只是以己意凑合成文。盖此书劈初便说"无名天地之始，有名万物之母"两句。至第二十章乃曰："我独异于人，而贵食母。"五十二章又曰："天下有始，以为天下母。既得其母，以知其子。既知其子，复守其母，没身不殆。"五十九章又曰："重积德则无不克，无不克则莫知其极，莫知其极，可以有国。有国之母，可以长久。是谓深根、固柢、长生、久视之道。"五千言中，母字凡屡出，词皆郑重，则此一字当为一书之要领无疑。中间许多说话，皆是作用工夫。其言取天下，言治国，言用兵，诸如此类，皆是譬喻，其道不出乎深根固柢而已。希逸于譬喻之言亦看得出，但不知其要领之所在耳。三子者之言，皆非正当道理，本无足论。顾其言颇有切中事情者，至于造化之妙，亦时或窥见一二，要在明者择之。

【译　文】

　　宋儒林希逸著有《三子口义》一书，最近有人送我一部，我把它全看了。这部书多以禅语来解释庄子、列子两家，往往说得很恰当。我曾说过："庄子与列子是出入于老子与佛家之间的。"现在才知道，前代的人已有同样看法。林希逸有才又会写文章，学问博杂，也是无法压抑心中的禅意，所以假借庄列的书而把它发出来。对于这二人的本意，该书把握了十之七八，明白清楚，比郭象《庄子注》、张湛《列子注》强得多了。

　　至于《老子》，他的看法差得比较远，那个解释是以自己的意思凑合成的。《老子》开头就说："'无名'是天地之始，'有名'是万物之母。"第二十章说："我与别人不同，我得到了母。"五十二章又说："天下万物都有原始，这便是它们的母，把握了其母便能认识其子（万物），认识了其子之后仍然坚守其母，终身都没有危险。"五十九章又说："不断积累的功德就能无往不胜，无往不胜的力量是无法估量的，无法估量的力量即可以统治国家，掌握了治国之母即可以长久统治，这就是巩固根本的长生之道。"在五千言中，母字多次出现，毫无疑问，这个字是《老子》全书的要领。其中许多话都是讲这个字的作用。所说的取天下、治国、用兵，诸如此类都是譬喻，其道理总是一个：巩固根本。林希逸对于譬喻的话也看得出来，但是不知道要领在哪里。老、庄、列三子的话都不是正当的道理，本来不值一谈，但是他们的言论中很有一些对于事物的情况说得中肯的，而造化的微妙有时也能见到一两点，总之要明眼人去择善而从。

【原　文】

三二、"择焉而不精，语焉而不详"，此言以议扬子云可也。荀卿得罪于圣门多矣，"不精"恶足以蔽之？如苏东坡所论"喜为异说而不让，敢为高论而不顾"，乃为切中其膏肓之病耳。且如《非十二子》及《性恶》等篇，类皆反复其词，不一而足，不可谓不详矣。颠倒谬戾一至于此，尚何详略之足议耶！韩昌黎之待荀卿，未免过于姑息矣。

【译 文】

韩愈批评荀卿："选择了但不精细，谈论了但不详尽。"这话用来评价扬子云还可以。荀卿得罪圣门的地方太多了，"不精细"不能概括他的问题。苏东坡说，"喜欢鼓吹异端而不谦让，敢于放言高论而无所顾忌"，这才是打中了他的要害。比如《非十二子》和《性恶》等篇，大体上都是反复地讲那几句话，应该说详细得很，但颠倒是非到了这个地步，还有什么详略好谈呢！韩愈对待荀卿的确太姑息了。

【原 文】

三三、文中子议论，先儒盖多取之。至于大本大原，殊未有见。观其称佛为"西方之圣人"，可以知其学术矣。

【译 文】

文中子的议论，先儒多认为是正确的。但是他在大本大原的问题上根本没有什么见解。他称佛为"西方之圣人"，从这里就可以了解他的学术。

【原 文】

三四、欧阳子所著《本论》，盖原于《孟子》"反经”之意，可谓正矣。惜其不曾就君相之身，直推明大本所在，犹落第二义也。夫教由身立，法不徒行。诚使君相交修，明善以诚其身，稽古以善其政，风行草偃乃其自然之理。邪慝之息，宁须久而后验乎？

【译 文】

欧阳修所著的《本论》，大概是根据《孟子》“反经”（返回到常规）的意思写的，很正确。可惜他没有就国君与宰相自身阐明大本，因此境界不高。教化是由君主与宰相本身的行动建立的，法律也不是无条件就能实行的。如果君主与宰相共同修身，认识大道而能力行，以古帝王为准则改善当今政治，那么对于全国的影响将是自然而然的，坏人坏事用不着多久就会销声匿迹。

【原 文】

三五、苏东坡论子思、孟轲及扬雄，累千百言，于性实无所见。独所谓“天下之言性者，皆杂乎才而言之”，此言却偶中也。自扬雄而下，以及近世诸儒，误处往往在此。有能洞明思、孟之本旨者，岂非后学之大幸欤！

【译 文】

苏东坡论子思、孟轲与扬雄，说了千百句，但是对于人性问题却没有说出什么东西。只是他说"天下谈论性的，都是掺杂着'才'来说的"，这话却是碰对了。自扬雄往下，直到近代的一些儒者，错处往往在这里。有能看清子思、孟子本旨的人，这岂不是后学的大幸吗？

【原　文】

三六、张子曰："合性与知觉，有心之名。"盖兼人心道心而言也。程子曰："自存诸人而言谓之心。"则专指道心而言。道心即性，性命于天。程子方欲申明其所谓一理者，故于人心有未暇及尔。夫理之所在，神明生焉，理一定而不移，神万变而不测。凡有心者，体用皆然。须如此推寻，心之为义方尽。张说可疑乃在上三句，末句则明有所本，初非臆见，自不容不尊信也。

【译　文】

张子说："将性与知觉合起来，这就是心。"这是兼人心与道心而说的。程子说："从存在于人身上的来说叫作心。"这是专指道心而言的。道心就是性，性是天命于人的。程子在此处是要讲明这个意思，所以对于人心没来得及说。理所在的地方就有神明产生，理是有规定性因而不能乱变的，神则是万变而不测的。凡是有心的，其心的体与用都是如此。应当这样思考，心的意义才能弄通。张子言论的可疑处在上面三句①，这里引的末一句则是有根据的，不是妄说，不能不尊信。

---

① 张载在《正蒙·太和》中说："由太虚有天之名，由气化有道之名，合虚与气有性之名，合性与知觉有心之名。"罗氏认为前面三句有问题，而后面一句则是正确的。

四续（凡三十一章）

【原文】

一、《大学》诚意是一刀两段工夫，正心、修身是磨稜合缝工夫。

【译文】

《大学》的诚意使意诚于为善而决不为恶，因而是一刀两断工夫；正心、修身是磨稜、合缝之类的加工工夫。

【原文】

二、《大学》所谓明德，即《中庸》之所谓德性。《章句》似指心而言，与《孟子集注》"尽心"之解无异，恐当与德性一般解说，于义为长。

【译　文】

　　《大学》所谓明德，也就是《中庸》的德性。朱子《大学章句》似乎认为明德是指心而言的，与他的《孟子集注》关于"尽心"的解释没有差别，我认为恐怕解释为德性更好一些。

【原　文】

　　三、《生民》之诗，恐当从毛说为正。元妃、世妃之辨虽久远难明，然姜嫄固为人妇矣。夫为人妇，祈子而得子，此常理也。安得谓之"无人道而生子"乎？然其所以见弃者，意必有奇形怪状，可骇可疑，如宋芮司徒女子之比，其为祥为妖，莫可测也。故屡置之危地以验之，至再至三而不死，则其为祥也可知矣。是固天意之所存也，何取于巨人迹乎？玄鸟生商，毛说亦正。

【译　文】

　　《生民》之诗，大概按毛诗的解说才是对的。元妃、世妃的区别虽然因历史久远而难以弄清楚①，但是姜嫄本是人妻，作为妻子，求子而得子，这是正常的，怎么可以说"不经交合而生子"呢？那么弃想来必定是奇形怪状，令人吃惊、怀疑，所以被抛弃，就像《左传》上说的宋芮司徒的女儿一样②，究竟是祥是妖，不能判定，因此屡次将其放在危险的地方，至于两三次都不死，那么即可断定是祥而不是妖了。这本来是天意，为什么要用巨人足迹去解释呢？玄鸟生商，《毛诗》的解说也是正确的。

【原　文】

　　四、《先天横图》最宜潜玩。奇偶二画之中，当一线空白处，着太极两字，其旨深矣。阳奇而阴偶，二气流行不容有纤毫间断，但画而为图，若非留一线空白，则奇偶无自而分，此即邵康节所谓"一动一静之间，天地人之至妙至妙者也"。偶画亦有空者，盖二气之分，实一气之运，直行去为阳，转过来便是阴，须空一线，方见其转折处。阴之本体，只是后半截尔。只此一奇一偶，每加一倍，其数至不可胜穷。然倍至六画，则三才之道

----

① 元妃是某族始祖之妻，世妃是该族后世首领之妻。这里是说姜嫄究竟是帝喾之妻还是其后世子孙之妻，没有考证清楚。

② 宋芮司徒女子是战国时期宋国芮司徒的女儿，生下来身体红而有毛，以为不祥，弃于堤下，被人收养，后来成为宋王妃。

包括已尽。图虽无文，而其理甚显，要在默而识之。

【译文】

邵雍的《先天横图》最值得研究。奇偶二画中间，在那一线空白处加太极两字，意义深远。阳为奇，而阴为偶，二气的流行没有丝毫的间断，但是画成了图如果不留一线空白，那么奇偶便无法分开。这空白处即是邵雍所说"一动一静之间，那就是天地人最妙的东西"。偶画也是有空的，因为二气的区分，实际是一气运动而形成的。直行过去就是阳，反转过来就是阴，应该空一条线才能表现其转折，阴的本体只是那后半截。就是这一奇一偶，每一次加一倍，其数量可达无穷大，不过加倍加到六画（形成六十四卦），天地人的道理就已经全部包容无遗了。图虽然没有文字，但是它的道理非常明显，关键在于心悟。

【原文】

五、范景仁、司马君实皆以文王配上帝，终周世常然。此当为不易之论。

【译文】

范镇、司马光都是以文王来配上帝的，整个周朝都是这样，这应该是不容否定的观点。

【原　文】

六、孔门诸弟子之言，散见《论语》中者，凡四十五章，《子张》第十九在内。若挑出别为一篇，以附《尧曰》篇后，尤得尊圣言之体。当时记录者虑不及此，何也？

【译　文】

孔门各位弟子的言论散见在《论语》的四十五章里，包括《子张》第十九在内。如果把弟子们的言论选出来另成一篇，放在《尧曰》篇之后，这样能更好地表现尊崇圣言的意思。当时记录的人没有考虑到这一点，是怎么回事呢？

【原　文】

七、《洪范》"五行"，以其为民生日用之最切者，故列于"九畴"之初，所谓"民非水火不生活"也。"五事"固切于人身，然心稍有知识，习闻师训，乃能以渐修其德，而弘其用，故次之。蔡《传》谓"五事本于五行"，殊未见得。谓"庶征本于五事"，详经文"验用"之义，本字疑亦未安。又以庶征配五行，则箕子原无此意。盖五行，质也，质附于地。庶征，气也，气运于天。以"润下""炎上"等语观之，谓"在天为五行"，非其实矣。看来庶征一畴，但顺经文解说，便见天人感应之理，似不必过求。

【译 文】

《洪范》的五行，是人民日常生活最需要的东西，所以列在"九畴"的开头①，这就是古话所说"老百姓没有水火就不能生活"。《洪范》的五事也是切于人身的，但是只要心稍微懂事，受过教师的教诲，便能逐渐修养这几项品德，并且发挥它的作用，所以列在第二位。蔡沈在《书集传》中说"五事本于五行"，根本不对。他说"庶征本于五事"，经文说"验用庶征"，从"验用"的意思看，这里的本字下得恐怕不妥。他又以庶征配五行，但是箕子本来没有这个意思。因为五行是质，质便要附着在地上。庶征是气，气则是在天上运行的。拿"润下""炎上"等词语来看，说"在天的是五行"，也是不符合实际的。看来庶征这一畴，只要顺着经文来解释，即可以看到天人感应的道理，似乎不必说得太过。

---

① 九畴是记录在《洪范》中的"九种常道"，包括五行、五事、庶征等。五行即水火木金土，五事即貌言视听思。庶征是多种征兆，主要指几种天气状况：雨旸燠寒风等，是年成好坏的征兆。

【原 文】

八、《中庸章句》解"天命之谓性",大概是祖《太极图说》。"气则阴阳五行,理则健顺五常。"欲令一一相对,自不觉其言之多也。然太极乃性命之全体,恐须提出此两字,方见头脑分明。

【译 文】

朱子《中庸章句》对"天命之谓性"的解释,大概是遵照《太极图说》的观点。其中说:"气即是阴阳五行,理则是健顺五常。"要使理气两方面一一相对应,没有觉察自己话说得多了。太极乃是性命的全体,恐怕应该提出这两个字,才能清楚地将头脑揭示出来。

【原 文】

九、《中庸章句》谓:"非存心无以致知,而存心者,又不可不致知。"说得极是。但谓"尊德性所以存心",质之孟子"存心养性"之言,似乎倒说了。且专言知而不及行,终是欠事。余尝再三寻绎,见得"致广大""温故"两句是致知工夫;"极高明""敦厚"两句是力行工夫。此皆问学之事,即所以尊德性也,意义甚明,但与《章句》欠合。又尝从头体认,见得"洋洋乎"三句是以造化言，"优优大哉"三句是以人事言。即其散殊观之，为万为千，皆小也。自其体统观之，合千万以为一，不亦大乎？德性之中，固无不具，学问之道，又安得遗其大而专力于其小也？恐不须分小大立说。往《答林次厓书》虽尝引《章句》为证，只是要见两股分晓，义无取于小大也。

【译文】

《中庸章句》说："不存心就不能致知，但是要存心又不可不致知。"非常正确。但是说"尊德性正是用来存心的"，以孟子"以存心的方法来养性"的话来考证，这话似乎是说反了。而且专门说知而没提到行，毕竟有所欠缺。我曾反复梳理，认为《中庸》的"致广大"与"温故"两句话说的是致知工夫；"极高明""敦厚"两句说的是力行工夫，这些都属于问学方面的事，是用来尊德性的，意思非常清楚，但是与朱子《章句》不一致。我又从头体认，认识到"洋洋乎"三句是从造化来说的，"优优大哉"三句是从人事来说的。就事物的具体性来看，它们是千千万万，也都是小。从事物的总体来看，将千万之小合成一个，这不是大吗？在德性里面，一与多、大与小无所不备，学问之道怎么可以抛开大的而专门致力于小的方面呢？恐怕不必从大小来立论。以前我在《答林次厓书》中虽曾引《章句》作为证据，只是为了明白地显示两股意思，并不是赞成他关于小大的观点。

【原　文】

　　一〇、议礼最难。盖天下之事，有常有变，所遇虽异，而其理皆有不容易者。要在虚心无我，庶几得之。或稍有偏徇，则更无可言者矣。

【译　文】

　　讨论礼制是最难的事。因为天下的事情，有恒常不变的，有经常变化的，所遇到的事情虽然不同，但是道理本身是不会变的，关键是虚心无我，这样才可以把握得住。如果有偏心、曲从的问题，那就不值得说了。

【原　文】

　　一一、丧礼之废，莫甚于近世，更不忍言。其所以异于平人者，仅衰麻之在身尔，况复有墨其衰，以营营家计者乎！

【译　文】

　　丧礼被废弃，在近代最为严重，简直不忍心去说。那些服丧的人与平常人的不同之处仅仅在于穿着孝服，何况还有重孝在身还忙忙碌碌去挣钱的！

【原 文】

一二、世道升降系于人，不系于天。诚使吾人顾惜廉耻之心，胜于营求富贵之念，三代之盛未有不可复者。

【译 文】

世道的好与坏，在人不在天。如果我们每人都能用注重廉耻的心克服营求富贵的心，那么三代的盛世未必不可以恢复。

【原 文】

一三、尝闻京师有讲攘抢之谣。士风之陋一至于此，非国家之福也。此当有任其责者。

【译 文】

听说京城里有关于打架抢劫的民谣。士风败坏到了这个地步，不是国家的福分，这该有人来承担责任。

【原 文】

一四、《诗》云："昊天曰明，及尔出王。昊天曰旦，及尔游衍。"又云："无曰高高在上，陟降厥士，日监在兹。"何等说得分明！只是人不见。《诗》云："雍雍在宫，肃肃在庙，不显亦临，无斁亦保。"此文王所以与天为一也。

【译　文】

　　《诗经》说："上天光明，与你同往，上天光亮，看你游荡。"又说："不要说天高高在上，它总在保佑我们，日夜在这里监察一切。"这说得多么明白，只是人们看不到。《诗经》又说："文王在家里和顺，在祖庙中恭敬。在隐幽处也像有人看着时一样，上天眷顾时照样守道。"这就是文王与天为一的道理。

【原　文】

　　一五、"有来雍雍，至止肃肃。相维辟公，天子穆穆。"余尝喜颂此数句，但觉其妙，而不能言其所以妙者。

【译　文】

　　《诗经》说："诸侯来时很和顺，到了之后很严肃。他们协助行祭礼，天子庄严又肃穆。"我曾经很喜欢朗诵这几句话，觉得写得妙，但是说不出妙在何处。

【原　文】

一六、刘静修有诗云："鸟声似共花枝语，好个羲皇向上人。"觉得颇露筋骨。杨月湖特称赏之，人各有所见耳。

【译　文】

刘因在一首诗里说："鸟声好像在与花枝说话，好一个羲皇境界里的人！"我觉得写得太过于直露。但是杨谦非常认可这首诗，人各有见嘛！

【原　文】

一七、陈子昂《感遇》诗首章仅四十字，太极生生之妙，阴阳消长之机，隐然皆见于言外，非有所见，安能及此？然不知反求诸身，只将作外边物事看了，故无益于修德之实。"知者见之谓之知"，其诸若人之类乎！

【译　文】

陈子昂《感遇》诗第一章里只有四十个字，但是太极产生万物的奇妙，阴阳消长的机运，都暗藏在文字语言之外。如果不是认识了大道，怎么能到这个水平呢？但是他不知反求之于自身，只把它当作外面的事情来看，所以对于修养身心没有帮助。（对于道）"智者见了以为它是智"，说的就是陈子昂这类人吧？

【原文】

一八、孔父、仇牧、荀息之死，《春秋》皆书曰"及其大夫"。说者皆称孔父"义形于色"，仇牧"不畏强御"，荀息"不食其言"，故为圣人所与。余意不然。仇牧事迹弗详，姑勿论。若孔父徇其君，以数战殃民，民心离矣。荀息徇其君，以废嫡立庶，诸大夫之心贰矣。督与里克，因是乃敢肆其逆谋。即此论之，二人之罪自不容掩，纵其大罪而取其小节，岂所以为训乎？原二人之心所以曲徇其君之欲者，凡以为利其身家计耳。安知贻祸其君若是之烈，而其身卒亦不免，则所谓身家之利果安在哉？窃详经意，盖所以深著二人不忠之罪，为万世人臣怀利以事其君者之大戒耳。"义形于色"之说，《左传》无之。《传》引《白圭》之诗以断荀息之事，司马温公独看得好，以谓"荀息之言，砧于献公未没之前，而不可救于已没之后。左氏之志，所以贬荀息，而非所以为褒也"。以此观之，是二人者，必非圣人所与。仇牧之死，亦可例推。

【译 文】

关于孔父、仇牧、荀息之死，《春秋》都写道"因君被害而受了连累"。谈论此事的人都说，孔父是"义形于色"，仇牧是"不畏强暴"，荀息是"不食其言"，所以他们都受到孔圣人的赞许。我不这么看。仇牧的事迹不清楚，姑且不谈。至于孔父曲从其君主的私意，多次发动战争，祸害人民，民心早已离散。荀息也是曲从其君主的私欲，废嫡子，立庶子，各个大夫也早有了二心。在这种情况下，督和里克二人才敢于叛逆，由此可见，这两个人的罪责是不容掩盖的。忽略他们的大罪，而赞美他们的小节，不足为训。考察二人之所以曲从其君主的私欲，还不是为了有利于自己和家庭吗？哪里知道给君主带来这样严重的灾难，其本人也未能幸免，他们的身家之利究竟在哪里呢？我考察《春秋》经文之所以那样来写，是要揭示他们二人不忠的罪过，要万世做臣子的高度警惕，不要为私利而侍奉君主。"义形于色"的话，在《左传》上并没有。《左传》引《白圭》诗来给荀息下断语，此事只有司马光看得明白，认为"荀息的话对未死之前的献公是污蔑，更不能在献公死之后挽救其生命。左氏的话对荀息是贬斥而绝不是表扬"。由此可知这两个人一定不是圣人所赞美的。仇牧的死也可以类推。

【原文】

一九、"以传考经之事迹,以经别传之真伪。"程子此言,学《春秋》者断不容易。传之所以有伪,盖传闻之误耳。爱憎之言,何所不至?一或不审,而遂书之于册,流传既久,孰从而正之?此史家之通患也。圣经笔削,必无所苟。故凡三传之说有与经文不合者,但当一以经文为正,则辞不费而理自明。

【译文】

"用传来考证经的事实,用经来分辨传的真伪。"程子这句话对于学习《春秋》具有指导意义,不容更改。传为什么会有真伪?这是由于传闻会有错误。同一个人或一件事,亲爱者能说好得无以复加,憎恶者能说糟得一无是处。如果没有弄清楚便写在书册上,而且流传久远,有谁来考证呢?这是历史学家都担心的。经孔子笔削后的《春秋》经,肯定是非常严肃的,所以如果遇到三传的说法有与经文不合的,那应该完全以经文为准,不用多说而道理自然明白。

【原文】

二〇、一部《战国策》,无一句仁义之谈。孟子与齐梁之君如何说得相着?事势至此,要是无下手处,在圣人则不可知耳。

【译 文】

　　一整部《战国策》，没有一句讲仁义的话。孟子与齐国、梁国的国君怎么能说得投机？事情已经到了这一步，总之无处下手，圣人如何挽救时局则不可知。

【原 文】

　　二一、唐郭中令子仪，我朝魏国公达，皆有大贤之资，诚加之学问，与伊、吕殆相伯仲矣。

【译 文】

　　唐代的中书令郭子仪，我们明朝的魏国公徐达，都有大贤的资质，如果他们能有学问，就可以达到伊尹、吕尚的水平。

【原 文】

　　二二、人莫贵于自反，可以进德，可以寡怨，可以利用安身。其说已备于孔、曾、思、孟之书，但少见有能尊信者耳。若每每怨天尤人，而不知反求诸己，何但出门即有碍耶！

【译 文】

对于一个人来说，最重要的是能够自我反省，这样做可以提高自己的品德，可以减少别人对自己的怨恨，可以应用、安身。道理已经写在孔子、曾子、子思、孟子的书中了，但是很少有人真正地尊信它。如果常常怨天尤人，而不知在自己身上找原因，恐怕尚未出门就会出毛病。

【原 文】

二三、告子以义为外，孟子非之，是矣。但详味孟子之言，疑亦有所未尽，盖仁义皆合内外之道也。《论语》曰："义之与比。"就与字看，便见分晓。

【译 文】

告子认为义在人心之外，孟子对他的批评很恰当。但是仔细体味孟子的话，可能也有尚未说透之处。因为仁与义都要求内（善的动机）与外（合于规范的行为）相结合。《论语》说："与义在一起。"就这个"与"字来看，事情便清楚了。

【原 文】

二四、《论衡》述太伯入吴采药，及后来让位事，本末颇详，宜必有据。谓"太王薨而太伯还"，尤可见其哀慕之至情，不失送终之礼。果如是，毫发无遗恨矣。

【译　文】

《论衡》讲述太伯到吴国采药以及后来让位的事情很是详细，应该是有根据的。说"太王死了，太伯便回到了周"，更可以看到太伯哀痛的心情，最后来为父亲送终。如果真的是这样，那么便没有丝毫的遗憾了。

【原　文】

二五、吾家所藏王充《论衡》乃南监本，卷末有安阳韩性一序。非有本之学，不能为此文，其亦可谓知言矣。性所著书凡数种，意必多所发明，惜乎不可得而见也。

【译　文】

我家所收藏的王充《论衡》是南京国子监刊本，卷末有安阳韩性所写的序言。韩氏的学问的确有根底，否则是写不出这个序来的，他称得上是知言了。他所写的书有好几种，相信对于义理必有许多新的阐发，可惜我没有见到。

【原 文】

二六、文贵实。《诗》《书》之文，无非实者。《易》象、象之辞特奇，然皆实理，无一字无落着，故曰"《易》奇而法"。近世作者，往往以新奇相尚，要皆子虚乌有之类耳。

【译 文】

文字最好是实实在在的。《诗经》《尚书》的文字都是实在的。《易经》的象传、象传文辞出奇，但是所说的都是实在的理，没有一个字没有着落，所以说"易经奇特但符合规律"。近代的作者往往在文字上追求新奇，但他们所说的都是子虚乌有的东西。

【原 文】

二七、"文起八代之衰"，此韩文公之所以为文也。近时学者，反极力追踪八代，何耶？

【译 文】

"韩愈的雄文在纤弱文风历经八代之后兴起"，这是他谥号为"文"的道理。近代的作者反而极力地模仿八代，这是为什么呢？

【原 文】

二八、明道先生尝历举《系辞》"形而上下"数语，乃从而申之曰："阴阳亦形而下者，而曰道者，惟此语截得上下最分明。元来只此是道，要在人默而识之也。"截字当为斩截之意。盖"立天之道曰阴与阳"及"一阴一阳之谓道"二语，各不过七八字耳，即此便见形而上下浑然无间，何等斩截得分明！若将作分截看，则下句"原来只此是道"更说不去，盖道器自不容分也。

【译 文】

明道先生曾举出《系辞传》谈形而上与形而下的几句话，并且加以申明："阴阳也是形而下的东西，却说一阴一阳之谓道，因为这句话把上下问题说清楚了，原来这个东西就是道，重要的是人能领悟它。"他说的截字，应该是斩截的意思。"立天之道曰阴与阳"和"一阴一阳之谓道"两句话，每句不过七八个字，在这里就看出形而上与形而下是浑然而无间隔的，斩截得多么分明！如果将截字当成分截来理解，那么下一句"原来这个东西就是道"便解释不通了，因为道与器是不容许分割的。

【原　文】

二九、"理同而气异""气同而理异"，此两说质之《大传》"形而上下"之言，终觉有碍。必须讲究归一，方得触处洞然。

【译　文】

朱子所说的"理相同而气不同"与"气相同而理不同"，这两种说法用《易·系辞传》"形而上下"的话来考证，始终觉得不合。必须进行研究使认识与《易·系辞传》归于一致，才会都说得通。

【原　文】

三〇、明道先生《答定性书》有云："且以性为随物于外，则当其在外时，何者为在内？是有意于绝外诱，而不知性之无内外也。"此数句最紧要，最要体认。若认得分明，去用"廓然大公，物来顺应"工夫，方有下落。"性无内外"云者，内外只是一理也。

【译　文】

程明道先生在《答定性书》中说："如果认为性是随物在外的，那么当它在外时，什么是在内的呢？这样说目的在于拒绝外物的引诱，但是却显出对于性不分内外的无知。"这几句话最为重要，最需要体认。如果认识清楚了，然后去用"大公无私，顺应物情"的工夫，才有着落。所谓"性不分内外"，是说内外只是一理。

【原　文】

三一、余尝志杨文恪公之墓。公所著述，书目颇多，皆据《行状》收入，然皆未及见。内《皇朝理学名臣录》，顷年方见刻本。公固近世之名臣也，《录》中所采，不谓之休休有容，可乎！

《记》凡六卷，首尾经二十年。体认之功，不为不勤，而反躬实践，终未之有得也。年且耄矣，其能复少进乎？四续刻完，因书以寓歉。

　　　　　　　　嘉靖丙午端阳日整庵识

【译　文】

我曾为杨廉先生写过墓志铭，先生的著作很多，都根据《行状》写进去了，但当时并没见到。其中的《皇朝理学名臣录》，近年才看到刻本。先生的确是近世的名臣，《录》中所采录的人物，个个都是雍容大度的。

《困知记》共有六卷，从始到终写了二十年，体认的工夫不能说不下力气，但自己在修养的实践中，并没有什么收获。年将耄耋，还能有一点进步吗？四续刻完之时，写下这点，以表我的歉意。

嘉靖二十五年五月初五整庵识

附录

论学书信

与王阳明书 庚辰夏（1520）

【原 文】

　　昨拜书，后一日始获奉领所惠《大学古本》《朱子晚年定论》二编。珍感，珍感。

　　某无似，往在南都，尝蒙诲益。第苦多病，怯于话言，未克倾吐所怀，以求归于一是，恒用为歉。去年夏，士友有以《传习录》见示者。亟读一过，则凡向日所闻，往往具在，而他所未闻者尚多，乃今又获并读二书，何其幸也！顾惟不敏，再三寻绎，终未能得其指归，而向日有疑，尝以面请而未决者，复丛集而不可解。深惟执事所以惠教之意，将不徒然。辄取一二条陈，仰烦开示。率尔之罪，度弘度之能容也。

切详《大学古本》之复，盖以人之为学，但当求之于内，而程朱格物之说，不免求之于外，圣人之意，殆不其然。于是遂去朱子之分章，而削其所补之《传》，直以支离目之，曾无所用。夫当仁不让，可谓勇矣。窃惟圣门设教，文行兼资，"博学于文"，厥有明训。颜渊称夫子之善诱，亦曰"博我以文"。文果内耶，外耶？是固无难辨者。凡程朱之所为说，有戾于此者乎？如必以学不资于外求，但当反观内省以为务，则正心诚意四字亦何不尽之有？何必于入门之际，便困以格物一段工夫也？顾经既有此文，理当尊信，又不容不有以处之，则从而为之训曰："物者，意之用也。格者，正也，正其不正，以归于正也。"其为训如此，要使之内而不外，以会归一处。亦尝就以此训推之，如曰："意用于事亲，即事亲之事而格之，正其事亲之事之不正者，以归于正，而必尽夫天理。"盖犹未及知字，已见其缴绕迂曲而难明矣。审如所训，兹惟《大学》之始，苟能即事即物，正其不正以归于正，而皆尽夫天理，则心亦既正矣，意亦既诚矣。继此，诚意、正心之目，无乃重复堆叠而无用乎！

"大哉乾元，万物资始"，"至哉坤元，万物资生"。凡吾之有此身，与夫万物之为万物，孰非出于乾坤？其理固皆乾坤之理也。自我而观，物固物也，以理观之，我亦物也，浑然一致而已，夫何分于内外乎？所贵乎格物者，正欲即其分之殊，而有见乎理之一，无彼无此，无欠无余，而实有所统会，夫然后谓之知至，亦即所谓知止，而大本于是乎可立，达道于是乎可行，自诚、正以至于治、平，庶乎可以一以贯之而无遗矣。然学者之资禀不齐，工夫不等，其能格与否，或浅或深，或迟或速，巨容以一言尽哉！

惟是圣门《大学》之教，其道则无以易，此学者所当由之以入，不可诬也。外此或诬多而斗靡，则溺于外而遗其内，或厌繁而喜径，则局于内而遗其外。溺于外而遗其内，俗学是已；局于内而遗其外，禅学是已。凡为禅学之至者，必自以为明心见性，然于天人物我，未有不二之者，是可谓之有真见乎？使其见之果真，则极天下之至赜而不可恶，一毛一发皆吾体也，又安肯叛君父，捐妻子，以自溺于禽兽之域哉！今欲援俗学之溺，而未有以深杜禅学之萌，使夫有志于学圣贤者，将或昧于所从，恐不可不过为之虑也。

又详《朱子定论》之编，盖以中岁以前所见未真，爰及晚年，始克有悟，乃于其论学书尺三数十卷之内，摘此三十余条，其意皆主于向里者，以为得于既悟之余，而断其为定论。斯其所择宜亦精矣，第不知所谓晚年者，断以何年为定？羸躯病暑，未暇详考，偶考得何叔京氏卒于淳熙乙未，时朱子年方四十有六，尔后二年丁酉而《论孟集注》《或问》始成。今有取于答何书者四通，以为晚年定论。至于《集注》《或问》，则以为中年未定之说。窃恐考之欠详，而立论之太果也。又所取《答黄直卿》一书，监本止云"此是向来差误"，别无"定本"二字。今所编刻增此二字，当别有据。而序中又变定学为旧字，却未详本字同所指否？朱子有《答吕东莱》一书，尝及定本之说，然非指《集注》《或问》也。凡此，愚皆不能无疑，顾犹未足深论。

窃以执事天资绝出，而日新不已。向来恍若有悟之后，自以为证诸《五经》《四子》，沛然若决江河而放诸海，又以为精明的确，洞然无复可疑，某固信其非虚语也。然又以为独于朱子之说有相抵牾，揆之于理，容有是耶？他说姑未敢请，尝读《朱子文集》，其第三十二卷皆与张南轩答问书。内第四书亦自以为"其于实体似益精明，因复取凡圣贤之书，以及近世诸老先生之遗语，读而验之，则又无一不合。盖平日所疑而未白者，今皆不待安排，往往自见洒落处"。与执事之所以自序者，无一语不相似也。书中发其所见，不为不明，而卷末一书，提纲振领，尤为详尽。窃以为千圣相传之心学，殆无以出此矣，不知何故独不为执事所取，无亦偶然也耶？若以此二书为然，则《论孟集注》《学庸章句》《或问》不容别有一般道理，虽或其间小有出入，自不妨随处明一辨也。如其以为未合，则是执事精明之见，决与朱子异矣。凡此三十余条者，不过姑取之以证成高论，而所谓"先得我心之所同然者"，安知不有毫厘之不同者为祟于其间，以成抵牾之大隙哉！恐不可不详推其所以然也。

又执事于朱子之后，特推草庐吴氏，以为见之尤真，而取其一说，以附于三十余条之后。窃以草庐晚年所见端的与否，良未易知。盖吾儒昭昭之云，释氏亦每言之，毫厘之差正在于此。即草庐所见果有合于吾之所谓昭昭者，安知非其四十年间，钻研文义之效，殆所谓"真积力久而豁然贯通"者也？盖虽以明道先生之高明纯粹，又早获亲炙于濂溪，以发其吟风弄月之趣，亦必反求诸《六经》而后得之。但其所禀邻于生知，闻一以知十，与他人极力于钻研者不同耳，又安得以前日之钻研文义为非，而以堕此科臼为悔？夫得鱼忘筌，得兔忘蹄可也，矜鱼兔之获，而反追咎筌蹄以为多事，其可乎哉！然世之徒事钻研，而不知反说约者，则不可不深有儆于斯言也。抑草庐既有见夫所谓昭昭者，又以"不使有须臾之间间断"，为庶几乎尊之之道，其亦然矣。而下文乃云：

"于此有未能，则问于人，学于己，而必欲其至。"夫其须臾之间间断与否，岂他人之所能与？且既知所以尊之之道在此，一有间断则继续之而已，又安得以为"未能"，而别有所谓学哉？是则见道固难，而体道尤难。道诚未易明，而学诚不可不讲，恐未可安于所见，而遂以为极则也。

某非知道者，然黾勉以求之，亦有年矣，駸寻衰晚，茫无所得，乃欲与一代之英论学，多见其不自量也。虽然，执事平日相与之意，良不薄矣，虽则驽钝，心诚感慕而乐求教焉。一得之愚，用悉陈之而不敢隐，其他节目，所欲言者颇多，笔砚久疏，收拾不上，然其大要亦略可睹矣。伏惟经略之暇，试一观焉，还赐一言，以决其可否。幸甚。

【译 文】

昨天拜读了大札，隔一天得到您所赠送的《大学古本》《朱子晚年定论》两编，非常感谢。

我不才，过去在南京时，曾经受到您的教诲。但苦于多病，不大敢说话，所以没能讲出自己的想法，以达到统一于真理的目的，因此总是感到遗憾。去年夏天，有朋友将您的《传习录》拿给我看，我很快地读了一遍，过去从您那里听到的都在里面，还有很多没听说过的新东西。现在连这两部书也一起看到了，我多么幸运！只是我太不聪慧，反复思考，始终未能抓住要领，过去曾当面请教您而未弄清的一些问题，又聚集起来不能解决。我想您的信不能白写，所以一定要弄清楚才是，于是写出一两点疑问，麻烦您讲明。不礼貌之处，相信您能原谅。

我想您恢复《大学古本》，是认为人们学道，只应当向内心求索，而程朱格物的理论则是向外求索，圣人的本意不是这样。于是就去掉了朱子对《大学》的分章，并且删去了他所补写的《格物致知传》，认为他的理论是支离的，没有用处。这种当仁不让的精神，可以称之为勇啊！我想圣门里面所设立的教学科目，是文与行交相补充的，所以孔子明确要求学生"多学文献"。颜回称赞夫子善于教育引导，也说其做法是"用文献来增加我的知识"。文究竟是内呢还是外呢？这是不难弄清的。程朱的全部理论有违背孔子这个教导的吗？如果坚持学道不依赖外求，只要反观内省就足够了，那么正心诚意四个字不就将学问全部包括了吗？为什么还要在人们刚入门的时候用格物工夫来磨炼他们呢？不过经中既然提到格物，按理说应该尊信，所以不能不对它有一个说法，于是您就这样解释："物就是意的发用。格即是正的意思，正那个不正的东西，使之归于正。"这样解释，是要使格物成为在心内而不在心外的事，从而使一切都会归于一心。我也曾就这个解释来加以推论，比如说："意用在事亲上，就这个事亲的事来格它，正那事亲之事中的不正的东西，使之归于正，而完全符合天理。"

这句话还没有提到知字，已经显得迂曲而难于理解。如果真像您所说的那样，那么在《大学》开始的地方能够做到在事事物物上正其不正而复归为正，完全符合天理，那么心也正了，意也诚了，经文在格物之后又提出诚意正心的要求，不是重复而无用了吗？

"伟大的乾元，万物依赖它而开始"，"至极的坤元，万物依靠它而生存"。我们能有自己的身体，万物之作为万物，哪一个不是从乾坤而产生呢？人和万物之理本来就是乾坤之理。从我来看，物当然是物，从理来看，我也是物啊，存在总是浑然一致的，干嘛要分个内外呢？我们看重格物，是因为通过格物可以从万物位分的不同，而见到它们的理的一致性，见到它们不分彼此，没有欠缺与多余，而完全由理所统括。达到这个水平就叫作知至，也就是所谓知止，于是大本就在这个基础上建立起来，达道也就在这个基础上实行。从诚意、正心以至于治国平天下，即可以一以贯之而无遗了。但是因为学者的天资不同，工夫不一样，一个人是否能格物，格得深还是浅，收效快还是慢，则不是一句话能说完的。

正因为这样，孔门《大学》关于修养德性的教导，其原则是不能改变的，学道的人应当从这里入道，不能违背它。离开这个原则，夸多比博的是犯了陷溺于外而失落了内的错误，反对烦琐而喜欢易简的是犯了局限于内而失落了外的错误。前者是俗学，后者是禅学。凡禅学学透了的人一定自以为明心见性了，可是对于天人物我，没有不分割为二的，怎么能说这种人认识了真理呢？如果他果然认识了真理，那么天下最麻烦的事情也不能厌恶，琐碎到一毛一发，也都是我的身体，怎么能做出出家这种背叛君父、抛弃妻子，而自陷于禽兽的事情呢？现在有人想解决俗学的错误，但是却没有能够堵塞禅学萌生的漏洞，使有志于学圣贤的人搞不清应该走哪一条路，这个问题恐怕不能不好好考虑呀！

　　我又考察了您所编定的《朱子晚年定论》，这部书认为朱子中年以前的理论，还未达到真理的水平，到了晚年才有了觉悟，于是从他三五十卷论学书信中摘出这三十多条主张向里面下工夫的，认为这是悟道之后的作品，断定这是定论。既这样做，选择的材料应该十分精确，但不知所谓晚年到底从何年算起？我体弱怕暑热，没有来得及详细考证，偶然考证出何叔京死于淳熙十一年，当时朱子刚刚四十六岁，这之后两年，即淳熙十三年，他才完成自己的主要著作《论语集注》《论语或问》《孟子集注》《孟子或问》。《朱子晚年定论》选了答何叔京的书信共有四封，认为是晚年定论，至于上述《集注》《或问》则以为是中年未定之说。恐怕这里考证欠详而立论太果断了。另外《朱子晚年定论》中所选的《答黄直卿》一信，国子监本只是说"这是向来的差错"，并未提到定本的问题，可是您所编刻的这封信中却加上了"定本"两个字（成为"此是向来定本差误"），是不是另有所据？在序言中您又将定字变为旧字，我不清楚本字是不是原来那个意思？朱子有《答吕东莱》一信，曾提到过定本，但不是指《集注》与《或问》。这些东西，都引起我的疑问，不过这些还不值得深入讨论。

我认为您天资极高，而且天天在进步。您恍然悟道之后，自以为所悟的东西，用《五经》《四书》来印证，就好比决江河水而泻到大海那样通畅；又以为看得精明实在、清楚明白，没有可疑之处，我很愿意相信这不是虚妄之言。但是您又偏偏与朱子学说相矛盾，按理来思量，怎么会有这种情况？其他内容不说，这里只提一条。我曾读《朱文公文集》，第三十二卷都是朱子与张南轩相互答问的书信，其中第四封信里朱子也自以为"对于理的实际体认，似乎更加精明了，于是拿来圣贤的书和近代诸老先生的著作，边读边加检查，则是无一不合。平日所疑而未能弄明白的，现在都不用硬去解说，自然明白，胸中洒落"。这和您在序中说的没有一句不相似。信中写他的见解很是明白，卷尾一信，提纲挈领，更是详尽。我认为千圣相传的心学，恐怕不能超出这之外，不知什么缘故偏偏不被您所认可？是不是偶然的呢？如果认为这两封信说的是对的，那么《论语集注》《孟子集注》《大学章句》《中庸章句》《论语或问》《孟子或问》等等不可能另有一种道理，即使其中小有出入，不妨随处辨明。如果确实以为与两信不合，那么您的精明的见解肯定与朱子不同。所有这三十多条东西，不过是随便拿来证明您的高论的，您说"这些信早与我的意见相同"，怎么知道没有毫厘的不同在其中作祟，因而最终造成重大矛盾呢？恐怕应该推求所以与朱子对立的原因吧！

在朱子之后您特别推重吴草庐先生，认为他对真理的认识非常深刻，因而选择了他的一篇东西，附在三十几条之后。我认为，草庐晚年的认识是否正确，很不容易知道。因为我们儒家常说的昭昭者，佛家也常常说起，但是毫厘千里之差也正在这里。草庐先生所见果真是合于儒家的所谓昭昭者，怎么知道不是他四十年间钻研经典的结果？这大概就是人们所说的"由于长时间的积累而达到豁然贯通"吧？即使像明道先生那样高明纯粹，又早早受到周濂溪先生的教导，而发挥他吟风弄月的高雅情趣的人，也必须回头研究六经然后才于学问上真正有所得。当然他的天资接近于生知，闻一而知十，与别人的极力钻研不同，但是能够说他以前钻研经典是错误的，他应该为此而感到后悔吗？得鱼忘筌、得兔忘蹄是可以的，但是由于得了鱼与兔就认为以前用筌、蹄是多事，能对吗？世上光从事于钻研经典之文，而不知反求自身的人，应当注意得鱼忘筌，但不是任何人都要如此。草庐既然认识到了所谓昭昭者，又认为使它没有一时一刻的间断是存养的办法，这也是对的，但是下文却说："如果还不能做到不间断，可以问别人，或从自身来学，从而一定使自己做到。"我想是否有瞬间的间断，别人是不可能知道的，只有自己知道。而且既然已经知道了遵行天理的方法，一有间断把它接续起来就是，怎么可以认为是"不能"，而另搞一套所谓学呢？由此可见，见道固然很难，身体力行则更难。把握道是困难的，因此讲学是非常必要的。恐怕不能停留在自己的见地上，就认为达到了学问的顶点。

我对道知道得不多，但是努力研究它已经多年，到了晚年，仍然是茫无所得，却要与一代英杰来论学，显得很不自量。虽然如此，您平日与我相交的情谊不薄，我虽愚笨，然而心中钦佩您，愿意向您求教。一点愚见，全部陈述出来，不敢隐瞒。其他方面想说的还很多，但久不作文，一时概括不起来，不过内容大略还是可以看得出来的。望您在经略江西政务的空闲时间里看看，复一封信，谈谈您的意见。我将感到十分荣幸。

又 戊子冬（1528）

【原 文】

侧闻旌麾伊迩，计不日当临敝邑。甚欲一瞻德范，以慰多年渴仰之怀。奈病骨支离，艰于远出，咫尺千里，怅惘曷胜！伏惟亮察。

去年尝辱手书，预订文会，殆有意乎左提右挈，相与偕之大道。为爱良厚，感戢无已，但无若区区之固滞何！未固滞者，未免于循常，而高明者，恒妙于独得。窃恐异同之论，有非一会晤间之所能决也。然病既有妨，盛意何可虚辱？辄以近来鄙说数段，奉尘尊览，及尝反复高论有不能无疑者，亦条为一段，具如别幅。固知未能仰契尊旨，将不免为覆瓿之具，亦姑效其愚而已。虽然，愚者千虑，容有一得，先睽后合，尚不能无望于高明。伏希裁择，幸甚。

"物者，意之用也。格者，正也，正其不正以归于正也。"此执事格物之训也。向蒙惠教，有云："格物者，格其心之物也，格其意之物也，格其知之物也。正心者，正其物之心也。诚意者，诚其物之意也。致知者，致其物之知也。"自有《大学》以来，无此议论，此高明独得之妙，夫岂浅陋之所能窥也耶！然诲谕之勤，两端既竭，固尝反复推寻，不敢忽也。夫谓"格其心之物，格其意之物，格其知之物"，凡其为物也三。谓"正其物之心，诚其物之意，致其物之知"，其为物也一而已矣。就三物而论，以程子格物之训推之，犹可通也，以执事格物之训推之，不可通也。就一物而论，则所谓物者果何物耶？如必以为"意之用"，虽极安排之巧，终无可通之日，此愚之所不能无疑者一也。

又执事尝谓："意在于事亲，即事亲是一物。意在于事君，即事君是一物。"诸如此类，不妨说得行矣。有如《论语》"川上"之叹，《中庸》"鸢飞鱼跃"之旨，皆圣贤吃紧为人处，学者如未能深达其义，未可谓之知学也。试以吾意着于川之流，鸢之飞，鱼之跃，若之何"正其不正以归正"耶？此愚之所不能无疑者二也。

又执事答人论学书信有云："吾心之良知，即所谓天理也。致吾心良知之天理于事事物物，则事事物物皆得其理矣。致吾心之良知者，致知也。事事物物各得其理者，格物也。"审如所言，则《大学》当云"格物在致知"，不当云"致知在格物"；当云"知至而后物格"，不当云"物格而后知至"矣。且既言"精察此心之天理，以致其本然之良知"，又言"正惟致其良知，以精察此心之天理"。然则天理也，良知也，果一乎，果非一乎？察也，致也，果孰先乎，孰后乎？此愚之所不能无疑者三也。

（初作此书，将以复阳明往年讲学之约，书未及寄，而阳明下世矣，惜哉！鄙说数段皆《记》中语也，念非一家私议，因录之。）

【译　文】

听说您一行越来越近，估计不要多久即可以来到我的家乡。非常希望见到您的容颜，以满足我多年仰慕的情怀。怎奈身体太差，不能出门，咫尺千里，十分怅惘，望您见谅。

去年曾接到您的信，约我谈谈，大概有意给以帮助，拉我一起走向大道。对您的厚爱我感激不尽，但是仍然无法改变我的固滞。固滞的人不免于按常规办事，而高明的人总是有独得之妙。我想我们之间的分歧，不是一次会晤所能消除的。病虽然妨碍我去见您，但您的盛意不能辜负，我拿近来所写的几条心得送给您看，对您的高论有疑问的地方也分项整理成篇，抄于另纸。我知道不能与您的意见相合，这信不免成为废物，写出来只是贡献愚见罢了。但是愚者千虑，或有一得，我们之间可能开始相反后来一致，这希望还在于您的身上。望您给予裁断，我将十分荣幸。

"物是意所指向的对象。格即是正，正那些不正的东西而使之归于正。"这是您对格物的解释。您上次在来信中说："格物就是格心中的物，格意中的物，格知中的物。正心就是正那个物的心，诚意就是诚那个物的意，致知就是致那个物的知。"自从《大学》问世以来，还没有过这样的议论，这是您的独得之妙，哪里是我这样浅陋的人所能了解的呢？您对我的教导非常尽力，正反面的情况全部说明了。我曾经反复思考，不敢忽视。您说"格心中的物，格意中的物，格知中的物"，这是三个物。您说"正那个物的心，诚那个物的意，致那个物的知"，这里的物是一个东西。就三物来说，用程子格物的教导来推，还是可以说得通的，用您的格物的定义来推则是说不通的。就一物来说，那么这个物究竟是什么物呢？如果一定认为是意之发用，即使您说得再巧妙也是不能通的。这是我第一个疑问。

您曾说，"意指向事亲，那么事亲就是一物。意指向事君，则事君就是一物"。诸如此类的东西，用您的格物理论大概还说得通。至于《论语》上说的川水流动，《中庸》说的鸢在天上飞，鱼在渊中跃，这些都是圣人提示的重要地方，学道人如果不能了解这些话的意思，就不能算作知学。现在把我们的意指向川流，指向鸢飞鱼跃，看看如何来正那个不正的，使之归于正？这是我的第二个疑问。

另外您在与人论学的一封信中说："我心的良知就是天理。致我心的良知到事事物物，那么事事物物都得以符合其理。致我心的良知即是致知，事事物物各符合其理，这即是格物。"如果真像您所说的，那么《大学》应该说"格物在于致知"，而不应该说"致知在于格物"；应该说"知至之后物才得以格"，不应该说"物格以后知方才能至"。而且既然说"精察此心的天理，来致其本来的良知"，又说"正是由于致其良知来精察此心的天理"。这样，天理呀，良知呀，究竟是一个还是两个？如果不是一个东西，那么察也好，致也好，哪一个在先，哪一个在后呢？这是我的第三个疑问。

（最初写这封信是为了回复阳明关于讲学的约会，信还没来得及寄出，阳明便去世了，可惜呀！我的几段意见都是《困知记》中的话，考虑这不是一家的私议，因而抄录下来。）

答允恕弟 己丑夏（1529）

【原 文】

昨得手简，知尝细读拙《记》。心性理气诸说，乃《记》中大节目，吾弟所见皆合，何慰如之！然心性之辨既明，则象山之学术居然可见，顾乃疑吾言为"已甚"，何也？象山之学，吾见得分明是禅，弟则以为"似禅"。似之为言，仿佛之谓也。以余观之，佛氏有见于心，无见于性，象山亦然。其所谓至道，皆不出乎灵觉之妙，初不见其有少异也，岂直仿佛云乎！据象山所见，自不合攻禅，缘当时多以禅学目之，不容不自解尔。释氏之自私自利，固与吾儒不同。然此只是就形迹上断，他病根所在不曾说得。盖以灵觉为至道，乃其病根，所以异于吾儒者，实在于此。而此二字，正是象山受用处，如何自肯拈出？余所谓"阳避其名而阴用其实"，诚有见乎此也。

格物之义，程朱之训明且尽矣，当为万物无疑。人之有心，固然亦是一物，然专以格物为格此心则不可。

《说卦传》曰："观变于阴阳而立卦，发挥于刚柔而生爻，和顺于道德而理于义，穷理尽性以至于命。"后两句皆主卦爻而言，"穷理"云者，即卦爻而穷之也。盖一卦有一卦之理，一爻有一爻之理，皆所当穷，穷到极处却止是一理。此理在人则谓之性，在天则谓之命。心也者，人之神明而理之存主处也。岂可谓心即理，而以穷理为穷此心哉！良心发见，乃感应自然之机，所谓天下之至神者，固无待于思也。然欲其一一中节，非思不可，研几工夫正在此处。故《大学》之教，虽已"知止""有定"，必"虑而后能得"之，其工夫之详密可知矣。若此心粗立，犹未及于知止，感应之际乃一切任其自然，遂以为即此是道，其不至于猖狂妄行者几希。凡象山之为此言，误人多矣，其流祸迄今益甚。士之好高欲速者，更倡迭和，骚骚乎有丕变于夷之势，世道升降，将必由之。余惟恐攻之之不力，而无以塞其源，殊不觉其言之已甚也。

来简有云："若阳避阴用，则象山乃反复作伪之人。"此固君子之言，而亦可谓善辨矣，余敢忽哉！夫以象山之高明，固宜不肯作伪，但其见性不的，而主张所学太过，未免颇有饰辞。如《辨无极书》中"一阴一阳已是形而上者，况太极乎"两语，明是疏脱，却须要遮饰。又如答李敏求心性材情之问，始终不见分晓，只是支吾，恐非所谓"修辞立其诚"也。弟尝遍读其书，试寻得几句言性分明处来，安有不服？"阳避阴用"之说，当不俟终日而改之矣。

赵东山之《赞》，要在"超然独契本心"一语，意欲为象山出脱禅学。余固谓，象山有见于心，但无见于性尔，赞词得无尚费分说耶？湛元明议论多持两端，余尝拟之扬子云矣，况渠乃象山派下真法嗣乎！容有回护。言及于此，弟将又以为甚，顾不直则道不见尔，倘犹未合，不妨更熟讲之。余固尝言，辨之弗明而弗措焉，必有时而明矣。

【译　文】

　　昨天接到你的信，知道你曾经细读过我的《困知记》。我关于心、性、理、气的理论，是《困知记》中的重大问题，在这些方面你与我的意见一致，非常令人欣慰。心性之辨明白之后，那么陆象山的学术倾向自然可以看得很清楚了，但你却怀疑我批评他的话"过分"，这是为什么呢？象山的学术，我看分明是禅学，你却以为似禅。似这个词就是仿佛的意思。以我来看佛家是只认识心而不认识性，象山也是这样。他们所谓的至道，都不外乎灵觉的妙用，根本没有什么差别，哪里只是仿佛呢？根据象山的看法是不应当抨击禅学的，由于当时的人多认为他是禅，所以不能不为自己开脱。佛家自私自利，当然与我们儒家不同，如果认为两者不同只在这点，那是很表面的，它的病根还没有说到。以灵觉为至道，才是它的病根，佛家与儒家的区别实际是在这里。但是灵觉两字正是象山得益的东西，怎么能提出来加以批评呢？我说他表面上避开禅学之名，而实际上学习它的内容，的确是看到了这一点。

格物的含义，程朱的教导明白透彻，物应该是万物，这是没有疑义的。人的心当然也是万物中的一物，但是仅仅以格物为格自己的心则是不行的。《说卦传》指出：“观察阴阳刚柔的变化而确立各卦各爻，因此《易》不逆天地之道，不违人物之宜，从而能够穷天下之理，尽人物之性，而合于天命。”后两句都是从卦爻来说的，“穷理”的意思是就卦爻来穷，因为一卦有一卦的道理，一爻有一爻的道理，都是应该去穷的，穷到了最后只是一个理，此理在人就叫作性，在天就叫作命。心则是人的精神，它是理所存在的处所。岂能以心为理，并且以穷理为穷此心？良心发现是感应的自然运动，即所谓天下最神妙的东西，本不依赖于思考。但是要使它全部中节，那不思是不行的，研究运动几微的工夫正在这里。因此《大学》教导说，即使做到了“知止”“有定”，但是必须“思考然后才能有得”，哪一个工夫更细密，这不是很清楚吗？如果此心刚刚立起来，还没有达到知止地步，在感应之时一切任其自然，以为这便是道，很少能不堕落为猖狂妄行的。象山的这些话，害人已很多了，它的危害在现在更加严重。好高欲速的士人纷纷出来唱和，几乎有大变为夷狄的形势。世道的好坏将要由此决定，我唯恐攻象山不力，不能正本清源，根本不觉得自己的话过分了。

你在来信中说："如果像你所说，象山表面上与禅学保持距离，而实际上偷运禅家私货，那么他岂不是毫无原则且虚伪不实的小人了吗？"这当然是君子之言，也可以说是善辩之言，我怎敢忽略这个问题？像象山那样的高明人士，当然是不肯作伪的，但是他对性的认识不对头，而坚持自己的学说又太固执，所以不免颇有掩饰性的话。如在《辨无极书》中说"一阴一阳已是形而上的东西了，更何况是太极呢？"这种说法明显是有漏洞的，却硬要遮盖。又比如回答李敏求关于心、性、才、情的问题时，始终说不清楚，只是支吾，这恐怕不符合《易传》"说话要本于诚心"的要求。你曾遍读象山著作，请你找出几句关于心性问题说得清楚的话来，我怎能不服？如果那样，我关于他"表面上与禅学保持距离，而实际上偷运禅家私货"的话，不用一天全部改过来。

赵东山的《赞》语，关键在"超然地独与本心相契合"一句话，想要为象山的禅学开脱。我坚持认为，象山见到了心，却见不到性，赞词恐怕还要下力气进行解释吧？湛若水的特点是两边的话都说，我曾把他比作扬子云，何况他乃是象山派下的嫡传，当然要为象山打圆场了。说到这里，你大概又要说太过分了吧？但是不直说，道就不能明白，如果还有不同意见，不妨再仔细研讨。我本说过，分辨不清楚的时候不停止，道理终将明白。

答黄筠谿亚卿

【原　文】

　　道心，性也，性者道之体。人心，情也，情者道之用。其体一而已矣，用则有千变万化之殊，然而莫非道也。此理甚明，此说从来不易。来书乃有"用非道乎"之难，殊莫详所以。反复思之，得非人心道心之辨有未合乎？夫"危微精一"四语，乃心学之源。仆于此煞曾下工夫体究来，直穷到无可穷处方敢立论，万一未合，愿相与熟讲之，此处合则无往而不合矣。

　　"寂然不动，感而遂通。"高见谓非圣人不能，是以不能无疑于鄙说。愚则以谓，常人之心亦有时而寂，但茫无主宰而大本有所不立；常人之心亦无时不感，但应物多谬而达道有所不行。此其所以善恶杂出而常危也。此亦不须执纸上言语，验之于心便自可见。既是人心动静如此，即不容独归之圣人矣，请更详之。

　　"静无形而动有象"，只是就已发未发上立论，非谓人伦庶物皆不必留意也。盖格物穷理工夫，《记》中第

六、第七章尝推明程子之意，其说亦既详矣。试求其下手处，惟性情最为切近，故此章粗举其端，至第二十一章方能尽其说也。果于性情上有见，则天下之理皆不外此，然亦须于事物上一一验过。或先于事物有见，亦须就性情上验过。盖内外只是一理，但有纤毫不合便成窒碍，所见终未为的也。且吾心之理与人伦庶物之理，皆所谓"无声无臭"者也，既曰穷理，孰非明其所难明者乎？

"知行当并进，而知常在先。"先儒有定论矣。南轩之说，未见全文，所谓知有浅深，理固如此。阳明学术，大本已自不同，其余要不足深辨。"知万物同出一理为知至"，此言未为不是，但不知吕氏于格物处若何用工，乃自为四说之异。据其所说，与同出一理之言自不相应，朱子以"牵合"二字断之，可谓切中其病矣。余所云"物格则无物"者，诚以工深力到而豁然贯通，则凡屈伸消长之变，始终聚散之状，哀乐好恶之情，虽千绪万端，而卓然心目间者，无非此理。一切形器之粗迹，举不能碍吾廓然之本体，夫是之谓无物。孟子所谓"尽心知性而知天"，即斯义也。天人物我，其理本一，不容私意安排，若有意于合物我而一之，即是牵合之私，非自然之谓矣。勉强牵合，此处或通，他处复碍，何由得到尽心地位耶？来书所举无物之句，格字在物字上，恐一时笔误也。

六十五章"重添注脚之烦",诚如来谕。但于理一分殊之义,似乎稍有发明,不知观者缘何反惑? "继之者善"即所谓"感于物而动",直缘程子之意而申明之耳,非以化育形容人心也。盖程子"继善"之云,是就人性发用处说,"感物而动"正是人性发用处也。以"感动"释"继善",程子本意较似分明,似亦无可疑者。惟"浊,其感动之物欲"以下三语,原本倒却正意,后尝改正。所以致惑,或恐在此,更希示知。

"指摘"之谕,盛德之言也。感佩,感佩! 初间遇有所见,即记之于册,似此类多矣,及写净本,亦颇自觉伤直,多已削之。所未果尽削者,诚虑道之不见也。然直有余而礼不足,仆诚过矣,将何以补之乎?

【译 文】

道心就是性,性就是道的本体。人心就是情,情是性这个本体的发用。体只有一个,而用则有千变万化的不同,但是总的说来全是道。这个道理非常明显,这个理论从来不能改变。您的信中却向我提出了这样的问题: "用难道不是道吗?"真让人弄不清楚您要表达什么意思? 反复思考,难道是人心、道心之辨的问题上还有不一致的地方吗?《尚书·大禹谟》的四句话: "人心惟危,道心惟微,惟精惟一,允执厥中。"乃是心学的源泉。我在这上面颇下了一番工夫体认研究，直穷到再不能穷的地步才敢于立论，如果不一致，希望一起来研究，这里一致了处处都会一致。

"寂然不动，感而遂通。"您以为这非圣人不能，所以对我的话产生怀疑。我则认为，普通人的心也有时是寂然的，但是因为大本未立，所以茫然地没有主宰；普通人的心也是无时不感的，但是在对事物的处理上常常出错，因此达道不能推行。这就是为什么他们的行为时善时恶而常处危地。这也用不着看书上如何说，只要在心上检验就都明白了。既然人心的动静是这样的，那么就不能独归之于圣人了，请您再仔细考虑一下。

"静无形而动有象"，这是仅就已发与未发上去说的，不是说不必注意人伦与庶物。对格物与穷理工夫本身，《困知记》的第六、第七章，曾经发挥程子的思想，阐述得很详细了。格物的下手处，以性情最为切近，所以这一章粗略地谈一下它的头绪，到了第二十一章才把这个意思说透。果真在性情上有了认识，那么天下之理都不在这个理之外，但是还是要在事物上一一地检验才行。或者是先在事物上有认识，然后在性情上进行检验。因为内与外只是一个道理，只要有一点点不合就有了窒碍，那个认识就仍然不透。再说我心之理和人伦庶物之理，都是"无声无臭"的东西，既然是穷理，那就是要理解那个难于理解的东西。

"知行当并进，而知常在先。"这是先儒的定论。张南轩的说法没有见到全文，正如人们所说认识有深浅，理本来是这样。阳明的学术在大本上已经与圣门不同了，其他就用不着深辨了。吕与叔说，"知万物同出一理为知至"。这话说得也并不错，但不知他本人在格物上如何下工夫，却提出不同于程朱的四条理论。这样认识格物，与他自己所说的"万物同出一理"便有了矛盾。朱子说他的提法是牵强附会，的确是切中要害的。我所说的"物格则无物"，意思是在工夫积累的基础上达到豁然贯通之后，任凭事物有屈伸消长的变化，生死聚散的状况，哀乐好恶的情感等等，呈现出千姿百态，但是高耸在心目间的只是这一个理，一切具体事物都不能妨碍我廓然的本体，这就叫作无物。孟子所说的"尽心知性而知天"，就是这个意思。天人物我，道理只有一个，不容许以私意来编造，如果故意地要把物我合而为一，那就是一种私意的做作，不是自然的本色了。勉强拉扯，这处说得通，别处说不通，怎样才能达到尽心地步呢？来信提到这句话时写的是"格物则无物"，这恐怕是一时的笔误。

您认为第六十五章的缺点是烦琐地重加了注脚，的确有这个问题。但是这样说对于理一分殊的意义似乎多少有些阐发，不知读者为什么反而会糊涂起来？"继之者善"也就是"感于物而动"，直接按照程子的意思来说明罢了，不是以化育来形容人心。程子所说的"继之者善"是就人性的发用上来说的。"感于物而动"则正是人性的发用处。用感动来解释继善，程子的意思就更明白了，好像没有什么值得怀疑的。只有"浊，其感动之物欲"以下三句话，原来的《困知记》刻本把意思弄倒了，以后便改过来了，使人糊涂的地方也许在这里。望您告诉我。

您在信中还提到《困知记》好挑毛病，这真是好心的劝慰，我非常感佩。开始的时候，我有了想法就写到本子上，挑毛病的是比较多的，等到誊清时，自己也觉得太直，许多东西那时已经删去了，之所以没有全部删去，是因为顾虑不这样写，道就说不清楚。但是直率有余，礼貌不足，的确是我的过失，怎样来弥补呢？

答欧阳少司成崇一 甲午秋（1534）

【原 文】

得六月望日书，披阅再四。承不以老朽见弃，为之欣然倾倒，多至累幅，厚意何可当！夫道之不明久矣，所幸圣贤之遗书尚存。有志于学者，诵其言而咀其味，探其归趣，反而验之吾心，庶或窥见其一二，以为持循之地。顾有道之君子，世不多得，是非得失，莫或正之，其所取证，终亦不出乎圣贤之书而已。仆之从事于此，盖亦有年，齿发既凋，自度无能复进，乃笔其区区之见，以与朋友讲之。然视为老生常谈，一览而遂置之者多矣，异同之论，邈乎其未有闻。顷辱贻书，见需拙稿。凤钦高谊，因辄以奉寄，意者将有合焉。海札遄来，则枘方凿圆，殊不相入。高见已定，殆亦无复可言者矣，而书词丁宁，不容但已，勉罄所闻以复，请更详之。

来书凡三段，第一段申明良知即天理之说甚悉。首云："知觉与良知，名同而实异。"末云："考之孔、曾、思、孟、濂溪、明道之言，质之《楞伽》《楞严》《圆觉》《涅槃》诸经，其宗旨异同，颇觉判别。"足知贤契不肯以禅学自居也。然人之知识，不容有二。孟子本意，但以不虑而知者名之曰良知，非谓别有一知也。今以知恻隐，知羞恶，知恭敬，知是非为良知，知视，知听，知言，知动为知觉。是果有二知乎？夫人之视听言动，不待思虑而知者亦多矣，感通之妙，捷于桴鼓，何以异于恻隐、羞恶、恭敬、是非之发乎？且四端之发，未有不关于视听言动者，是非必自其口出，恭敬必形于容貌，恶恶臭辄掩其鼻，见孺子将入于井，辄匍匐而往救之，果何从而见其异乎？知惟一尔，而强生分别，吾圣贤之书未尝有也。惟《楞枷》有所谓真识、现识及分别事识三种之别。必如高论，则良知乃真识，而知觉为分别事识无疑矣。夫不以禅学自居，志之正也，而所以自解者，终不免堕于其说，无乃未之思乎！

"天性之真，明觉自然，随感而通，自有条理，是以谓之良知，亦谓之天理。"仆虽耄，固知贤契所得，在此数语，然其误处亦在此数语。此正是讲学切要处，不得无言。第恐定力难移，言之苦无益尔。虽然，吾心其可以不尽乎！夫谓良知即天理，则天性、明觉只是一事。区区之见，要不免于二之。盖天性之真乃其本体，明觉自然乃其妙用。天性正于受生之初，明觉发于既生之后。有体必有用，而用不可以为体也。此非仆之臆说，其在《乐记》，则所谓"人生而静，天之性"，即天性之真也，"感物而动，性之欲"，即明觉之自然也。在《易·大传》，则所谓"天下之至精"，即天性之真也，"天下之至神"，即明觉之自然也。在《诗·大雅》，则所谓"有物有则"，即天性之真也，"好是懿德"，即明觉之自然也。诸如此类，其证甚明，曾有一言谓良知为天理者乎！然孔、曾、思、孟、濂溪、明道之言，贤契尝考之矣，或恐别有可证高论者？惜乎，略未举及。仆请再以所闻于数子者证之。孔子尝言"知道""知德"矣，曾子尝言"知止"矣，子思尝言"知天""知人"矣，孟子尝言"知性""知天"矣。凡知字皆虚，下一字皆实。虚实既别，体用自明，以用为体，未之前闻也。况明道先生尝释知觉二字之义云："知是知此事，觉是觉此理。"尤为明白易见。上下千数百年，其言如出一口，吾辈但当笃信而固守之，岂容立异！若前无所受，而欲自我作古，徒滋后学之惑而已，非惟不足以明道，且将获罪于圣门，可不慎乎！

且仆又尝闻之，伊川之道与明道无异，晦庵之学以二程为宗。来书所举竟不及二先生，何也？得无以其格物之训，于良知之说有碍乎？夫天人物我，其理无二。来书"格物工夫惟是随其位分，修其日履"，虽云与佛氏异，然于天地万物之理，一切置之度外，更不复讲，则无以达夫一贯之妙，又安能尽己之性，以尽人物之性，赞化育而参天地哉！此无他，只缘误认良知为天理，于天地万物上良知二字自是安着不得，不容不置之度外尔。圣人本天，释氏本心。天地万物之理既皆置之度外，其所本从可知矣。若非"随其位分，修其日履"，则自顶至踵，宁复少有分别乎！二先生所见之理，洞彻无间，凡其格物之训，诚有所谓"百世以俟圣人而不惑"者，其孰能易之！世儒妄加诋訾，以自陷于浮薄，谅贤契之所不取。然于二先生之学，似宜更加之意，不以所见偶未之合而遂置之，斯文之幸也。

第二段所论学、问、思、辩工夫，与仆所闻亦无甚异。但本领既别，则虽同此进为之方，先后缓急自有不可得而同者。盖以良知为天理，则易简在先，工夫居后，后则可缓，陈白沙所谓"得此把柄入手，更有何事！自兹以往，但有分殊处合要理会"是也。谓天理非良知，则易简居后，工夫在先，先则当急，《中庸》所谓"果能此道矣，虽愚必明，虽柔必强"是也。此说颇长，姑举其概，以贤契之明悟，宜亦不待余词之毕也。圣贤经书，人心善恶是非之迹，固无不纪，然其大要，无非发明天理，以垂训万世。世之学者，既不得圣贤以为之师，始之开发聪明，终之磨砻入细，所赖者经书而已。舍是，则贸贸然莫知所之，若师心自用，有能免于千里之谬者，鲜矣！善读书者莫非切己，工深力到，内外自然合一，易简之妙于是乎存。歧而二之，不善读书者也。夫天下之士亦多矣，岂可谓凡读书者皆远人以为道，惟尊奉其良知以从事于易简者，乃为不远人以为道乎？

第三段所论教学本原与夫后世学术之弊，亦可谓句句合矣。但微意所在，乃专以尊奉良知，从事于易简者为是；穷究物理，博通于典训者为非。只缘本领不同，故其去取若是。夫孔孟之绝学，至二程兄弟始明。二程未尝认良知为天理也，以谓有物必有则，故学必先于格物。今以良知为天理，乃欲"致吾心之良知于事事物物"，（此语见《传习录》。来书亦云："致其良知于日履之间，以达之天下。"）则是道理全在人安排出，事物无复本然之则矣，无乃不得于言乎！《雍语》亦云："天理只是吾心本体，岂可于事物上寻讨？"总是此见。"不得于言而勿求诸心"，此是告子大病。凡为孔孟之学者，或偶沾斯疾，不早进瞑眩之药以除其根，是无勇也。

古者，大学之教，非秀民不预。农、贾、罝兔，诚有所不能及者，故曰"民可使由之，不可使知之"。公侯腹心，天资之忠厚者亦云可矣，岂真见而知之，与太公望、散宜生等乎？古人自幼而学，至四十始仕，三十年间无非为学之日，既专且久，道明而德立，及为公卿大夫，直行其所学而已，不暇为学又奚病焉？来书不能及不暇为之说，殆以广招徕之路，使人竞趋于易简尔，岂通论乎！格致与博物洽闻不同，先儒已自说破。彼徒博而不知反诸约者，望其入道，诚亦难矣。若夫讲之精，辩之悉，知之明，而学之果不差焉，斯固吾夫子之所谓好学者，岂易得哉？学既不差，安有源远本披之患！本披源远，皆差之毫厘而不自觉者也。嗟乎！安得先觉之君子，特起于今之世，以尽觉夫未觉者哉！

累幅之书，中间尽有合商量处，第年老，精神短，照管不及，又恐乱却正意，是以但即其切要者论之。然体用两字果明，则凡未经商量者，虽欲不归于一，不可得也。未审高见毕竟以为何如？言有尽而意无穷，千万详察。

【译 文】

收到您六月十五日的信，我翻看了好几遍。承蒙您不因老朽而嫌弃我，我高兴得不得了。您写了好几张纸，这厚意真是承受不起。儒家大道不明于天下已经很久了，幸运的是圣贤之书还在，有志于学道者，诵读其书，咀嚼其味，探其指归，然后反回来在自己的心上检验，大概可以理解其中一小部分，当作自己坚持与修养的根据。但是世上有道君子并不很多，学道人的是非得失没有人给以印证，那么他们能以之为根据的最终也只是圣贤之书而已。我钻研大道多年，现在已经老了，考虑到自己大概不能再有进步了，于是将一点看法记录下来，以便与朋友们讨论。但是将这些当作老生常谈，看一下就扔在一边的人很多，很少听到不同意见。前些时候您来信索要《困知记》，我素来敬仰您的高风，马上寄去一部，以为会有一致的看法。很快又接到您的信，才知道我们的看法是枘方凿圆，根本说不到一起。您的看法已经定了，恐怕没有什么可说的了。但您在信中反复要求给予答复，我只好努力把我的看法全写出来作为回复，供您参考。

你的信共有三段。第一段申明良知即是天理的观点，非常全面。开头说："知觉与良知，名字相同但实质不同。"末尾说："用孔子、曾子、子思、孟子、周濂溪、程明道的言论来考证，再以佛家《楞伽》《楞严》《圆觉》《涅槃》诸经来检验，良知即天理之说与佛家宗旨，是明显不同的。"由此可见您不肯以禅学自居。但是人的知觉只能有一个，孟子的良知是因为它有不虑而知的特点才称之为良知，并不是说它是另外的一种知。现在您以知恻隐，知羞恶，知恭敬，知是非的为良知；知视，知听，知言，知动的为知觉。人真有两类知吗？人的视听言动不用思虑而知的是很多的，感应的速度比打鼓还快，与恻隐、羞恶、恭敬、是非的发用有什么区别？再说这四端的发用，没有与视听言动无关的。是非要出自口，恭敬要表现于容貌，恶恶臭就要捂鼻子，见孺子掉到井中，总是匍匐着前去救护，究竟在哪里显出它们的不同呢？知只有一个，但是却硬要把它区别开来，我们圣贤的书上从来没有这种理论。只有《楞伽》将识区别成三种，即所谓真识、现识、分别事识等等。如果一定像您所说的那样，将知觉做区分，那么良知即是真识，知觉无疑应该是分别事识。不以禅学自居，这表明您的志向正确，但是在说明自己观点的过程中，最后仍然堕在禅学之中，恐怕您没有好好考虑吧？

"天性的本真是自然的明觉，有感即通，自有条理，因此称之为良知，也叫作天理。"我虽然已经很老了，但是我知道，您的心得在这几句话中，但您的错误也在这几句话中。这正是讲学中最要紧的地方，不能不说。只是怕您立场难以改变，说了也没有什么用处。虽然如此，我的心还是要尽的。如果说良知即是天理，那么天性与明觉就是一个东西，但我的看法，总是要将它们分开。天性之真是本体，明觉自然则是本体的妙用。天性在有生命之初即已具有，明觉则是发生在出生之后。有体必定有用，但是不能把用当作体。这不是我个人的瞎说，而是有经典的根据的。《乐记》说"人生而静，天之性也"，这便是天性之真。《乐记》又说"感物而动，性之欲也"，这便是明觉自然。《易·大传》讲的"天下之至精"就是天性之真，它讲的"天下之至神"就是明觉自然。《诗经·大雅》说的"有物有则"就是天性之真，它说的"好是懿德"就是明觉自然。诸如此类，证据非常明显，有一句话说良知即是天理吗？孔子、曾子、子思、孟子、周濂溪、程明道的言论您曾经考证了，大概另有可以证明高论的吧？可惜，您根本没举出来。请允许我再以这些人的话来证明我的观点。孔子曾说"知道""知德"；曾子曾说过"知止"；子思曾说过"知天""知人"；孟子曾说过"知性""知天"。所有的知字都是虚的，知下的字都是实的。虚实是有区别的，体与用当然分得很清楚。以用为体，我以前从未听说过。况且明道先生曾经解释知觉二字的意义，他说："知是知这件事，觉是觉这个理。"这就更明白易见了。上下几千年，圣贤们的话好像出自一口，我们只该笃信它并且固守它，怎么可以标新立异！如果不向前人学习，而要自我作古，只会增加后人的混乱而已，不但不足以阐明儒家大道，还要为害圣门，能不谨慎行事吗？

伊川的学说与明道没有区别，朱子的学说是尊奉二程的。但您的信中根本没有提到二程，这是为什么呢？难道不是他们关于格物的教导妨碍了良知说吗？天人物我，道理只有一个。信中说，"格物工夫只是根据各人的位分，检点日常行为"。这样说虽然与佛氏有所不同，但是对天地万物之理完全置之度外，再不研讨，这样就没有办法理解统一天地万物的大道，又怎么能够尽自己的性，并且尽人、物之性呢？又如何能够帮助天地化育万物而与天地并列为三呢？这没有别的原因，只是由于误认良知为天理，但是在天地万物上面良知又安不上去，不能不把这一切都置之度外。圣人以天为本，佛氏以心为本。天地万物之理既然都已置之度外，那么以什么为本呢？当然只能是心了。若不是"根据各人位分，检点日常行为"，那么从头到脚，都与佛氏一样了。二程提出的理论，清楚透彻，他们的格物学说，"百世之后圣人也会给予肯定"，谁能改变它！现在的儒者妄加非议，只能使自己陷在浅薄境地，相信您是不会那样做的。但是对于二程先生的学说，似乎应该多下些工夫，不能因为认识暂时与它不合，于是就把它放在一边，这是中华文化的幸运。

　　第二段所谈的学问思辨工夫，与我的见解也没有什么不同。但是根子上既然不同了，虽然都讲学问思辨，在谁先谁后、何缓何急的问题上，当然不可能一致。如果认为良知是天理，那么易简就是第一位的，工夫是第二位的，第二位的当然就可缓行。陈白沙所谓"抓住这个把柄入手，就用不着做什么了。从这以后只有具体事情应该去理会"，说的正是这一点。如果认为天理不是良知，那么易简是第二位的，工夫是第一位的，是第一位的就应该赶紧去做。《中庸》说："果真能从事这个道，愚笨的人会聪明，柔弱者会刚强。"这个理论是过得硬的，这里仅举其大要，像您那样的聪明人，应该是用不着我说完就会清楚的。圣贤的经书，对人心善恶是非的表现，都是要记录的。但是它的重点无非是讲明天理，给万世的人以教导。现在的学道者，既然不能找到圣贤做教师，那么开始时的启发智慧，后来的精细修养，所依赖的只有经书而已。离开了经书就糊里糊涂不知道应该怎么走，如果以己心为准，难免要犯严重错误。善于读书的人，没有不联系自身的。工夫深了，力量下得够了，内外自然合一，易简即存在于这里。将内外分为两截的人是不善于读书的。天下士人这么多，岂可认为凡是读书的都是不把道当作切身的事情，只有相信良知说而从事易简的人才是将道当作切身的事情吗？

第三段所论教学原则，以及后世学术的弊病，也可以说与我句句一致。但是您的意思是专门以尊奉良知、做易简工夫的为正确，以穷究物理、博览经书的为错误。这是因为在心性之辨这个根本问题上的不同而造成的。孔孟的绝学到了二程兄弟手上方才被理解。二程并没有认为良知即是天理，而是认为事物都有自己的法则，所以学问的第一门功课是格物。现在你们认为良知即是天理，要求"致我心的良知到事事物物上去"。（见《传习录》。您的信上也说："把良知贯彻到日常行动，使它影响到天下。"）这样说来，道理完全是由人来安排的，事物没有本来的法则了。恐怕话说错了吧？（《雍语》也说："天理就是我心的本体，怎么可以在物上探求！"也是这个见解。）"话说错了但不求之于心"，这是告子的严重错误。凡从事孔孟之学的人，如果沾染上这种毛病，不早吃些苦药来断除病根，就是没有勇气。

在古代，不是秀民不能进入大学。农、商、猎人，的确有他们不能懂得的道理，所以说"民可使由之，不可使知之"。天资忠厚的贵族子弟，还是不错的，但他们并非对道理有所认识，而与太公姜望、散宜生这些人一样。古人自幼学习，到四十岁时开始做官，有三十年的学习时间，既专门又长久，认识了道，确立了德，到做公卿大夫的时候，就是实践自己的所学，他们没有时间做学问并没有什么妨碍。您的信不说他们是没空学习，大概是要引诱人都往易简的路上跑吧？难道这是正确的吗？格物致知与单纯学习知识不同，先儒已经讲明白了。那些光要博而不知道返回到自身修养的人，指望入道，是非常困难的。至于研讨得精确，辩说得详细，知道得明白，而学得没有偏差的，这本是孔子所说的好学者，这种人是不易得的。学问做得不错，怎么会发生远离源头，根本破碎的问题呢？犯那种错误的人都是开头有毫厘差错而不自觉的。啊呀！何时才会有先觉的君子挺立于当代，使未觉者完全觉悟呢？

　　您的信里还有些值得商榷的，但因我年老精神不足，照应不到，又怕把本意搞乱了，所以只就那些重要的东西来讨论。如果体用两个字认识明白了，那么所有没来得及探讨的地方就是不想让它一致起来也是不可能的。不知您究竟以为怎样？话说完了，但意思还没完，望您仔细考虑。

又 乙未春（1535）

【原 文】

二月十一日，得去年十月晦日所惠书，往复间不觉遂半年矣。披览之既，欣慰可知。仆独学无朋，见闻甚少，向来奉复，诚欲资丽泽之益，故词繁而不杀。兹承逐条开剥，俾得闻所未闻，幸甚，幸甚。

夫良知之说，贤契讲之久矣，其义皆先儒所未及。仆之所守不过先儒成说，其不合也固宜。详味来书，词虽若谦而所执弥固。固以凝道，谦以全交，可谓两得之矣。老拙于此，尚何言哉！然而琼玖之投，木瓜之报，又礼之所不容废者。敬就来书，再举一二，以见枘凿之不相入处。刑方为圆，老拙固所不能，斫圆就方，贤契亦或未肯，姑以奉酬雅意焉尔。

来书谓，"立言各有所当"，此语固然。《乐记》亦云"物至，知知"，不妨自为体用也。但以理言，即恐良知难作实体看。果认为实体，即与道、德、性、天字无异。若曰"知此良知"，是成何等说话耶？明道"学者须先识仁"一章，首尾甚是分明，未尝指良知为实体也。首云："仁者浑然与特同体，义礼智信皆仁也。识得此理，以诚敬存之而已。"中间又云："《订顽》意思，乃备言此体。以此意存之，更有何事！"初未尝语及良知，已自分明指出实体了。不然，则所谓存之者，果何物耶？且《订顽》之书具存，并无一言与良知略相似者，此理殆不难见也。其"良知良能"以下数语，乃申言"存得便合有得"之意。盖虽识得此理，若欠却存养工夫，"则犹是二物有对，以己合彼，终未有之"。惟是存养深厚，自然良知日明，良能日充，旧习日消，此理与心渐次打成一片，便为己有，夫是之谓"有得"。其语脉一一可寻也。此章之言，陈白沙尝吃紧拈出，近时有志于学者率喜谈之，然非虚心潜玩，毫厘之差或未能免，无乃上累先贤已乎！

又，来书力辨"置之度外"一言。仆固知此言之逆耳，然窃有所见，非敢厚诬君子也。尝读《文言》有云："大哉乾乎！刚健中正，纯粹精也。"此天理之本然也。《象传》有云："乾道变化，各正性命。"此天理之在万物者也。吾夫子赞《易》，明言天地万物之理以示人，故有志于学者，须就天地万物上讲求其理，若何谓之纯粹精，若何谓之各正。人固万物中之一物尔，须灼然见得此理之在天地者与其在人心者无二，在人心者与其在鸟兽草木金石者无二，在鸟兽草木金石者与其在天地者无二，方可谓之物格知至，方可谓之知性知天，不然只是揣摩臆度而已。盖此理在天地则宰天地，在万物则宰万物，在吾心则宰吾身，其分固森然万殊，然止是一理，皆所谓纯粹精也。以其分之殊，故天之所为，有非人所能为者，人之所为，有非物所能为者。以其理之一，故能致中和，则天地以位，万物以育。中，即纯粹精之隐于人心者也；和，即纯粹精之显于人事者也。自源徂流，明如指掌，故曰"圣人本天"。仆之所闻盖如此。今以良知为天理，即不知天地万物皆有此良知否乎？天之高也，未易骤窥，山河大地吾未见其有良知也。万物众多，未易遍举，草木金石吾未见其有良知也。求其良知而不得，安得不置之度外邪！殊不知万物之所得以为性者，无非纯粹精之理，虽顽然无知之物，而此理无一不具。不然，即不得谓之各正，即是天地间有无性之物矣。以此观之，良知之非天理，岂不明甚矣乎！

　　来书所云"视听思虑必交于天地万物，无有一处安着不得，而置之度外者"，只是认取此心之灵，感通之妙，原不曾透到万物各正处，未免昏却理字，终无以自别于弄精魂者尔。颇记佛书有云："佛身充满于法界，普见一切群生前，随缘赴感，靡不周而恒处此菩提座。"非所谓"视听思虑必交于天地万物"者耶？此之睽而彼之合，无他，良由纯粹精之未易识，不肯虚心易气以求之尔。

率意尽言，似乎伤直，然非以求胜也。盖讲论道理，自不容于不尽，是非取舍，则在明者择焉。倘犹未亮，姑置之可也。因风时寄数字，以慰岑寂，足见久要之义。乡书已只受，珍感，珍感。不宣。

【译 文】

二月十一日接到您去年十月三十的来信。信的一去一来，不觉已经半年了。读毕非常高兴。我自己独立研究，没有朋友，见闻很少，以往给您复信，是想从您那里得到帮助，所以写得啰嗦也不删去，现在承蒙您一条条地分析，使我闻所未闻，实在幸运。

良知之说您研究得很久了，那道理都是先儒所没说过的。我所坚持的不过是先儒的定论，与您不合是正常的。仔细玩味来信，话说得谦虚，但立场更加坚定。以坚定来守道，以谦虚来全交，可以说是两得，我对这些还有什么话说？但您投给我琼玖，我应报答您木瓜，这是不可破坏的礼。所以我谨就来信再举一二条根本对立之处。让我改变观点是做不到的，要您接受我的观点也是不可能的，这样做只是要答谢您的雅意。

您在信上说"立言各有所当"，这话不错。《乐记》也说过："物至，知知。"这知既是体也是用。但是按理说，良知难以当作实体看待。果真将良知当作体，那么它就与道、德、性、天等没有差别了。如果不说"知天知性"，而说"知此良知"，这成了什么话呢？明道先生的"学者须先识仁"这一章，从头到尾非常清楚，他并未说良知是实体。开头说："仁就是浑然地与万物成为一体。义礼智信也都是仁，认识了这个理，用诚敬来存在心里就是了。"当中说："《订顽》的主题是全面论说这个本体。把这个意思存在心里，还有什么要做的！"根本没有谈到良知，但是却说清了实体。不然，所要存的到底是什么东西呢？再说《订顽》原文还在，其中没有一句话与良知大体相近，这个道理是不难理会的。识仁章"良知良能"以下的几句话，则是申述"存在心中，就应该有所得"的意思。因为虽然认识了这个道理，如果欠缺了存养工夫，"那么自己与理仍然是相对的两物，没有做到以己与理相合"。只有存养工夫下得深厚，良知良能就会一天天充实，旧的习惯则会一天天消亡、此理与心一点点打成一片，渐渐地便被自己拥有，这就是"有得"。它的线索是一步步可以摸得着的。这一章的议论，陈白沙曾着重提出来过，近来有志学道的人都喜欢谈论它。但是如不虚心思考，就会出现毫厘之差千里之谬的问题，这不是要连累先贤吗？

另外您的信中极力否认"置之度外"这句话。我知道这句话不中听，但我的确是有根据的，不敢对您进行诬蔑。《文言》说："伟大的乾，它是刚健中正的，是纯粹精的。"这是天理的本来面貌。《象传》说："乾道发展出万物，使它们各正性命（具有自己的性命）。"这是天理在万物中的表现。孔子阐发《易经》，明白指出天地万物之理以教育人，因此有志于学道的人，应该在天地万物上讲求它们的理，即什么叫作纯粹精，什么叫作各正。人本是万物中的一物，应该清楚地认识到此理表现于天地的与其存在于人心的是一个东西，在人心的与在鸟兽草木金石的是一个东西，在鸟兽草木金石的与在天地的是一个东西，这样才可以叫作物格知至，才可以叫作知性知天，不然只是乱猜而已。此理在天地则主宰天地，在万物则主宰万物，在我心则主宰我身，其位分固然是万万不同的，但归根结底是一理，即所谓纯粹精。因为位分不同，所以天所做的是人不能做的，人所做的是物不能做的。由于理是一个，所以能致中和，天地因而得以正位，万物因而得以发育。中就是藏在人心中的纯粹精，和就是显在人事中的纯粹精。从源至流，非常明白，因此说，"圣人本天"。我所坚持的就是这些。您以良知为天理，不知天地万物是否都有这个良知？天太高了不易看得出来，但是山河大地我没见它们有良知。万物太多，不能全说，草木金石我没见它们有良知。找不到它们的良知，怎么能不将它们置之度外呢？殊不知万物的本性不过是纯粹精的理，即使顽然无知的东西，也是具有此理的。不然，就不能说它们是"各正"的，就是说天地间有无性的东西。由此来看良知不是天理，这不是非常明白的吗？

来信说："视听思虑必然与天地万物相交，没有一处不能存于我心而将它们置之度外的。"这只是从心的灵明及其感通作用来谈的，根本没有透到万物本性上去，因而模糊了一个理字，最终不能与禅宗玩弄精神的做法相区别。记得佛书上说："佛身充满于法界，普遍地呈现在一切众生的面前，有缘即有感应，周遍一切但又永远处在它自己的位置上。"这不正是"视听思虑必然与天地万物相交"吗？您的看法与程朱相反，而与佛家相合，没有别的原因，只由于纯粹精不容易了解，却又不肯虚心地来认识它而已。

想到哪里就说到哪里，似乎太直了，但这不是为了争输赢。因为讲论道理不容不说透，至于讲得对错，如何取舍，则在于听者抉择。如果您仍然不同意，暂且放在一边也没关系。您乘便常寄信来，安慰我的寂寞，足见朋友情义。乡书已敬领，非常感谢。不再多说了。

答刘贰守焕吾 _{乙未秋}（1535）

【原 文】

前日讲论有遗，补之以小简，遽劳还答。非笃志好学，安能若此！示谕缕缕，大体虽若相同，而工夫终未归一，再有商榷，想不为烦。

来书云："道心即本心，本心即天理。"又云："求仁之外无余学。"又云："孔门答诸子问仁处，只指其要言之，而本体已自在。"所言皆当，但要认得天理及仁字分明，庶乎存养之不差尔。至谓"圣贤论心皆指道心言"，又谓"赤子之心即道心"，却恐未的。仆尝遍考经书中专言心体者，惟是《虞书》"道心"，《孟子》"良心"两言最尽。其他就发用处说为多，如所谓"以礼制心"，"从心所欲不逾矩"，"其心三月不违仁"。此三心字若认着道心，则礼字、矩字、仁字皆说不去矣。赤子之心，伊川以为"发而未远乎中"，晦庵以为"纯一无伪"，亦是说发用处，其言皆不容易。

若曰道心，则人人有之，何独赤子也？然亦非独人尔，物皆有之。《易》不云乎"各正性命"？故欲见得此理分明，非用程朱格物工夫不可。夫物我并立，而内外形焉，乃其散殊之分。然而内此理也，外亦此理也。所贵乎格物者，正要见得天人物我原是一理，故能尽其性，则能尽人之性，尽物之性。人物之性各在人物身上，而吾乃能尽之者，非以此理之同故耶？凡程朱格物之训，正所谓合内外之道，而顾以为非，只欲固守此心，而物理更不穷究，则虽名为合一，实已分为二矣。

大抵区区之见，与近时诸公异者，只是心性两字。人只是一个心，然有体有用。本体即性，性即理，故名之曰道心，发用便是情，情乃性之欲，故名之曰人心。须两下看得分明始得。"孩提之童，无不之知爱其亲，及其长也，无不知敬其兄"，非发用而何？然则良知之说可知已。若但认取知觉之妙，执为天理，则凡草木之无知，金石之至顽，谓之无性可乎？推究到此，明有窒碍，恐不可不深思也。拙《记》中此意思发得已多，但恐散漫难看，近答崇一符台一书，檃括粗尽，今辄以奉览。

贤契讲学，盖欲得之于心，非若他人出入口耳者，仆是以乐于往复，而忘其拙。虽未敢必其有合，其必有以辅区区之不逮者矣。

【译 文】

前天讨论中有没讲到的地方，补写一封信寄给您，立刻得到您的回信，如果不是专心于理学，怎么会这样！您说了很多，我们之间总体来看似乎相同，但工夫仍是不一致的。现在再与你商榷，您不会感到厌烦吧？

来信说："道心就是本心，本心就是天理。"又说："求仁之外没有别的学问。"又说："孔子回答弟子问仁，只是指其纲要，本体自然在里面了。"所说的都对。可是要将天理与仁的含义弄清楚，才能做到存养中不出偏差。至于说"圣贤论心都是指道心"，又说"赤子之心即是道心"，都不一定对。我曾遍考经书中专谈心体的言论，只有《虞书》的"道心"，《孟子》的"良心"两句话最透彻。其他多从发用角度论心，比如"以礼制心"，"从心所欲不逾矩"，"其心三月不违仁"。如果认为这三个心字是道心，那么礼字、矩字、仁字都说不通了。至于"赤子之心",小程子认为是"已发而离中不远"之心;朱子则认为是"纯一而没有虚伪"之心,也都是从发用方面来说的,他们的话都不能更改。

如果谈道心,那是人人都有的,不为赤子所独有,但也不只是人,物也都具有,《易经》不是说"各正性命"吗?所以要想对此理认识得清楚,非做程朱倡导的格物工夫不可。由于物我并立才显出内与外,这是位分不同的关系。但是内是此理,外也是此理,所以要重视格物,正是要人看到天人物我本来是一理,因此能尽自己的本性,就能尽别人的本性,同时尽物的本性。人物的性各在人物身上,但是我却能尽它,不正因为理是相同的缘故吗?程朱关于格物的教导,正是使内外相合的途径,可是您却认为不对,只想固守此心,不再穷究物理,这样虽然名为合一,实际已经分而为二了。

我的看法与近来诸位先生的不同之处,大抵只是心性两个字。人只有一个心,但有体有用。本体即是性,性就是理,所以称之为道心。发用就是情,情则是性的欲,所以称之为人心,将人心、道心都看清楚才对。孟子讲良知时是这样说的:"少年儿童都知道爱父母,长大了都知道敬兄长。"这不是发用是什么呢?这样看,良知的意义便清楚了。如果把知觉的妙用当作天理,从而认为无知的草木、顽然的金石都是无性的,行吗?阳明良知说推究到这里就说不通了,恐怕不可不深思呀!《困知记》中这个思想谈得已经很多了,只怕写得散,难以把握,近来我在答欧阳崇一的信中,概括得比较完整,抄一份寄给您看看。

您讲学是想有心得，不像别人那样说说完事，因此我愿意与您通信，而忘却了自己的年老笨拙。虽然不敢肯定我们的思想会统一起来，但是这样做一定会有助于我自己纠正错误。

又

【原　文】

再辱还答。乍合乍离，犹欲致详，亦难乎其为言矣，盖高见已定故也。然重违雅意，因复少效区区，虽若伤烦，庶无失为忠告焉尔。

天理，通天地人物而言，《易》所谓"性命之理"是也。仁字专就人身而言，《易》所谓"立人之道曰仁与义"是也。盖天地人物，原无二理，故此理之在人心者，自与天地万物相为流通，是之谓仁。果认得天理分明，未有不识仁者。昨因举来书三语，故著个及字。恻怛、恻隐皆发用之妙，非仁之本体也。

"以礼制心"三句，皆人心听命于道心之意，礼非外也。来书以三念字代三心字，及举"存其诚"之说，皆得之矣。所云"格此念作格其非心看"自是，如作格物说，却难通。

仆于天理，粗窥见一二，实从程朱格物之训而入，与贤契素所尊信者终恐难合。伊川先生云："物我一理，才明彼即晓此。此合内外之道也。"果见得此理分明，即天人物我一时通彻，更无先后，故曰"知其性则知天矣"。来书"知所先后"一言，容有迁就，未敢以为然也。

所云"良知有条理处，谓之天理；天理之明觉处，谓之良知"。此与"良知即天理"之言，不审是同是别？即之为言还添得注脚否耶？贤契非浅于文义者，稍肯虚心推究，殆不难见也，夫所谓天理者，无一物欠缺，无一息间断。尧草田荆，山倾钟应，自古至今能几见耶？便以为推究得去，恐未可也。

【译　文】

再次得到您的复信。我们之间有一致处也有不一致处，还想详细解说，也难以下笔，因为您的意见已经确定了。但是我不愿违背您的雅意，因而再多少说一点，虽然有些烦琐，但不失为一个忠告。

天理是总括天地人物而说的，这就是《易》所说的"性命之理"。仁是专就人身来说，这就是《易》所说的"立人之道曰仁与义"。天地人物本来没有两个理，因此此理表现在人心的，自然与天地万物相互流通，这就是仁。果真把天理看清楚了，是没有不识仁的。昨天由于举来信中的三句话，所以加一个及字。恻怛、恻隐都是发用，不是仁的本体。

前一封信中的"以礼制心"等三句话，都是人心听命于道心的意思，并不是说礼是外于心的东西。来信用三个念字来代替三个心字（成为"以礼制念"等等），和所举的"存其诚"的说法，都是对的。所说的"将格此念理解为格其不正当的心意"也对，如果作格物来理解就不通了。

我对天理粗粗理解一二，实际是从程朱格物的教导入手的，与您素来所尊信的难以统一。伊川先生说："物与我是一个道理，明白物也就明白了自己。这就是合内外之道。"把此理看明白了，那么天人物我，一下子全都透彻了，也不分什么先后，所以说："知道自己的性也就是知天了。"来信中说这是"知道何者在先，何者在后"，还有所迁就，我不敢认为是正确的。

您说："由良知有条理的方面看，它就是天理；从天理有明觉的方面看，它便良知。"这与"良知即天理"是相同还是不同？"即"这个词是不是能加个注脚？您是深通文义的人，稍微用心推究一下就看出来了。天理是存在于一切事物中的，是任何时候都不间断的。帝尧的蓂荚①，田氏的紫荆②，铜山西崩，灵钟东应③，这种相互感应的事情从古至今能有几次？以此为例就以为能把良知普遍化，恐怕不成。

又 丙申秋（1536）

【原　文】

五月间获领华翰，知履任平善，良慰鄙怀，副以佳仪，足感至意。闻潮士多肯向学，此第一好消息。聚讲之愿，贤契恐不得辞，然亦无可辞之理也。

---

① 《宋书·符瑞志》："蓂荚，一名历荚，夹阶而生，一日生一叶。从朔而生，望而止，十六日，日落一叶。若月小，则一叶萎而不落。尧时生阶。"
② 南朝梁吴均《续齐谐记·紫荆树》："京兆田真兄弟三人，共议分财，生资皆平均。惟堂前一株紫荆树，共议破三片。明日就截之，其树即枯死，状如火燃。真往见之，大惊。谓诸弟曰：'树本同株，闻将分析，所以憔悴，是人不如木也。'因悲不自胜，不复解树。树应声荣茂。兄弟相感，合财宝，遂为孝门。"
③ 《世说新语·文学》篇载："殷荆州曾问远公，易以何为体！答曰：易以感为体。殷曰：铜山西崩，灵钟东应，便是易邪？远公笑而不答。"

来书又论及心性，足知好学无已。颇记往年奉柬，已尝有终恐难合之虑，既各安所见，骤难归一，曷姑置之？《大学》未尝言性，言至善矣，正心乃止至善工夫，至善果何物耶？未易识也。《中庸》未尝言心，言戒惧慎独矣，戒惧慎独非心而何？惟有心地工夫，乃无失乎天命之正。其言各有条理，毫发不差，若欲援此以证心性之为一物，切恐未当。《孟子》曰："尽其心者，知其性也。"者、也两字，一呼一应，安得混而无别乎？且性乃生理，今直认为生意，难道不错？理无形，意有迹也。此至精至微处，非言可悉，须自得之。

虽然，贤契平日所闻，盖已积满胸中矣。问辩虽勤，匪虚曷受？再三之渎，得无彼此俱失乎？惟加察焉，是所望也。

【译 文】

五月间接到您的信，知道您赴任途中一切顺利，十分欣慰。随信又有礼物，非常感谢。听说潮州士大夫中有许多人乐于学习理学，这是最好的消息。他们要求集中讲学的愿望，您怕是不能推辞，再说也没有推辞的理由。

来信又谈到心性问题，足见您的好学不倦。我在去年的信中已经表示过我们的意见恐怕最终也难以统一的顾虑，既然各人都坚持己见，难以一致，何不放它一放？《大学》没有谈到性，但谈到至善，正心即是止至善的工夫。至善究竟是什么，这是不容易弄清楚的。《中庸》没有谈到心，但谈到戒惧慎独，戒惧慎独不是心是什么呢？只有本心上做工夫，才能使人不致失去自己的本性。《大学》《中庸》的言论各有条理，丝毫不差，如果要引用它们来证明心性是一个东西，恐怕不是可能的。孟子说："尽其心者，知其性也。"这里面"者、也"两个字，一呼一应，怎可混为一谈？性是人的生理，而您直接把它看作生意，难道不错？理是无形的，而意则是有形迹的。这是最精微的地方，不是用言语能够说清楚的，必须自得才行。

虽然如此，您平日的观点已经在胸中积满了，问辩即使再辛苦，心不虚也就听不进去。三番两次地写这样的信，恐怕彼此都没有益处。用心对道理加以考察，这是我对您的希望。

答陈静斋都宪 丙申冬（1536）

【原　文】

辱书，知尝通览拙《记》，为幸多矣。奖借之过，殊不敢当，惟不吝切磋，乃为至爱。

承论以人心道心之疑，具悉尊旨。然生之认道心为未发，非欲与朱子异也。盖潜心体认，为日久矣，于是证以《中庸》之说，其理甚明。若人心道心一概作已发看，是为语用而遗体。圣人之言殆无所不尽也，"惟精"是随时省察工夫，就人心而言："惟一"是平日存养工夫，就道心而言。盖人心常动，动则二三，故须察。道心常定，惟是一理，故只消养。平日既知所养，又随时而致察焉，则凡人心之发，无非天理之流行矣，此天人之所以一也。察即审也，恐非二事。施为或谬，其病只在本原，若本原未纯，验之虽勤，无益也。鄙见如此，不审犹有窒碍否乎？

且朱子序《中庸章句》有云："天命、率性则道心之谓也。"注解有云："大本者，天命之性，天下之理皆由此出，道之体也。"夫既以大本为天命之性，以天命之性为道心，则道心明是未发。而又以为"指其发于义理者而言，则谓之道心"，是原未有一定之论也。将求所以归于至一，非高明其谁望耶！

所举黄勉斋答李贯之问，似与鄙见亦不甚同。盖渠论人心道心，皆固守师说，且分析太过，觉少混融之妙也。所谓"以理而动，无迹可见，故曰微"，此言殊有病。天下之动固根于理，动必有迹，安得云微？且既曰"以理而动"矣，而又曰"存之于内"，何言之不一也？将求所以归于至一，安得不深有望于高明哉！

若夫先言人心，而后言道心，圣意所存，固难臆度。但观《中庸》之论中和，亦先举喜怒哀乐四者，似皆欲人据其可见之迹而求之，则无声无臭之妙，庶乎可以默识。不然，即恐茫然无处下手，求之愈远而反失之矣。

妄意如此，姑备一说，可乎？久病初愈，词不逮意，切冀尊裁。他有所疑，不惜一一镌谕，尤感。

【译 文】

收到您的信，知道您通读过拙著《困知记》，非常荣幸。对我的表彰，实不敢当，您愿与我一起切磋，乃是对我的最大关怀。

您对我关于人心、道心的观点提出疑问，意思我都明白了。我以道心为未发，并不是有意与朱子不同。我潜心体认这个道理时间很长了，然后用《中庸》来验证自己的观点，也觉得非常清楚。如果将人心与道心一概当作已发来看，这就是只提用而忘了体。应该说圣人的话是全面完整的，"惟精"是随时省察的工夫，是就人心而言的；"惟一"是平日存养的工夫，是就道心而言的。因为人心常动，动就时合时离，所以需要省察。道心总是一定的，它只是一理，所以只需要养。平时已经知道存养什么，又能随时加以省察，那么人心发出来就完全是天理之流行了。这就是天人所以合一的道理。察就是审，恐怕不是两回事。行为有差错，病根是在本原上，如果本原不纯，光在检验上下工夫，那是没有用的。我的看法就是这样，不知是否仍然觉得有疙瘩？

朱子在《中庸章句序》中说："天命、率性，就是道心的意思。"注里说："大本就是天命之性，天下之理都从这里发出，所以说它是道的本体。"这里认为大本是天命之性，天命之性就是道心，那么道心明明是未发。可是他又说："发于义理的意念，称之为道心。"这就是说他原来并没有一定之论。使朱子理论从不一致达到一致，不靠您这样的高明人士还能指望谁呢？

信中所举的黄勉斋答李贯之的话，似乎与我的意见也不大一样。他谈人心道心，都固守师说，而且区分得太厉害，缺少混融的意思。所谓"符合理的运动，是无迹可见的，所以叫作微"。这话很有问题。天下的运动当然是发自理的，但是动必定有形迹，岂能称之为微？而且既然说"符合理的运动"，又说"将它存在心里面"，这多么不一致啊！想要求得一致，怎能不寄希望于您呢！

至于"十六字心传"中为什么先说人心后说道心，圣人用意如何，很难猜测。但是看《中庸》谈论"中和"，也是先举喜怒哀乐来说，好像都是要人依据可见的现象来进行探索，这样便可以领悟无声无臭的理了。否则，就会茫然得没有下手的地方，求得太远反而抓不住要害。

我的意见就是这样，聊备一说，行吗？我久病初愈，写得词不达意，希望您自作定夺。如果别的方面还有疑问，如能一一告知，尤其感谢。

又

【原　文】

　　续承教札，摘示拙《记》中论敬一条，谓："此心必敬而后能操。今曰操即敬也，似无所用其敬矣！"又谓："主敬、持敬，如朱子所作《敬斋箴》，其功甚密，绝无罅隙，如徒操而不敬，未免欲密而反疏。"凡所疑于鄙说者，其曲折尽此数语。然恐生之蔽于所见也，乃备举尧舜以来至程朱数子，凡其格言至论，与夫实用工之方，以开发之。忠告善道，何以加此！感甚，幸甚！

　　夫敬之一字，诚千圣传心之要典，生虽不敏，亦尝与有闻焉，何敢弗敬？然考之吾夫子之训，但言"敬以直内"，未尝言"主敬""持敬"也。至程子始有此言，然其曰"操之之道，敬以直内而已"，固夫子本意也。详味而已两字，只敬以直内便是操之之道，敬外无操，操外无敬，谓"必敬而后能操"恐非程子意也。若曰"必敬而后能存"，则其义自明，而于鄙说亦无可疑者矣。主敬，持敬，为初学之士言之可也，非所以论细密工夫也。

何也？谓之主敬，非心其孰主之？谓之持敬，非心其孰持之？夫敬实宰乎心，而心反系于敬，欲其周流无滞，良亦难矣。一有滞焉，安得直乎？此生所以有“欲密反疏”之疑也。初学之士，其心把捉不定，往往为物所化，以此为训，盖所以防之耳。若论细密工夫，无如操字之约而尽，更不须道主敬、持敬，敬已在其中矣，此致一之妙也。

生之从事于斯，不为不久，凡诸儒先之训，见于《大学或问》中者，皆尝一一验之。果能常常提掇此心，有不“主于一”而更他适者乎？有不“整齐严肃”者乎？有不“常惺惺”者乎？有不“收敛”而复容一物者乎？验之数说，既无不合，反而验之身心，若动若静，亦颇做得主宰，于是始焕然自信，以为即此是敬，可无待于他求也。是知操之一言，乃吾夫子吃紧为人处，凡有志于学者，果能奉以周旋日用，工夫真是直截，既无劳扰，亦不空疏，故特表而出之，期与同志之士共学焉，非立异也。

况朱子尝因论敬，直穷到底，亦以为“要之，只消一个操字。到紧要处，全不消许多文字言语”。是诚先得我心之所同然，惜其混于多说之中，莫或知此言尤为切要者耳。《敬斋箴》反复详尽，委无罅隙，然所谓“动静弗违，表里交正”，孰非操存之实乎？恐不必将敬字别作一项工夫看也。

　　自领教札以来，绅绎再三，思有以仰承谆诲，而终未能顿舍其旧，又不敢曲为之说以自欺，爰竭愚衷以谢明教。切磋之惠，尚有望于嗣音，幸无靳也。

【译　文】

　　复信后又接到您的信，摘出《困知记》中论敬一条，说："心一定要敬才能操持，您现在说操持就是敬，似乎再用不着敬了！"又说："主敬、持敬，像朱子在《敬斋箴》中所说的那样，工夫非常实在，没有一点缝隙。如果只是操而不敬，那样做工夫未免想要细密反倒粗疏了。"凡是您对我的观点的具体疑问，都反映在这几句话中了。恐怕我蔽于一己之见，所以又举尧舜以来，一直到程朱的格言语录与用功的方法，进行开导。提出忠告，善于劝导，还能超过这些吗？非常感激，非常荣幸！

　　"敬"这个字，的确是千百圣人递相传授的法则，我虽鲁钝，也曾经学过有关敬的教导，怎敢不敬呢？但是看孔子的训示，他只说过"敬以直内"，没有说过"主敬"与"持敬"。到了程子才开始有这种提法，不过他说，"操持此心的办法即是敬以直内而已"。这正是孔子的本意。仔细体味"而已"这两个字，那即是说，敬以直内就是操持之道，敬外无所谓操持，而操持之外也无所谓敬。您说"一定要敬才能操持"，恐怕不符合程子的原意。如果说"一定要敬而后才能够存养"，这意思是明白的，而我的观点也就没有可疑之处了。主敬、持敬，对初学的人讲是可以的，但不能由它来揭示细密工夫。为什么呢？说主敬，不由心主由谁来主？说持敬，不由心持由谁来持？如由敬来主宰心，使心被敬制约，想要让它周流无滞，不是太困难了吗？如果有了滞碍，怎能达到直呢？正因如此，我才有"想要细密，反而粗疏"的疑问。初学的人他的心把握不定，往往被物所牵引，以敬来教导他，是为了防范。如果谈细密工夫，不如操字这样简洁完备，不说主敬、持敬，是因为它们实际上都已经包括在其中了，这便是一贯的妙处。

我从事于理学研究时间很久了，记录在《大学或问》中的先儒的指示，我都曾一一在自己身上验证过。如果真的做到了操，亦即能将此心常常提起，能不"主于一"而迷失于别处吗？能不"整齐严肃"吗？能不"常惺惺"吗？能不"收敛"而包藏别的什么东西吗？由上述几个提法来验证，我的观点都是讲得通的，反过来再在身心上检验，无论动静，都能做得了主宰，于是便有了自信，认为这个操也就是敬，不必向别处再去求敬。所以"操"这字是孔子教导人的关键，凡有志于学道的人，如果能把它贯彻在日常行动中，那的确是直接，既不麻烦，也不空疏，因此我特将它表彰出来，希望与同志一起学习，并不是标新立异。

更何况朱子曾在论敬的时候，把他的观点发挥到底，说："总之，只需要一个操字就够了。到关键处并不需要很多文字。"这的确是先得我心之所同然，可惜其混在许多说法之中，显不出这话的重要性。我反复研读《敬斋箴》，觉得确实没有毛病，它所说的"动静不违道德准则，表里如一完全正当"，有哪一点不属操存呢？恐怕不必将敬字当作另一个工夫来看。

自见信以来，我反复思考，很想接受您的教诲，但是到底还是没有能够抛弃自己的老观点，又不敢说自欺违心之言，所以就把我的看法和盘托出，作为对您的报答。相互切磋的收获，有赖于您的嗣音，望您不吝赐教。

又

【原文】

昨小仆回，又承教札。非志道之笃，爱与之诚，何能及此！往复莫逆，欣慰良多。"妙合而凝"，所举张南轩之说甚当，朱说似乎少异，请更详之。如南轩之说，合字可不用也。"所以阴阳者道"，来教云："理既是形而上者，虽着所以字亦不妨。"此言良是。区区之意，但以为不如伯子之言，尤浑然无罅缝耳。然所以两字果看得透，则所谓"原来只此是道"益了然矣。大抵说到精微处，愈难为言。谨此奉酬，伏希裁择。

昨天小仆回来，带来您的大札。如果不是诚心学道和对我深切关怀，怎能做到这点呢？我们在往复之间关系融洽，非常令人欣慰。关于"妙合而凝"，您所举的张南轩的观点非常恰当，朱子的提法似乎不大一致，请您再考证一下。依南轩的观点，"合"字就可以不用了。关于"所以阴阳者道"，您说："理既然是形而上的东西，即使加上'所以'两字，也没有关系。"这话也对。但依我的意见，像伯子说的那样，更加浑然而没有缝隙。不过'所以'两字如果看得透彻，那么明道所说的"原来只此是道"，就更加明白了。总之，理论越到精微处，越是难说。写到这里，望您明裁。

答陈侍御国祥 丁酉春（1537）

【原 文】

岁前只领教札，如获百朋。裁谢草草，实缘匆遽。使者去后，方得究观。天分之高，学力之优，志向之正，隐然皆有见于言外，为之降叹无已。第推与之过，殊不敢当，游于圣门，自当守吾圣人家法尔。

人心道心之辨，仆于此用工最深，窃颇自信。朋友间往往疑信相半，只为旧说横在胸中。今得高论为之发明，殆非小补。所云："《中庸》言喜怒哀乐之未发，则直谓之中；言既发，则必加中节而后谓之和。此无他，气用事不用事之辨也。"此数言者尤为切当。明乎斯义，则区区之说自无可疑者矣。仆尝谓："人心道心之辨明，然后大本可得而立。"斯诚讲学第一义，高论首及于此，而词又足以达其意，其有见哉！

又承论及佛氏与陆象山，斯亦讲学之所不容后者。然彼此之论，似乎小有未合，敢略申之。仆论佛氏"有见于心，无见于性"，高论亦既在所取矣，而又以为"责之甚恕"，岂非以佛氏之于此心，见之犹有未尽耶？然既云"无见于性"，即不得比于孟子之尽心矣。仆谓象山亦然，高论初以"未悉"为词，既而欲处之告子之列。朱子固尝以告子目象山矣，盖以力制其心之同也。然仆尝细推之，不能无别。告子之不动心，其心死，其时未有佛氏，但以烛理未明，而堕于意见之偏。高论以为"学焉而流者"，是也。然其为说，初无以动人，其害终小。象山之不动心，其心活，盖诚有得于顿悟之妙，从源头便是佛氏"本来面目"，夫岂末流之失乎！其人虽远，其说方行，所以陷溺人心而蓁芜正路者，固君子之所深虑，未可容易放过也，请更详之。

又承见论，因览拙《记》至"物格则无物"数语，心目间恍若有见，惜于不久而晦，而遂失之。详味书词，足知平日曾用格物工夫，故一旦因所感触，似乎豁然有个觉处。其随晦而失之者，殆工夫欠接续之故耳，惟是操存、省察交致其功，不使有须臾之间断，则晦者以明，明者益显，自当久而弗失。《诗》所谓"学有缉熙于光明"，紧要处全在缉字也。镜、路二喻，皆出于先儒。磨尽尘垢之昏，则本体莹然。行到王国之中，则万方毕会。此理固然，无可疑者。倘遗形器之粗，惮积累之劳，而欲径探夫上达之妙，却恐反生病痛。妄意推测如此，不识然乎？

又承有感于仆所论吴草庐之言，而深病夫近世学者妄议朱《传》之失，示及所尝论辨之说，甚是详明，自非留心正学，安能及此！夫世之妄议朱《传》者，其始出于一二人崇尚陆学之私。为其徒者，往往贪新而厌旧，遂勇于随声逐响，肆为操戈入室之计。姑未论夫至道，就其师说亦何尝有实见也！浮诞之风日长，忠实之意日微，世道所关，有不胜其可慨者矣！

然义理真是无穷，吾辈之尊信朱子者，固当审求其是，补其微罅，救其小偏，一其未一，务期于完全纯粹，而毫发无遗恨焉，乃为尊信之实，正不必委曲迁就于其间。如此，则不惟有以服妄议者之心，而吾心正大光明之体亦无所累。且朱子之于两程子，何如其尊信也！观其注释经书，与程说亦时有小异，岂非惟是之从乎？然非极深研几，则所谓是者，要亦未易言也。

仆资本中人，学无师授，管窥蠡测，何足以究斯道之大全！过蒙不鄙而惠之书，反复倾倒，曾无少吝。重惟盛意不可以虚辱，因敢辄效其愚如此。据高见所及，加以培养之功，将来所就固非朽拙所能量也。夫培养深厚，则所见益精，言愈约而味愈长，行愈力而事愈实，升堂入室，夫何远哉！千里神交，即同晤语，属望之意，倍切惓惓，想蒙亮察。凡愚见所未及，更希有以见教也。不宣。

【译 文】

年前收到您的信，就像得到许多朋友般令人高兴。因为太匆忙，感谢信写得潦草。送信人走后，才得以仔细展读您的信。您天分高、学力强、志向正，都在言外表现出来了，我为之慨叹不已。但是对我推崇太过，实不敢当。在圣门学习，自然是应该守圣门的家法。

人心与道心的区别，我在这个问题上用功最深，而且也很自信。朋友们对我的观点往往是半信半疑的，这是旧观点先入为主的缘故。现在您对我的观点进行解说，大有增益。您说："《中庸》谈到喜怒哀乐未发，直接称之为中。说到已发，一定加上'中节'，然后才称之为和。这没有别的原因，区别在气究竟有影响还是没有影响。"这几句话尤其恰当。明白了这个意思，我的观点自然没什么可疑的了。我曾说："人心与道心的区别明确了，那么大本就可以确立起来了。"这确是讲学的第一个要点，高论首先提到它，而且表达得非常清楚，真是有见识啊！

来信又谈到佛家与陆象山，这也是讲学中不能忽视的。但是我们之间似乎有些分歧，请让我申述一下。我说佛氏"看到了心，但没看到性"，您也认为是对的，可是又说，这种批评对于佛氏"过于宽恕"了。这是不是说佛氏对此心的见解还有不到的地方？不过既然说他没有看到性，当然无法与孟子的尽心相提并论了。我认为象山也是这样，您开头说这样说不大明白，后来又要把象山归在告子一类。朱子确把象山看作告子，那是因为二人都是以力制心的。我曾细细推究，二人也还是有区别的。告子不动心，是因为他把心管死了，当时还没有佛法传入，只因对理看得不清楚，所以才有了偏颇。您说他属于要学习但没有学好的一种人，这是对的，由于他的学说并没有多大影响，危害终究是小的。象山也讲不动心，但是他的心活，这是因为他融入了顿悟观念，从根源来说就是佛家的"本来面目"，不是仅在末梢部分出了错。他本人虽然早已过世，但是他的学说正在流行，陷溺人心，堵塞正路，君子深深感到忧虑，不能轻易放过。请您再仔细考虑。

您还告诉我，读拙著《困知记》到"物格则无物"等几句话时，心目间恍然有所见，可惜这种感觉不久就暗淡、消失了。仔细体味信中的话，可知您平日确实是下工夫格物来的，所以一旦有了感触，便豁然有悟了。后来之所以暗淡消失，大概是工夫没有接续得上的缘故。只要交替运用操持与省察工夫，不让它有一刻的间断，那么暗的会明，明的则会越加清楚，自然能够长久保持而不再消失。《诗经》说"学有缉熙于光明"①，重要的地方全在"缉"字。镜与路的比喻，都是先儒提出来的，磨掉了镜子上的尘垢，那么镜体就光明了。走到京城之中，那么四面八方全可交会。理本来就是这个样子，没有可疑之处。如果丢开外物，不从事于积累，只想直接抓住天理，这样做怕的是反而要出毛病。胡乱对您的情况进行推测，不知是否正确。

您有感于我评论吴草庐的话，责备近来求学者无根据地攻击朱子的《补格物致知传》，并把您的一些论断抄给我，的确详细明白，如果不是留心儒家之学的人，岂能做到这点！世上攻击朱子补传的人，开始大概是由于一两个崇尚陆学的人的私心作怪。他们的学生往往喜新而厌旧，于是便大胆地随声附和，对朱子学实行操戈入室的攻击。姑且不谈他们对于儒家大道有什么认识，即使是对于自己的老师又何尝真有认识！现在浮躁虚伪的风气天天发展，而忠实的心态日益衰落。世道如此，令人不胜慨叹。

---

① "学有缉熙于光明"，《诗·周颂》语。缉，继续；熙，光明。通过学习，"续而明之，以至于光明"。

不过义理是无穷的，我们尊信朱子的人，应该仔细探求他正确的东西，为他补上小的漏洞，纠正小的偏差，让不一致的地方一致起来，务必达到完全纯粹，没有丝毫遗憾。只有这样才是真正的尊信，毫无必要采取委曲迁就的态度。这种做法不但能够使攻击他的人心服，我心光明正大的本体也不受影响。再说，朱子对于两程子是多么尊信，但他注释经书与程子观点也时有不同，这难道不是唯真理是从吗？当然如果不是对儒道研究得深透，究竟什么是真理也是不好说的。

我只有中等资质，没有名师传授，以管窥天，以蠡测海，怎能穷究儒道的全体？而您却不嫌弃我，写信来反复褒扬。我想不能辱没您的厚意，于是大胆地说出了自己的看法。从您的水平出发，再加以培养的工夫，将来的成就绝不是我所能想象的。培养工夫深，那么认识将更精密，言语将更简约而意味更深长，实践更有力，事业更扎实，升堂入室是不会很久的。我们相隔千里而精神交流则如同当面晤谈一样，我对您的希望非常殷切，谅您是会察知的。我说得不对的地方，请您指正。不一一细说了。

答刘贰守焕吾 丁酉冬（1537）

【原　文】

伻来，辱书仪之惠，多感盛情。审知宦况清佳，兼有捧珠之喜，尤用欣慰。书中谆谆以讲学为事，志诚笃矣，顾老朽连年卧病，茅且塞心，将何以奉酬高论乎？

所举"学者须先识仁"一段，以为中间不曾拈出下手工夫。仆向时亦尝有此疑，子细看来，须以意会。盖首云："仁者，浑然与物同体。义礼智信皆仁也。"中间又云："《订顽》意思乃备言此体。"此是明道先生分明指出仁体处，学者便当就此下体认工夫，果看得《订顽》意思透时，则章首两言之义，自当了然于心目间，而存之者有其实矣。不然，更将孔子答诸弟子问仁之训，一一潜心体认，真积力久，庶乎其自得之。

仁固不外乎心，然非可以浅近窥，急迫求也。今欲灼知仁体所在，而从事于亲切简当工夫，似颇伤于急迫。盖此理该贯动静，无乎不在。故欲灼知仁体，而存、省交致其功，则善矣。必欲知仁体所在，而求其工夫之简当，有不堕于佛氏"本来面目"者几希矣。

乍见孺子入井之心，孟子明以为仁之端，恐难作仁体看。体用虽非二物，然自有形而上下之分。若以觉为仁，则混而无别矣。且觉之一字，非惟孔子未尝道及，程子亦未尝道及，后学当安所取信乎？鄙见如斯，不容有隐，更希详择。

拙《记》误劳郑使君翻刻，恐累知言，然详味其题辞，其笃信好学，可想见已。两贤并处，志同道合，切磋之益岂少哉！仆常念斯道难明，同志难得。乃因贤契，又知有郑使君，心之好之，亦自有不能已者，第无缘一会耳。力疾裁复，词欠周悉，幸惟亮之。

【译 文】

信使来，收到您的书信和贺仪，非常感谢。知道您为官情况很好，又生了一位公子，很是欣慰。信中屡屡谈到讲学，您志向的确诚笃。可是我连年卧病，更加愚钝，如何来酬答您的高论呢！

您举出程子的"学者须先识仁"一段话，认为其中没有提出下手工夫。我过去也曾有这个疑问，但是仔细研究，觉得对于这段话应该灵活领会。这段开头说："仁就是浑然无间地与物成为一体。义礼智信也都包括在仁之内。"中间又说："《订顽》的主旨乃是全面地阐述仁体。"这是大程子明白地指出仁体之处，求学者应该在这里下工夫，果真将《订顽》主旨看透了，那么开头两句的意思自然应该明白，而这也正是应该存养的东西。不然，就再把孔子关于仁的教导，一条条地潜心体认，功深力到，必将会有心得。

仁本不在心外，但不能看得太浅，求得太急。您想要清楚知道仁体的所在，而做内心易简工夫，这似乎失之急迫了。此理是贯穿于动静的，它无处不在，所以为了清楚知道仁体本身，而全面运用存养与省察的工夫，那就对了。想要知道仁体在何处，而求做简易工夫，那么不堕入佛家顿悟泥坑的是很少的。

忽然看见小孩掉在井里时的心情，孟子明确地认为这是仁之端，恐怕不能当作仁体来看。体与用虽然不是两个东西，但一个是形而上者，一个是形而下者。如果以觉为仁，那么就将体用混在一起了。而且，觉这个字不但孔子没有说过，程子也没有说过，后学将如何相信它呢？我的看法就是这样，不容隐瞒，希望您审查、判断。

拙作《困知记》误劳潮州知府郑宗古先生翻刻，我担心人家说他不知言，不过仔细体味他的题词，他对儒家道理的笃信与好学，可以想见。您们两位在一起，志同道合，切磋的益处一定很多。我常觉得此道难明，同志难得，现在通过您又认识了郑先生，心中的向往，不能自已，只恨没有会面的机会。强撑病体给您复信，言语不太周到，望您原谅。

复张甬川少宰 戊戌春（1538）

【原文】

　　岁前，小儿玥到家。得所惠教札，及盛制四编。斯文至爱，弗胜感荷。审知道体安和，尤用欣慰。高明之学，切于为己，所造既深，而犹以讲习为事，同声之应，亦何能已！第书词过重，殊非浅陋所敢当，惟有以规正而助益之，乃为至幸。

　　《大学》《中庸》二传，辞皆精练，正心之义，与鄙见不约而同。然拙《记》中仅能略举其端，不如高论贯穿前后，本末兼尽。晦翁复起，殆莫之能易矣，敬服，敬服！但以灵觉为性，浅陋殊不能无疑。拙《记》中于此事论之最详，想未深契也。切详高意，盖以性不外乎仁义礼智，而谓灵觉属智，是以一之。仆尝验之《文言》"贞者事之干"，及《中庸》"聪明圣知达天德"二语。在人之智，即在天之贞，是即所谓天德。明乎贞字之义，则智与灵觉，殆不容于无别也。明乎达字之义，则圣知与天德，又不容于无别也。盖仁义礼智皆定理，而灵觉乃其妙用。凡君子之体仁、合礼、和义、干事、灵觉之妙无往而不行乎其间，理经而觉纬也。以此观之，可以见心性之辨矣。此义理本原，不容有毫发差互，请更详之。且高论亦有"非性何灵之有"一言，是明有宾主之分。盖心之所以灵者，以有性焉，不谓性即灵也。仆尝言，"天地间非太极不神，然遂以太极为神则不可"，即此义也。夫宾主之分，乃其理之自然。是以虽欲一之，而语脉间自不能无对待之势，不可得而一也。吾辈所当明辨者，无切于此。辱爱之厚，不敢不尽其愚，庸备裁择。

仆晚而学《易》，殊欠浃洽，详读高论，启发良多。盖皆得于精思熟玩，优游厌饫之余，决非工为笼罩者所能到也。间有一二稍逆于心，想只是本原处所见未一，恨无由相与细讲之尔。

《春秋说》初读便快，愈读愈快，有如是学识，须得如是笔力以发之。力救胡氏之偏，尽洗从来穿凿之弊，其有补于《春秋》不为少矣。仆于此经未及明习，然所谓"据事直书，而得失自见"，鄙意素亦云然。以此意求之，所见固应脱洒，加之文字缜密，行远何疑？叹赏之余，因欲求正一两事。如孔父、仇牧、荀息之死，诸传皆以为圣人与之，反复推寻，深所未喻。三人者，惟仇牧事迹欠详，如孔父徇其君以黩武殃民，荀息徇其君以废嫡立庶，皆酿成弑逆之祸，罪莫大焉。纵其大罪而取小节，岂所以垂训于万世乎？又况"义形于色"及"不畏强御"之云，考之《左传》，具未见得，不知书"及"之意果安在也？跂闻高论，以决鄙疑。

老病交侵，神疲力乏，乘便修复，不能究所欲言者，千万亮之。临楮惓惓，尤冀为斯文宝重。不宣。

【译 文】

年前，小儿翊回到家中，带来您的信与四本大作。对您的至爱，我铭刻在心。知道您的身体安康，更是欣慰。您的学问是切于为己的，造诣很深，又重视讲学，同声相应的情感，萦绕在我心头。信里对我表彰太过，实不敢当，只有给以规劝、帮助，才是我的幸运。

您的《大学传》与《中庸传》，用语精练，其关于正心的解释与我的看法不约而同。但我的《困知记》只能大略地举出正心工夫的端绪，不如高论贯穿前后，大小问题都讲到了。朱子再生，恐怕也是不能改的，非常钦佩！但是您认为灵觉是性，我不能无疑。拙著《困知记》对这个问题谈得最为详尽，大概与您的看法不甚契合。您的意思是说，性不外乎仁义礼智，而智属于灵觉，所以它们都属于灵觉。这个问题，我曾用经典验证过。《文言》说："贞是事的主干。"《中庸》说："聪明圣智可以通达天德。"由这两句话可以知道，人的智，也就是天的贞，亦即天德。明白了贞字的意义，那么智与灵觉恐怕不能混而为一。明白了通达的意义，则可以知道圣智与天德又不能混而为一。因为仁义礼智都是定理，而灵觉乃是它们的妙用。君子体现仁、符合礼、和于义、做事以贞为主干，他的灵觉总要在其中起作用，这是因为理是经而觉是纬的缘故。从这来看，就可以知道心性的区别了。这是义理的本原，不容有丝毫偏差，请再加考核。再说，您也说过："如果没有性，哪里来的灵呢？"可见确有宾主之分。心为什么是灵的？因为有性在，但这不意味性即是灵。我曾说："天地间没有太极就没有神妙作用，但是认为太极就是神则是不行的。"表述的也是这个意思。宾主之分，是由于理自然如此。因此，虽然您想把二者合在一起，可是说起话来也不能不让它们相互对待，合不到一处。在应该明辨的问题中，没有比这个更为迫切的了。由于您的厚爱，使我不敢不竭诚相告，谨供您参考。

我晚年才来学习《周易》，工夫欠周到，读了您的高论有很多启发。这些都是精思潜玩、从容体味之后得到的，专门说大话、空话的人是做不到的。其中有一两处与我的观点不一致，大概是因为根本问题上有分歧的缘故，遗憾的是没有机会与您细细讨论。

您的《春秋说》，我初读就觉得畅快，越读越畅快，有这样的学识，确实应该有这样的笔力来表达。您力救胡安国的偏颇，完全洗刷了以往穿凿附会的毛病，对于《春秋》确有补益。我对这部经典没来得及研究，您说的"依据事实直书，得失自然可见"，我的意思素来也是这样。用这个想法考察历史，认识自然洒脱，加上行文缜密，您的书广泛流传是没有疑问的。叹赏之余，我也想请教一两个问题。如孔父、仇牧、荀息之死，几本《春秋传》都认为圣人是赞赏的。我反复研究，很不理解。三个人中，仇牧的事迹欠详；孔父曲从其君，穷兵黩武，祸害百姓；荀息曲从其君，废嫡子而立庶子，都酿成了杀君之祸，罪大恶极。放掉了他们的大罪而表扬小节，怎么能垂训万世呢？况且赞扬他们的"义形于色""不畏强暴"，在《左传》上都是没有的。不知《春秋》上写"及其大夫"的及字是什么意思？想听听高论，以便解决我的疑问。

我既老且病，身心都很疲惫，乘便写封回信，不能把想说的全说出来，千万要原谅。非常想念，特别希望您为斯文多加宝重，就此搁笔，不细说了。

答陆黄门浚明 戊戌秋（1538）

【原 文】

七月二十六日得六月十日书，后数日，方得五月十九日书。《震泽长语》及重刻拙《记》，皆如数收领，感慰兼至。《跋语》简重严健，意味深长，识者无不叹服，但推与之过，殊不克当尔。拙《记》恐未足传，乃劳重刻！原执事之所用心，惟欲共明斯道，以尽吾儒职分之常，初非有所私于老朽，老朽亦安得以其私谢？第心识之。审知文候清佳，绩学不倦，尤慰怀想。为己之学，最是涵养体认工夫常要接续，记览考索皆其次尔，想高见具悉，无俟鄙言。

兹因萧掌教先生处人行，敬此奉复。别录所疑，一一条答如左。义理无穷，识见有限，有所未合，当再商量，弗明弗措，烦数非所计也。

"程伯子论生之谓性"章

此章曲折颇多。仆尝反复推寻，觉得才说两字，正与不容说三字相照应。才说性时，便已不是本然之性，则所谓不容说者，非本然之性而何？若以为指天道而言，则此章大旨本因论性而发，既详于气禀，却无一言说着本然之性，而遽推及天道，恐非程子意也。

"凡人说性，只是说'继之者善也'，孟子言'人性善'是也"。此三句盖以申明"才说性时便已不是性"之意。"继善"乃借用《易》中语，指人性发用处而言，意谓凡人说性只说得发用处尔。孟子道性善，亦只是就发用处，指出示人。观乎"乃若其情，则可以为善"等语，分明可见。若夫本然之妙，毕竟不容说也。然孟子虽就发用处指示，正欲学者溯流穷源，以默识夫本然之妙。如告子辈则遂认取发用处，执以为性，竟不知有

"人生而静"一层，此其所以卒成千里之谬也。

拙《记》中又以"感物而动"一言申"继善"，只是要将动静两字，说教理一分殊分晓。理一便是天地之性，分殊便是气质之性，与高见亦何异乎？然天地之性须就人身上体认，体认得到，则所谓人生而静，所谓未发之中，自然头头合着矣。远辱诲谕，研究再三，而说来说去，终是旧时见识。不知理果尽于此乎，抑固而未化也？便中更希明示。

"凡言心者皆是已发"章

人心道心，看得甚好。"必使道心常存，而人心之发每不失其正焉"，此言尤当。希贤、希圣更无他法，但当力践此言而已。愿相与勉之。

"《新刻楞伽经序》"章

忧深虑远，拙《记》偶未及此，当思所以处之。

"能者养以之福"章

"养之以福"，仆于此句平日有疑，因读《汉书》作"养以之福"，其疑遂释。若曰"养之以致福"，理无不通，但须增一致字尔。古人属辞固不必一一对待，然经书语句多有对得整齐者。要之，只是顺理成章，非有意也。

"《通书》义精辞确"章

爱固不足以尽仁，而仁实爱之理，所以最难为言，来书所疑未为过也。但"博爱之谓仁",太说杀了。"爱曰仁",语意却较宽平,与孟子"恻隐之心,仁也"相似。要之,终有所未尽耳。

"中也者,和也,中节也,天下之达道也。"其意盖以"发而中节之和"为中。中字该贯体用,在人如何用耳。"中也者"一句,与上文刚善、刚恶、柔善、柔恶是一类,此处恐不必置疑。

"天道之变尽于春夏秋冬"章

此前一章已尝论及邵学大意,亦可见矣。元、会、运、世之说,都是从数上推出,初非杜撰。小则一岁,大则一元,参伍错综,其说皆有条理。若比之邹衍迂诞之谈,佛氏宏阔之论,切恐太过。但其学不传,无由通知其本末耳。高论甚实,仆无得而议之。经纶世变,乃邵书本旨。皇、帝、王、伯虽则并称,而等级至为严密。其以《易》《书》《诗》《春秋》为圣人之四府,虽未及《仪礼》《周礼》,然有"礼乐污隆乎其间"一言,说得却无渗漏。其前后议论,诸儒道不到处颇多,间有一二未纯,瑕瑜自不相掩也。若其妙达天人之蕴,朱子特深知之,所著赞辞称其"手探月窟,足蹑天根",其必有所见矣。大抵吾辈博观群籍,于凡所可疑者不得不疑,可信者不容不信,但当以义理为之权度耳。

"或问杨龟山《易》有太极"章

中字非所以训极字，而所谓太极者，常在天地万物之中，只要人识得。若识得破时，中央之中与未发之中，无非太极之本然也。

"梁武帝问达磨"章

达磨以造寺写经"并无功德"，宗杲以看经念佛为"愚人"。来书谓："其本意只是要人学他上一乘法，在彼教中高处走耳。"极看得破。然所谓"并无功德"及"愚人"等语，皆是真心实话，不知不觉从天理上发出来。仆是用表而出之，以警悟世之迷惑者耳。彼虽异端，天理如何泯灭得？但由之而不知，非过许也。

"元之大儒称许鲁斋"章

君臣之义，无所逃于天地之间。鲁斋生长元之土地，元君则其君也，况所遇者世祖，素知尊孔子，重儒文，其贤亦未易得，必欲守隐居不仕之节，恐非义理之正也。且鲁斋之出，志在行道。当时儒者之道不废，虽未必尽由鲁斋，然开道从史，鲁斋不为无力。一有不合，辄奉身而退，视荣利将浼焉，圣门家法未之或失，此仆之所以有取于鲁斋也。设使身非元民，君非世祖，则高论断不容易。拙见如此，未知当否？请更详之。

【译 文】

　　七月二十一日接到了您六月十日信，又过了几天才收到您五月十九日信。《震泽长语》与重刻《困知记》都如数收到，非常感谢和欣慰。您的《跋语》简练庄重，意味深长，有识者都十分叹服，不过对我如此推重，殊不敢当。我的《困知记》不值得流传，却劳您重刻，推想您的用心，是要一起来发扬此道，尽我们儒者的天职，并不是以私心与我交好，那么我岂能以私心相谢？心中铭记不忘就是了。知道您学业有成，勤勉不懈，尤能慰我怀想。儒学是为己之学，最要紧的是时时接续涵养体认工夫，读书、考证是其次的，谅您非常清楚，不用我来饶舌。

　　现在萧掌教先生处的人要启程，我乘便给您写了这封回信。另外将您所提出的问题，回答如下。义理无穷，但见识是有限的，如有不一致处，可以再进行商量。不清楚就不停止，不要考虑麻烦与否。

　　"程伯子论生之谓性"章

　　这章有不少曲折。我曾反复思索，觉得"才说"两个字，正与"不容说"三个字相互照应。明道先生说，"才说性时就已经不是本然之性了"，那么所谓不容说的不就是本然之性吗？若以为那是指天道而言的，那么这一章的大旨是从论性提出来的，气禀说得详细，却没有一字说到本然之性，就忽然推到天道，恐怕不符合程子本意。

程子说："人们谈性，只是谈'继之者善也'，也就是孟子说的'人性善'。"这三句是用来申明"才说性时就已经不是本然之性"的意思。"继之者善"是借用《周易》的话，指人心发用处而言，意思是说，凡是人们论性都是说的发用处。孟子肯定性善，也是就发用处来说的，从他"至于人的情是可以为善的"等语来看，这是很清楚的。至于本然之性，毕竟是不能说的。孟子虽是从发用处做了指点，正是想让求学者溯流而穷其源，默识本然之性。告子之流将发用处当作本然之性，竟然不知道有"人生而静"这回事，这便是他们由毫厘之差造成的千里之谬。

《困知记》中又用"感物而动"来解释"继之者善"，这是要将动静两字用理一分殊的道理解释明白。理一就是天地之性，分殊就是气质之性，这点与您的高见没有区别。但是天地之性应该就人身上体认，体认透了，那么人生而静，未发之中等等，自然件件相合。对于您的教诲，我反复研究了，可是说来说去，终究是原来的意见。不知是道理本来如此，还是我太顽固了，请您明示。

"凡言心者皆是已发"章

您对人心道心，解说得不错。"一定要使道心常存，使人心发出来都合于天理。"这话尤其正确。人们要希贤、希圣，再没有别的办法，努力实践这话便足够了。希望我们以此相互勉励。

"《新刻楞伽经序》"章

您担心得深，考虑得远，《困知记》没有照应到这点，应该想法弥补。

"能者养以之福"章

"养之以福"这句话我素来是有疑问的，后来读《汉书》，发现它写作"养以之福"，疑问于是消解。如果说"养之以致福"，也是说得通的，但是要另加一个"致"字。古人写东西，虽不要一一对应，但是经书的语句有很多是对得整齐的。总之是要顺理成章，不是有意这样做。

"《通书》义精辞确"章

爱不能完全表现仁，但仁确是爱的理，因此二者关系最难表述，来信提的疑问没有错。韩愈的"博爱之谓仁"说得太死了。孔子的"爱曰仁"却比较缓和，与孟子的"恻隐之心仁也"相似。但是它们对于仁与爱的关系，终有未说透之处。

"中也就是和，也就是中节，它是天下的达道。"此语以和（"发而中节之和"）为中。"中"字是贯通体用的，其意义在人如何去用。"论中"的这一句，与《通书》上文的刚善、刚恶、柔善、柔恶是一类的，这里恐怕不必怀疑。

"天道之变尽于春夏秋冬"章

在这之前的一章已谈到这个话题，邵雍学说的大意也可以看出来了。元、会、运、世的理论都是从数上推出来的，原本不是杜撰。小到一年，大到一元，元、会、运、世错综于其间，都是很有条理的。如果将它比成邹衍迂远荒诞的说法、佛家大而无当的理论，恐怕是太过分了。只是他的学说没有传人，无法对它进行全面了解。您的高论很是实在，我不能随便议论。邵书的本旨是把握世道的变化。皇、帝、王、伯虽然是并称的，可是等级非常严密。它将《易》《书》《诗》《春秋》当作圣人的四府，虽然没有提到《仪礼》《周礼》，但说了"礼乐的地位时高时低"，实际上把它们也包括在内了。他的议论，有许多是诸儒未曾谈到的，其中有一两点不纯，毕竟瑕不掩瑜。至于他深究天人底蕴的言论，为朱子所深知，在为邵氏写的赞辞中，称他"手探月窟，足蹑天根"，这绝不是随便说说的。我们博览群书，对于可疑的不能不疑，但可信的也不得不信，只是应以义理作为衡量的标准。

"或问杨龟山《易》有太极"章

"中"字不是"极"字的解释，但太极常常处在天地万物之中，关键在人能认识到这点。如果看得破，中央之中，未发之中，全都是太极的本然状态。

"梁武帝问达磨"章

达磨认为，造寺写经没有功德。宗杲认为看经念佛是愚人的行径。您的信中说，"他们的本意只是要人学他更高的佛法，达到佛教的更高境界"，的确是看得破。但是"没有功德""愚人"都是他们的真心话，是不知不觉从天理上发出来的。我因此把它们提出来，警悟世上的迷惑者。他们虽是异端，但是天理是不能泯灭的，说他们行了天理而不知天理，并不是过分地赞许他们。

"元之大儒称许鲁斋"章

君臣的大义，只要人存在于天地之间就不能逃避。鲁斋生长在元的土地上，元君就是他的君，况且所遇的是元世祖这样的君主，此人素来尊重孔子，重视儒家学说，其贤明非常难得。在这种情况下一定要坚持隐居不仕，恐怕不是正理。再说鲁斋志在行道，当时儒者之道能够流行，虽然未必全是鲁斋的功劳，但他确是下了大力来开导劝说的。情势与自己的志向一有不合就辞官不做，认为荣利似乎要污染了自己，这都是符合圣门家法的。这是我赞成他的原因。假使他本身不是元民，君主不是元世祖，那么您的高论肯定是正确的。拙见如此，不知对不对，请您详细考察。

答林正郎贞孚己亥秋(1539)

【原 文】

刘石竹宪副过家，专人送到手札及盛制两编。开封细读，志同声应，如获至宝。且闻侍奉吉庆，欣慰兼至。曩在仕途，虽未及亲接，间获见一二篇什，心固已奇之矣。比审居闲日久，造诣益深，藏器待时，尤用嘉叹。

仆进修不力，徒事空言，以管窥天，见则有限，何足重烦贤者之笺释哉！适增愧耳。究观高论，大抵天资明快，故得之不见其难，才思清通，故言之能畅厥旨。于鄙见虽或有合，而独得之妙亦不苟同，讲学固当如是。承欲加之切磋，顾学未成而耄已及，将何以少副爱与之盛心乎！勉撦旧闻，姑用塞责，不自知其可否也，幸相与订之。凡大意相同者皆不赘。

今士风日靡，异说澜翻，非有卓然不惑之君子，其何能定！仆老矣，所望于贤者，益坚任重道远之志，笃致深潜缜密之功，以振斯文，以式来学，将不止为一世之士而已。山川间阻，良觌无由，倘不惜嗣音，尤为至幸。

【译 文】

刘石竹副都御史路过我家，派专人送来您的信与两部大著。开封细读，知道您与我志同道合，真是如获至宝。而且听说您侍奉双亲吉庆，备感欣慰。过去我们同在仕途，虽然没有与您会面，但有时看到您的一两篇文章，已颇感惊奇。现在您不仕在家，造诣更加深厚，待机再展宏图，这尤其令人赞叹。

我进修没用力，只是说空话，实在是以管窥天，见识有限，不值得劳您的大驾为我做注释！这反倒增加了我的羞愧。看您的高论即可知道您是天资明快的人，所以认识道理并不困难，且才思敏捷，写起来能将想法说透。虽然您与我的观点有一致之处，但自己有独到见解也不苟同于我，讲学本应如此。您要与我进行切磋，我学问未成却已老耄，怎样才能报答您的厚爱呢？勉强摘录一点旧说，姑且用来塞责吧。不知是否对头，希望我们相互评议。凡是大意相同的就不再重复了。

现在士风一天天坏，异端之说犹如汹涌的洪水，没有高明的君子，怎能将其平定！我老了，希望您坚定任重道远之志，下深潜细密工夫，振兴儒学，给后学树立榜样，做一位不只影响当代的士人。山川阻隔，无法会面，如能继续来信，将是我的大幸。

上卷

【原文】

上卷首章

开卷数语，似乎用意过深。德字形字，骤难理会，想必有说也。

第四章

谓"体用动静，道心人心皆有之"，恐误也。道心，性也，性为体。人心，情也，情为用。体常静，用常动，此自然之理，非有意于分别也。但观《乐记》"人生而静"，"感物而动"二语，及伊川《颜子所好何学论》便是明证，无可疑者。看来此段却是未悉区区人心道心之说。拙《记》纲领只在此四字，请更详之。

"应妍应媸"之说固未当，"镜明镜昏"之喻亦未尽。盖道心常明，其本体然也。人心则有昏有明，凡发而当理，即是人心明处，发不当理，却是昏处，不可道人心一味是昏也。

第五章

谓"佛氏别是一教，不当以吾儒之心性、伦理与之并言"。朋友间亦尝有此说。殊不知鄙意正要将来与之并言，方见得是非分晓。不然则毫厘差处无从辨别，终无以服其心而解其惑也。

第六章

"物各付物"，"一以贯之"，似说圣人分上事。宜更从天理上研究，方见得理一分殊，无非自然之妙也。各亲其亲，各长其长，便是各私其身之说，非自下学不诚者言也。

第七章

格物，既主朱子之说，又有取于阳明，何也？二说果可通用乎？

第十一章

理气二字，拙《记》中言之颇详，盖诚有见其所以然者，非故与朱子异也。今高论所主如是，亦难乎其为言矣。但"气强理弱"之说，终未为的，因复缀数语，语在下卷第十九章。所疑"理散果何之？"似看鄙意未尽。《记》中但云，"气之聚便是聚之理，气之散便是散之理。惟其有聚有散，是乃所谓理也"。并无"理散"之言。此处只争毫厘便成二义，全要体认精密也。

第十四章

性之所以难言者，只为理字难明，往往为气字之所妨碍耳。"天地之性""气质之性"，宋诸君子始有此言，自知性者观之，固可默识，在初学观之，有能免于鹘突者几希。何也？夫性一而已矣，苟如张子所言"气质之性，君子有弗性"，不几于二之乎？此一性而两名，仆所以疑其词之未莹也。若以理一分殊言性，较似分明，学者较易于体认，且于诸君子大意亦未尝不合也。

高论谓，"理一即本然之性，分殊即气质之性，特异其名耳"。此言诚是。谓"一性两名犹在"，则未然。只是一个理字，何从更有两名乎？况章末又申明其义云："其分之殊，莫非自然之理。其理之一，常在分殊之中。"决不至鹘突人也。所举三圣及群贤论性之言，中间尽有曲折，正宜讲求归一，而顾未之及。末后一段，虽词意高远，止是赞性之善，终未见有以尽诸说之异同也。

第十五章

非乐于细碎，但恐语焉而弗详，此理终不明耳。善观者从细碎处收拾来，自然打成一片；苟不善观，无怪其惑也。

第十八章

足见用心，更得数语发挥其所明者，尤善。

第十九章、二十章

吾夫子赞《易》，千言万语只是发明此理，始终未尝及气字，非遗之也，理即气之理也。贤友往往将理气二字并说，左顾右盼，惟恐有失，不亦劳乎！须求其所以然可也。拙《记》尝再续，于"就气认理"之说又颇有所发明，恐未及见，辄以一部奉寄，或可参看也。

第二十四章

"无物"只是不为物所蔽，不以辞害意可也。

第二十五章

颜子喟然之叹，先儒尝意其在"请事斯语"之后矣，此非大义所关，不必深泥。但看朱《注》"至明""至健"两言，若非见得礼字分明，将何以致其决也？

第三十一章

"天地之大德曰生"，"生生之谓《易》"，性命之理不出乎此。"上下之察"，朱《注》明以化育为言，可谓深得其旨矣。"造端乎夫妇"，盖就人事之近而指言其本始。察乎天地，即此端之极致，不容复有两端三端也。今谓"生化之源，乃其一端"，则造端二字，当别有所指矣，可得闻乎？

第三十五章

未发之中，程子所谓"亭亭当当，直上直下之正理"是也，见得到便信得及。以偏全、清浊为说，失之远矣。太极之义，《附录》中所答陆黄门书，亦有数语可参看。拙《记》虽无次序却有头脑，前后都相贯穿，只要看得浃洽耳。

第四十章

"穷理所以格物"，似乎倒说了。

第五十三章

经界之法，古以均田，后世则以之均赋。中间曲折亦不尽同，然行之得人，为利诚亦不少。

第六十四章

泉之源不知亦有浊否？即有之，将来比性不得。程子曰："人生气禀，理有善恶，然不是性中有此两物相对而生。"其言至矣，第三句须着意理会。

第六十五章

《附录》中所答陆书，亦尝论此一段，可参看，何如？高论虽详，似乎未悉鄙意。仆所不能无少异于朱子者，只是以上二字，其他无不同也。

第七十九章

所谓"理气二物，亦非判然为二"，未免有迁就之意。既有强有弱，难说不是判然。夫朱子百世之师，岂容立异？顾其言论间有未归一处，必须审求其是，乃为善学朱子，而有益于持循践履之实耳。且如《中庸章句》所解"天命之谓性"，是人物之性一而已矣。《孟子集注》所解"犬牛与人之性"，又不免于二之。有志于学者，但草草读过可乎？大凡两说之中，必有一说至当，果见得到，虽有从有违，自无害其为尊信也，不审高见以为何如？

【译 文】

上卷首章

开卷的几句话，似乎用意过深。所说的"德"字与"形"字，一下子很难理解，大概您有自己的道理吧。

第四章

您说，"道心人心都有体用动静"。这话恐怕错了。道心是性，性是体。人心是情，情是用。体永远是静的，用则永远是动的，这是自然之理，不是有意进行区别。只要看《乐记》的"人生而静"和"感物而动"两句，与伊川的《颜子所好何学论》就是明证，没有什么可疑的。看来这段文字反映了您还没有理解我的人心道心的观点，《困知记》的纲领就是这四个字，请再研究一下。

将心比作镜子，说美物来了它应以美相，丑物来了它应以丑相，这不恰当；用镜的昏明比喻心的昏明也不透彻。道心是永远清明的，因为它的本体是这样的。人心则有昏有明，人心发出来符合于理的即是它的明，发出来不符合于理的就是它的昏，不能说人心完全是昏。

第五章

您说，"佛家是另外一种教门，不应该以儒家的心性说与伦理准则与它比较"。我的老朋友中也有人这样主张。殊不知我正是要将二者进行对比，这样才能看出是非。不然，微妙的差别无从辨别，最终不能使信佛的人心服并清醒过来。

第六章

"按物的本性来对待它""用一个道理来贯穿一切"，您这样解释，似乎说的是圣人的本分，应当从天理上进行研究，这样才能看出理一分殊是自然而然的。各亲其亲人，各敬其兄长，就是各自偏爱己身的道理，不是针对下愚不诚的人来说的。

第七章

关于格物的理论，您既主张朱子的观点，又同意阳明的观点，这是为什么呢？这两种观点果真能够通用吗？

第十一章

理气两个字，《困知记》中说得很详细，我的确是认识了它们的所以然，不是故意与朱子不同。您坚持朱子的理论，所以理解我的观点就很困难了。但我认为朱子"气强理弱"的观点终究不妥，所以我又在下卷第十九章做了些补充。您提出"理散了之后跑到哪里去了？"的质问，似乎是没有看透我的意思。《困知记》中只是说："气聚就是聚的理，气散就是散的理。正因为它有聚有散，这才是理。"这里并没有"理散"的说法。这种地方只差一点点意思就完全不同了，所以要仔细体认。

第十四章

性之所以难说清楚，只是因为理字不容易弄懂，对理的理解常常受到气字的影响。宋代几位理学家首创"天地之性""气质之性"的说法。这对于理解性的人来说当然是可以领会的，但初学者去看，难免不糊涂。为什么呢？性只有一个，假设像张横渠所说，"气质之性，君子不把它当作性"，这不是把性分为两个了吗？一个性而有两个名称，我怀疑这是概念不清楚。如果以理一分殊来解释性，则比较清楚，求学者比较容易体认，而且与几位大儒的原意也是相合的。

您的高论认为："理一就是本然之性，分殊就是气质之性，只是换一下说法而已。"这话说得很对。但您说"一性两名的情况仍然存在"，则不正确。这里只是一个理字，哪里还有两个名字？何况我在本章末尾又重申道："分殊没有不是自然之理的，而理一常表现在分殊之中。"绝不至于使人糊涂。您所举出的三圣人与诸儒论性的言论，里面有许多复杂的问题，正应该探求其一致之处，但您却没有论及。末尾一段，虽然说得很高远，但只是赞扬性善，没有明确判断诸说的异同。

第十五章

我不是喜欢琐碎，只是怕说得不详细，此理仍不明白。善于理解的人从琐碎处概括起来，自然可以打成一片。不善于理解的人，那就不能无惑了。

第十八章

足见您的用意，如果再加上几句话发挥一下，那就更好了。

第十九章、二十章

孔子解说《易经》，千言万语，就是要讲透这个理，始终没有谈到气字，这不是遗漏了它，因为理就是气的理。您往往把理与气并说，左顾右盼，唯恐有失，这不是太辛苦了吗？找到其所以然就好了。《困知记》有两个续编，对于"就气认理"的观点又有新的阐发，恐怕您还没有看到，现寄上一部，谨供参考。

第二十四章

"无物"，就是不受物的影响，不以辞害意才好。

第二十五章

颜回的喟然叹息，先儒曾以为这是在他说了"请让我来实践非礼勿视听言动"这句话之后。这于儒家义理关系不大，不必拘泥。朱子在《论语集注》中说，"非至明无以察其几，非至健无以致其决"。如果不是对礼字看得透，怎么能做出符合礼的决断呢？

第三十一章

"天地的最大特点即是发育万物"，"生生不息就叫作《易》"，性命之理就在这两句话之中。《中庸》说鸢飞鱼跃表现大道的上下昭著，朱子注释以为这是指化育万物来说的，这的确深刻领会了它的旨意。"以夫妇生活为开端"，这是就显而易见的人事来指出万物的本始，所谓昭著于天地就是这个开端发展到极致，不容许还有两端三端。您说，"生化之源乃是其中的一端"，那么开端就另有所指了，那到底是什么呢？

第三十五章

未发之中，就是程子所说"亭亭当当，直上直下之正理"，理解透了也就相信了。用偏全、清浊来解释，那就差得远了。太极的意义，《困知记附录》中收的《答陆黄门浚明》讲了几句，可以参看。《困知记》虽然没有次序，却有头脑，前后都是相互贯通的，只要看得透彻。

第四十章

您说："通过穷理来格物。"好像说倒了。

第五十三章

经界之法，在古代是用来均田的，后代则是用来均赋的。

这中间细节也不尽相同，只要有得力的人来主持，实行起来利益也是不小的。

第六十四章

泉水源头是不是也有混浊的呢？就是有，用源头来比喻性也是不行的。程子说："人的气禀，按理说是有善恶的，但不是性中原有这两个东西相对而生。"这话说到家了，第三句应该着重领会。

第六十五章

《困知记附录》中的《答陆黄门浚明》，也曾论述了这一段，可以参看，怎样？您说得虽然详细，但似乎没有弄清我的思想。我与朱子的差别，只在"以上"两字，其他没有不同。

第七十九章

您说，"朱子所说的理气二物，也不是截然的两物"。这未免有迁就的意思。既然说"气强理弱"，那就难说不是截然不同。朱子是百世之师，怎么可以不同意他的观点？但他的言论中有不一致之处，必须探求其中正确的东西，这才算是善于学习朱子，并且也有益于坚持和实践。比如《中庸章句》解释"天命叫作性"，即认为人物之性是一个。而《孟子集注》中对"犬牛与人之性"的解释，则又以为它们是不同的。有志于学的人，能马虎地读过去吗？大抵在这两种观点中，只有一种是正确的，如果看透了，虽然是有的同意有的不同意，也并不意味着不尊信朱子了，不知您以为如何？

<h1>下卷</h1>

下卷首章

愚之本意盖谓，圣祖虽明二氏之学，而其所尊用以为万世无穷计者，惟吾儒之道而已。盖诚有见乎二氏之学，不足以经世，不足为有无，此其所以为大圣人之见，而圣子神孙所当守为家法者也。高论似未详此曲折，反若有取于二氏然者，诚恐害事，切希改而正诸。

第二章

谓"《易》只为卜筮而作"，鄙见终不能无疑。后儒之论，恐难尽废也。

第四章

卦德、卦体、卦象、卦变，孔子以前此说有无不可知，《象传》则分明可见，非出于后儒之分析也。高论每到分析处多不甚取，似微有厌繁喜径之意。朱子不曰"析之极其精而不乱，然后合之尽其大而无余"乎？

第七章

以"后得主"为句，当俟精于《易》者决之。

第十七章

两性字微觉不同，前一性字当作"性之欲"看，后一性字却是本然之性。

第十八章

毕竟不识本然之性。

第十九章

此章之说未然。谓"造化枢纽""品物根柢"指本原处而言，亦过于迁就矣。岂有太极在本原处便能管摄，到得末流处，遂不能管摄邪？是何道理？其以形体性情、君子小人、治乱祸福，证"气强理弱"之说，皆未为当。孟子曰："莫之为而为者天也，莫之致而至者命也。"程子谓："此二言便是天理。"此乃超然之见，理气更安得有罅缝耶？试思之，一旦豁然，将有不知手之舞之、足之蹈之者矣。

第二十一章

"周子在程朱之上"，恐未易言。二程所以有功于圣门，有功于后学者，第一是辨异端，辟邪说，使圣道既晦而复明，学者不迷其所向，岂小补哉！不知周子缘何却欠此一节？且天地造化之妙，圣学体用之全，《易》中言之甚悉，《太极图说》殆不能有所加也。推崇之过，听者能无惑乎！

第二十四章

"经纬"之说是矣，然区区未尝疑此二言。

第三十五章

此两言既在所取，宜有定见。"不可为一物，不可为二物"，窃疑所见犹未定也。

第三十八章

伯子又云："所以谓万物一体者，皆有此理，只为从那里来。'生生之谓《易》'，生则一时生，皆完此理。人则能推，物则气昏，推不得。不可道他物不与有也。"观乎此言，可见记者初未尝误。此义理本原，精深至论，未可草草看过也。且高论既疑"物之偏，恐不能有"，何又云"人物之生，理同而形异"耶？煞要寻究。人物俱有知觉，而所知所觉者则不同，可见理一而分殊矣。

第四十一章

"今之禅学，有类清谈。"诚哉是言也！殷鉴不远，尚赖忧世之君子，相与救之于未然。

第四十二章

终以"肓废"一言，似欠温厚，有以润色之为佳。

第四十四章

此章之意，似乎未甚经意，请更详之。

第四十九章

可谓深知白沙者矣。论学术不得不严，论人才不容不公。使白沙见用于时，做出来必有精采。

第五十一章

《性书》中有《五行之生各一其性辨》，考究体认，煞用工夫，觉得朱子之言，不无窒碍。但渠于性命之理，终未能究见端的。若有的见，则窒碍处，须有说以通之，必不为理气两字所缠绊也。

第五十三章

此章之说，贤友至以"为盗得法"相难，可谓直穷到底。据鄙见，为盗得法，是一道也。此正当理会处，理会得透，方见斯道之大全。

第五十四章

《传习录》中附载陆原静疑问，有云："中也、寂也、公也，既以属心之体，则良知是矣。今验之于心，知无不良，而中、寂、大公实未有也。"又论照心、妄心谓："妄与息何异？今假妄之照，以续至诚之无息，窃所未明。"以此见其尽会思索，若能再进一两步，窃恐终难契合，未必不为朱门之曹立之也。意盖以此望之。非贤友见疑，无由尽此曲折，益以见立言之未易也。

第五十五章

《格物通》近方见之，不意其侮圣言一至于此！

第五十七章

三百八十四爻，俱要看得个道字分明，方是实学。且如《屯》之九五，居中得正而“大贞凶”；《豫》之九四，既不正又不中而“大有得”。食前方丈，岂容一口并吞之耶？

第六十章

谓“金针为秘法而非心”，见之明矣。彼指金针为心者，果不明邪？殆不诚矣。不明之过小，不诚之过大。

第六十四章

既与孔氏异，恐不得为圣人之徒矣！

第六十九章

毕竟消灭。前代姑未论，国初所见如周颠仙、张三丰者，今安在耶？

【译 文】

首章

我的本意是说，明太祖虽然懂得佛老之学，但他从万代的治安出发，所尊用的只有我们的儒学，因为他的确看到佛老之学不足以治理天下，不足以有所建树。这正是大圣人之见，皇子皇孙应当遵守的家法。您的高论好像没有理解这层深意，以为我表彰太祖赞扬佛老，我怕产生不好的影响，希望您能够改正。

第二章

"《易》只是为了卜筮而作的"，对于这种观点，我难以同意。后儒的论述，恐怕不能全部否定。

第四章

孔子之前是否有卦德、卦体、卦象、卦变的说法，已经弄不清了。从《象传》里可以分明看出它们的存在，这不是出于后儒的区分。您对于这类区别的研究多半是不赞成的，似乎微有讨厌复杂而喜欢简易的倾向。朱子不是说过"分析得尽其精微而不乱，然后综合成为整体而无遗"吗？

第七章

您的断句，以"后得主"为一句，究竟如何，要等深通《易》的人来确定。

第十七章

两个"性"字，微有不同，前一"性"字应当作"性的欲求"来看，后一"性"字才是本然之性。

第十八章

到底不理解本然之性。

第十九章

这章的解说不正确。您认为"造化的枢纽""万物的根本",仅指本原处而言,这也太过于迁就了。岂能说太极在本原处就能管得住,到了末流就管不住了吗?这是什么道理?您又用形体与性情、君子与小人、治乱祸福等来证明"气强理弱"之说,都不妥当。孟子说:"没人去做而自然形成,这就是天;没人招致却自然来到,这就是命。"程子说,"这两句话就是天理"。这是超然的见解,理气之间怎么可能有缝隙?请您精思,一旦豁然有悟,肯定会不知不觉地手舞足蹈。

第二十一章

您说"周敦颐先生在程朱之上",这话难说。二程之所以有功于儒家,有功于后学,首先是因为他们辨明异端,批判邪说,使圣人之道恢复光明,从而使求学者不迷失方向,岂能说只有小补吗?不知周先生为什么少了这一项功绩?况且天地造化之神妙,儒学体用的整体,《易经》中已经说得很明白了,《太极图》大概不能超过吧?对周敦颐先生推崇太过,别人能没有疑问吗?

第二十四章

"经纬"之说是对的,但我并没有怀疑这两个字。

第三十五章

既然认为这两句话是正确的,那就该有定见。但您又说,"理气不能认为是一个东西,也不能认为是两个东西"。我怀疑您还没有定见。

第三十八章

程伯子又说:"所以说'万物一体',是因为它们都有这个理,都从理那里来。'生生之谓《易》',生则是一时都生,都具备这个理,人的特点是能自觉依理而行,物由于组成它的气是昏的,所以不能自觉遵行。但是不能说物是没有理的。"从这些话看,记录的人原本没错。这是最根本的义理,最精深的论断,不能随便看过去。再说您既已提出"物的气是偏的,恐怕不能有理",为什么又说"人物形成之后,它们是理同而形不同的"? 对这个问题要好好探讨。人与物都有知觉,但所知觉的内容是不同的,可见理是一个,而位分则有不同。

第四十一章

您说:"今天的禅学,很像过去的清谈。"说得很对,教训不该遗忘,要依靠忧国忧民的君子,一起在灾祸未成之前进行挽救。

第四十二章

用"育废"一句话来结束全文,似乎不够温厚,能润色一下才好。

第四十四章

这一章的言论好像有点不经心,请再仔细考察一下。

第四十九章

您可以说是深知陈白沙的人。论学术不能不严格,论人才不能不公允。如果陈白沙被朝廷任用，他必有精彩的举措。

第五十一章

《性书》中有《五行之生各一其性辨》，这篇文章考证体认，颇下了一番工夫。他认为朱子之言，有不通之处。但他对于性命之理，到头来也没有看清楚。如果有正确的看法，则应该于不通处拿出道理来把它讲通，就肯定不会被理气两字所缠绊。

第五十三章

这一章的道理，您不同意，提出"做强盗得法是否也是道"的质疑，可以说是直逼到底了。据我的看法，做强盗得法也是一道。这正是应该领会的地方，理解透了，才能看到道的全体。

第五十四章

《传习录》中附记陆原静的疑问，他说："中、寂、公，既然已经被看作心之体，那么它们就应该是良知。现在我们在心中检验，知虽然都是良的，但中、寂与大公确实没有。"他又在论照心与妄心时说："妄与止息有什么区别？现在用从妄心到照心的变化，来讲至诚的无息，我很不理解。"从这里看出他很会思索，若能再进一两步，恐怕与王阳明难以契合，未必不能像曹立之那样从陆象山门下转到朱子门下。我的意思是希望他如此，如果不是您提出疑问，我就不能把这些细节说清楚，这里更加可以看到立言是多么不容易。

第五十五章

湛若水的《格物通》我最近才看到。没想到他侮辱圣人之言，竟达到这种地步！

第五十七章

对于《易经》的三百八十四爻，要把其中的道字全看明白，方才是实学。比如屯卦的九五，居于中，占有正位，但是却说它"大贞凶"。又如，豫卦的九四，是既不正又不中的，反倒是"大有得"。然而，满桌酒菜，岂能一口全部吃下！

第六十章

您说，"金针的意思是秘法而不是心"，看得很对。陈白沙指金针为心是不明吗？恐怕是不诚吧。不明的错误小，而不诚的罪过大。

第六十四章

既然与孔子相异，恐怕不能做圣人之徒了！

第六十九章

毕竟消灭了。前代暂不谈，明朝初年的周颠仙、张三丰之流，现在又在哪里呢？

复南丰李经纶秀才 己亥冬（1539）

【原 文】

地之相去殆千里，兼素昧平生，忽厪专使贻书，殊莫详所以。不幸适有长孙之戚，勉强披阅，乃知足下之有志于道也。来使继出盛制一编，亦勉阅一过。才气充溢，笔势翩翩，开合回旋，每极其意之所至，大要以崇正抑邪为主，诚有志哉！

老病忘言久矣，方抱哀悰，又眩于高论，茫然不知所以为答也。顾来书末简有"指合玄微于谈笑间"一言，殊觉伤易。道之精微，岂谈笑间可尽乎！观所用合字之意，盖已自信不疑，故继以"天地间大快"之语。高论虽不为无见，多涉安排，恐当尚有进步处也。

又《读书记》中论及考亭，有云："见知至之先六事而昧乎！知不越于明新，物不出乎人己，则泛观万物之言碍。"又云："致知之论，不根至善，穷高极广，中材阻难。"此非老拙之所知也。切详《大学章句》，其释至善之义云，"事理当然之极"。释格物之义云，"穷至事物之理，欲其极处无不到"。事物之理，即前所谓事理极处之极，即当然之极，非有二也。总论又云："物格知至，则知所止矣。意诚以下，则皆得所止之序也。"首尾浑融，绝无渗漏。足下无乃玩之未熟，而轻于立论乎！至诚尽性，极于赞化育，参天地，不明万物之理，安能赞天地之化育乎！万物之理与人己之理，容有二乎？

至以"知言有愧"议考亭，尤恐获罪于天下后世之君子。考亭尝举禅语以警学者云："诸人知处，良遂总知。良遂知处，诸人不知。"真知考亭固难，然自知亦非易事，愿足下慎之。损议论之有余，务诚明之两进，急于为己，缓于攻人。足下所从事者，其或在此。以此奉酬雅意，不识可乎？惟加察焉，幸幸！

【译文】

我们之间相距千里之远，而且又素不相识，忽有信使带来您的书信，很不明白是为了什么。适值我的长孙不幸去世，勉强看了一下您的信，知道您是有志于道的。信使接着又拿出您的大作，也看了一下，真是才气横溢，笔势翩翩，跌宕起伏，将自己的看法表述无遗，目的是崇正抑邪，实在是有志气。

我既老且病，久不写作，正在悲痛之中，又不明白您的高论，茫然不知如何作答。您信末尾说，"指合玄微于谈笑间"。是否看得过于容易了？道的精微，能是谈笑间可弄清的吗？看您所用合字的意思，大概是已经深信不疑了，所以接下去又说，这是"天地间大快"等等。高论虽然不能说没有见地，但多是安排造作的，恐怕还应该再提高一步。

另外您在《读书记》中论到朱子，说："认为知至在意诚、心正、身修、家齐、国治、天下平之先是错误的。朱子的知不超出温故知新，而物也不过是指人与己，那么泛观万物的话就不通了。"又说："朱子致知的观点不从至善出发，而是穷高极广的，使中等资质的人都感到困难。"这与我的看法不同。细考《大学章句》，它解释至善的意义时说，"至善即是事理当然的标准"。解释格物的意义时说："探讨事物之理，全部达到当然的标准。"事物之理就是前面所说的事理标准，或当然的标准，它们是一回事。朱子在总论中又说："物格知至就可以知人所止之处。意诚以下的几条如心正家齐国治等等，都是得所止的次序。"可见朱子的言论是首尾贯通的，没有什么矛盾。你恐怕是体会得不熟就轻易立论吧？至诚者能尽自己的性与他人的性，并且达到赞化育、参天地的地位，如果不明万物之理，怎么能赞天地之化育呢？万物之理与人己之理可以是两回事吗？

至于您说朱子"有愧于知言的称号"，尤其得罪天下后世的君子。朱子曾举禅语来提醒求学者："诸人知道的，良遂（禅僧名）都知道。良遂知道的，诸人却不知道。"真正了解朱子当然是难的，但是真正了解自己也不容易。希望您谨慎行事，减少过多的议论，加强致知与诚意的工夫，努力修养身心，不急于攻击他人，您应该做的大概是这些吧。用这些来酬答您的雅意，可以吗？非常希望您能明察。

答湛甘泉大司马 <small>庚子秋（1540）</small>

【原文】

宦成志遂，身退名完，古今若此者能几人！向闻解组荣归，深用为故人喜。老病不能出，拟专人奉候，久之未有来耗。邑中忽差人送至教札，始知尝为武夷之游，暮宿澄江，侵晨遂发，追候不及，怅怏可言！

别楮诲论谆谆，极感不外，第惭固陋，终未能释所疑。仆素闻白沙先生人品甚高，抱负殊伟，言论脱洒，善开发人。间尝与朋友言，"使白沙见用于时，做出来必有精彩"。夫以私心之所歆慕如此，安肯肆情妄议，以眩夫人之观听耶！其以禅学为疑，诚有据也。盖白沙之言有曰，"夫道，至无而动，至近而神"。又曰，"致虚所以立本也"。执事从而发明之，曰："至无，无欲也。至近，近思也。神者，天之理也。"凡此数言，亦既大书而深刻之，固将垂诸百世，以昭示江门之教，兹非可据之实乎？《易·大传》曰，"一阴一阳之谓道"。又曰，"阴阳不测之谓神"。程明道先生曰："上天之载，无声无臭。其体则谓之易，其理则谓之道，其用则谓之神。"圣贤之训，深切著明如此，今乃认不测之神以为天理，则所谓道者果何物耶？其于《大传》与明道之言殊不合矣！《中庸》曰，"中也者，天下之大本也"。又曰，"致中和"。明道先生曰："中也者，天下之大本。天地间亭亭当当，直上直下之正理，出则不是，惟敬而无失最尽。"是则致中乃所以立本也，敬而无失乃所以致中也。今谓"致虚所以立本"，其于《中庸》与明道之言又不合矣。中字，虚字，义甚相远，潜心体认亦自分明。虚无津涯，中有定止。譬之于秤，中其定盘星也。分斤分两，皆原于是，是之谓本。把捉得定，万无一失，是之谓立。若乃无星之秤，虽劳心把捉，将何所据以权物之轻重乎？此理殆不难见也。夫"随处体认天理"一言，孰云非是？顾其所认以为天理者，未见其为真切也，仆安得而不疑乎？禅学始于西僧达磨，其言曰，"净智妙圆，体自空寂"。千般作弄，不出此八字而已。妙圆之义，非神而何？寂空之义，非虚而何？"全虚圆不测之神"，又非白沙之所尝道者乎？执事虽以为非禅，吾恐天下后世之人，未必信也。

　　且吾圣人之格言大训，布在方册，皦如日月，浩若江河，苟能心领而神会之，信手拈来，无非至理。今观白沙之所举示，曰"无学无觉"，曰"莫杖莫喝"，曰"金针"，曰"衣钵"，曰"迸出面目来"，大抵皆禅语也。岂以圣经为未足，须借此以补之耶？先儒有言："佛老之害，甚于杨墨。"孟子于杨墨之淫辞，直欲放而绝之，所以闲先圣之道者，其严如此。白沙顾独喜禅语，每琅琅然为门弟子诵之，得无与孟子异乎？欲人之不见疑，其亦难矣。

来书谓："以白沙为禅者，皆起于江右前辈。"仆亦江右人也，执事岂意其习闻乡评，遂从而附和之耶？何椒丘、张古城、胡敬斋固皆出于江右，若李文正公乃楚人，而生长于京师，谢方石、章枫山则皆越人，亦皆以禅学称白沙，何也？夫名依实而立者也，苟无其实，人安得而名之？诸君子多善白沙，而名其学如此，亦必有所据矣，执事盍反而求之？所辨《居业录》中两条，拙《记》中颇尝论及。今又增入"夜气"之说，反复研究，终是不同。盖夜气之所息，其用力处，全在旦昼之所为，不在静中也。

仆与执事相知垂四十年，出处差池，无缘一会。往年尝辱惠问，亟以书报，兼叩所疑，竟未蒙回答。今皆逾七望八，而仆之衰惫特甚，旧业益荒，忽枉诲言，喜逾望外。使于此稍有嫌忌，而不倾竭所怀，则于故人爱与之至情，不为无负矣。是以忘其固陋而悉陈之，固知逆耳之言异于逊志，然与人为善，实君子之盛节也。如曰未然，更希申论。若夫"理气合一"之论，未审疑之者为谁？自仆观之，似犹多一合字，其大意正与鄙见相同，无可疑者。知仆之无疑于此，则前此所疑，或者未为过乎？两诗词意俱超，讽诵无斁，第阳春白雪，难于奉和耳。不宣。

【译 文】

您官位高实现了理想，主动退休保全了名节，从古至今有几人能够这样？在您荣归故里之时，我替您感到非常高兴。我身体不好不能出门，打算派专人迎接您，但过了很久没有消息。后来城里忽然有人送来您的书信，方才知道您曾经游武夷山，晚上住在泰和，一大早便出发了。我们无法追上，十分地怅惘。

在另一张纸上，您写下对我的谆谆教诲，感到您颇不见外，只是由于我固执浅陋，终未能解开疑团。我素来听说白沙先生人品高尚，抱负伟大，言论洒脱，善于启发人。不久前曾与朋友议论，我说"假使白沙被朝廷重用，必有一番精彩的作为"。我心里如此钦佩他，怎肯对他妄加议论，影响别人对他的看法呢？我怀疑他是禅学，的确是有根据的。白沙曾经说过："道是至无而能动的，是至近而又神妙的。"又说："以致虚的方法来建立修身的大本。"您对他的话又加以发挥说："至无就是无欲。至近就是切近地思考。神即是天之理。"这些言论都是大书特书的，将流传百世，明白地展示江门之教，这不是可作为证据的事实吗？《周易·大传》说，"一阴一阳叫作道"。又说，"阴阳运动的不可测叫作神"。程明道先生说："上天所有的东西是无声无味的。它的体叫作易，它的理叫作道，它的用叫作神。"圣贤的教导如此地深刻明显。现在白沙先生却将不测的神当作天理，那么，道究竟是什么？这是不是与《大传》和程子之言不合了呢？《中庸》说，"中即是天下的大本"。又说，"致中和"。明道先生说："中是天下的大本，是天地间妥妥当当，直上直下的正理，脱离它是不对的。只有敬而不失才是最好的修养方法。"因此，致中也就是立大本，敬而不失是致中的方法。现在白沙先生说致虚是立本的方法。这与《中庸》和明道先生的话又是不合的。中字与虚字意思差得很远，只要潜心体认就会明白。虚是没有边际的，但是中则是有定止的，以秤来打比方，中就是它的定盘星，分斤分两都根据它，所以叫作本。把握得住，万无一失就叫作立。如果是无星之秤，即使想用心去把握，但用什么做根据去权衡物的轻重呢？这个道理是显而易见的。您提出"随处体认天理"，这话谁能说不对？只是被您认为是天理的，还不能说是真切，我怎能不疑呢？禅学是达磨开创的，他说："清净智慧神妙圆融，而其本体则是空寂。"不管禅宗如何作弄，都离不开这两句话。神妙圆融不是精神是什么？寂寞空虚，不是虚无是什么？"保全虚寂圆融不测的精神"，这不是白沙所说过的话吗？您虽然认为这不是禅，但天下后世的人则未必相信。

我们圣人的格言与教导，写在书册上，光明如日月，浩瀚如江河，如果能心领神会，随手拈来都是最高明的道理。但白沙用什么教导学生呢？如说"无学无觉""莫杖莫喝""金针""衣钵""迸出面目来"等等，大抵都是禅语。难道圣经已经不够用了，要借禅语来补充吗？先儒说过，"佛家与道家的危害比杨朱墨翟更厉害"。孟子对杨朱墨翟就是要放逐并消灭的，为了保卫圣道，他是如此地严厉。白沙很喜欢禅语，常常琅琅高诵，难道不是与孟子立异吗？想要别人不疑，实在是难啊！

来信说："认为白沙是禅的看法，都是从江西老一辈人那里来的。"我也是江西人，您是不是认为我听惯了家乡人的评论，从而随声附和？何乔新、张吉、胡居仁固然是江西人，但李东阳是湖南人生长于北京，谢铎与章懋是浙江人，他们都认为白沙是禅，这是为什么？名是依据实来立的，如果没有其实，那么别人凭什么来给他立名呢？这些人与白沙都是朋友，但这样定义他的学术，应该是有根据的，您何不从自身找找原因？您提到的《居业录》中的两条，《困知记》中曾经论述过。现在您又补充了"夜气"说，我反复研究，终究是不同的。因为夜气所增加的，其得力之处全在白天的作为，不在静中。

我与您相知将近四十年，但是由于种种原因，没有机会会面。往年曾得到您的信，我很快复信并且将我所怀疑的东西向您请教，一直未得到您的答复。现在我们都是过了七十迈向八十的老人，我衰惫得厉害，学问也都荒疏了，忽然接到您的信，喜出望外。假如我对您有意见，而不把心里话全说出来，那就对不住您对我的一片厚爱。因此我忘掉了自己的固陋，全部写了下来。虽然逆耳之言不如奉承话好听，但是与人为善乃是君子应该做的。如果您认为我的意见不对，希望再来信说明。至于"理气合一"之说，不知是什么人怀疑。从我来看，似乎还多了一个合字，其大意正与我的看法一致，没有什么可疑的。知道我不反对这点，那么我前面所疑的，大概不算错吧？您两首诗的语言与意境都很超迈，我反复吟诵过，不过对于这种阳春白雪，我难以奉和。不多说了。

与林次崖佥宪 辛丑秋（1541）

【原　文】

　　顷承光顾，极感高谊。山乡牢落，愧无以为礼。匆匆就别，甚欲追送十数里，以少尽薄情，而筋力不逮，第深怅怏而已。随得《留别》及《留题中墅》高作三首，次日又得所与贵同年马宗孔《辨书》，时一展玩，宛然故人之在目也，用此为慰。

理气之论，因拙疾艰于往复，未及究竟，此心缺然。执事理学素精，曾不以仆之衰朽空疏见弃。弗明弗措，正在今日，敢复有请，计不以为渎也。仆从来认理气为一物，故欲以"理一分殊"一言蔽之。执事谓："于理气二字，未见落着。"重烦开示，谓："理一分殊，理与气皆有之。以理言，则太极，理一也，健顺五常，其分殊也；以气言，则浑元一气，理一也，五行万物，其分殊也。"究观高论，固是分明。但于本末精粗，殊未睹浑融之妙，其流之弊，将或失之支离。且天地间亦恐不容有两个理一，太极固无对也。执事又举"形而上下"两句，谓"孔子尝以理气并言"。仆以"只是一个形字"奉答，亦未蒙开纳。近细思之，此论最是精微，多言未必皆中，但当取证于圣贤之明酬尔。《易·大传》曰："《易》有太极，是生两仪，两仪生四象，四象生八卦。"夫太极，形而上者也；两仪、四象、八卦，形而下者也。圣人只是一直说下来，更不分别，可见理气之不容分矣《中庸》曰："大哉，圣人之道！洋洋乎！发育万物，峻极于天，优优大哉！礼仪三百，威仪三千。"夫"发育万物"乃造化之流行，"三千""三百"之仪，乃人事之显著者，皆所谓形而下者也。子思明以此为圣人之道，则理气之不容分又可见矣。明道程先生"只此是道"之语，仆已尝表出。还有可为证者一条，"形而上为道，形而下为器，须着如此说。器亦道，道亦器"是也。合此数说观之，切恐理气终难作二物看。据《大传》数语，只消说一个理一分殊，亦未为不尽也。请再加参酌，求一定论，因风见教，至感。

《辨书》议论甚正，即其词而味其旨，其渊源所自，非阳明即甘泉，高见固已先得之矣。仆与王、湛二子皆相知，盖尝深服其才，而不能不惜其学术之误。其所以安于禅学者，只为寻个理字不着，偶见如来面目，便成富有，而其才辨又足以张大之，遂欲挟此以陵驾古今，殊不知只成就得一团私意而已。尝见《传习录》有云："于事事物物上求至善，却是义外。至善是心之本体。"又云："至善，即是此心纯乎天理之极便是，更于事物上怎生求？"以此知阳明不曾寻见理字。又尝见《雍语》有云："天理只是吾心本体，岂可于事物上寻讨。"以此知甘泉不曾寻见理字。二子平生最所尊信者，莫过于明道先生，其《遗书》具存，不知缘何都不照勘，乃尔相反！明道先生曰："所以谓万物一体者，皆有此理，只为从那里来。'生生之谓易'，生则一时生，皆完此理。人则能推，物则气昏，推不得，不可道他物不与有也。"又曰："万物皆备于我，不独人尔，物皆然，都自这里出去。只是物不能推，人则能推之。"详味此言，便是各正性命之旨，便是格物第一义。二子都当面蹉过，谓之

"寻个理字不着"，可不信乎！抑程子止言物尔，未及于事？只如俗说，"杀人偿命，欠债还钱"。则事事皆有定理，亦自可见。

斯理也，在天在人，在事在物，盖无往而不亭亭当当也，此其所以为至善也。果然寻得着，见得真，就万殊之中悟一致之妙，方知人与天地万物原来一体，不是牵合。惟从事于克己，则大公之体以立，而顺应之用以行，此圣门之实学也。若但求之于心，而于事物上通不理会，厌烦而喜径，欲速而助长，则其回光反照之所得，自以为千载不传之秘者，圆觉固其第一义矣。儒书中仅有良知一语，大意略相似，阳明于是遂假之以为重，而谓"良知即天理"。孟子何尝指良知为天理耶？是诬孟子也！

尝阅《阳明文录》，偶摘出数处。凡用良知字者，如其所谓，辄以天理二字易之，读之更不成说话。许多聪明豪爽之士，不知缘何都被他瞒过，可叹也夫！如《答陆元静》有云："能戒慎恐惧者，是天理也。"《答顾东桥》有云："所谓善恶之机，真妄之辩者，舍吾心之天理，亦将何以致其体察乎！"《答南元善》有云："耳而非天理，则不能以听矣。目而非天理，则不能以视矣。心而非天理，则不能以思与觉矣。"《答欧阳崇一》有云："天理发用之思，自然明白简易，天理亦自能知得。

若是私意安排之思，自是纷纭劳扰，天理亦自会分别得。盖思之是非邪正，天理无有不自知者。"《答魏师说》有云："能知得意之是与非者，则谓之天理。"诸如此类，非徒手足尽露，诚亦肺肝难掩。曾不自考，顾乃诬孟子以就达磨，裂冠毁冕，拔本塞源，言之可为痛恨！其自误已矣，士之有志于学而终不免为其所误者，何可胜计！非有高明特立之君子，以身障其流而扑其焰，欲求斯道大明于世，其可得乎！

仆怀此有年，病卧空山，无可告语，兹因《辨书》所感发，不觉喋喋。同声相应，亦自然之理也。距诐行，放淫辞，在吾次崖，何用多祝？惟冀推广此意，俾后学皆知所向，而弗惑于他歧，斯道斯民，庶乎其有攸赖尔。

三诗皆依韵奉答，别楮录呈，意浅词凡，伏希览正。

【译　文】

前不久您来看望我，此举让我特别感动。乡间太简陋，无法按礼数来接待，很是惭愧。您匆匆地来了又走，我非常想追送十几里，稍微表达一下心意，但是体力不支，只能深深怅惘。随后接到您的《留别》《留题中墅》等三首诗，第二天又得到您给的贵同年马宗孔的《辨书》。我时常把这些都拿出来看看，好像您就在我的眼前，令我感到欣慰。

关于理气问题的讨论，因为我有病在身，没能进行到底，心中总觉得少了点什么。您素来精于理学，不嫌弃我老朽，那么不辨明就不停止，这工作正可在今天来做。我想再提起此事，谅您不会以为过分吧？我从来认为理气是一个东西，所以想以"理一分殊"一句话来概括自己的观点。您认为我"理气二字未见有着落"，我请您给予解释，您说："理一分殊，无论理气都是有的。拿理来说，则太极是理一，健顺五常就是分殊。拿气来说，则浑元一气即是理一，五行万物就是分殊。"您的高论固然清楚，但是没有显示出本末精粗的浑融无间，它的流弊恐怕是支离。再说天地间也不容有两个理一，因为太极是绝对的。您又举出"形而上者谓之道，形而下者谓之气"两句，以为孔子曾把理气并列着说下来的。我回答说"只有一个形"，您并没有接受。近来我仔细思量，这个观点最为精微，但是，多说未必都正确，关键是在圣贤的教导中取得证据。《易·大传》说："《易》有太极，是生两仪，两仪生四象，四象生八卦。"太极是形而上的东西，两仪四象八卦是形而下的东西。圣人只是一直说下来，不对它们进行分别，可见理气是不容分割的。《中庸》说："大哉，圣人之道！洋洋乎！发育万物，峻极于天。优优大哉！礼仪三百，威仪三千。"这里的发育万物即是造化的流行，三千三百的仪节，乃是人事中最显著的东西，都属形而下者。子思明确地以它为圣人之道，则理气的不容分割再次被证实了。明道先生的"这个就是道"这句话我已经提出过，另外还有一条证据，明道说："形而上为道，形而下为器，应该这样说，因为器即道，道即器。"把这几种说法合起来看，恐怕理气是不能当作两个东西来看的。根据《易·大传》的几句话，只要说一个"理一分殊"也就够了。请再加考虑，求得一个定论，乘便告诉我，非常感谢。

马宗孔《辨书》中的议论正确。仔细体会他的旨意，其观点不是出自王阳明就是出自湛甘泉，对此您与我的看法一致。我与王、湛两位都认识，我很佩服他们的才干，但不能不惋惜他们学术上的失误。他们之所以安于禅学，只是因为找不到理字，偶然见到禅宗的一套，便以为得到究竟。他们的能力、辩才又能扩大其影响，于是就倚仗它来凌驾于一切之上，殊不知这一切只是私意而不是公理。《传习录》说："在事事物物上求至善，那就是告子'义外'式的理论。至善是心的本体。"又说："至善就是绝对合乎天理的人心，在事物上怎么求？"从这里可以知道阳明没有找到理字。湛甘泉的《雍语》说："天理就是我心的本体，岂能在事物上寻求？"从这里知道甘泉也没有找到理字。这两位平生最尊信的就是明道先生，明道的《遗书》还在嘛，不知为什么不去核对一下，却与明道如此相反！明道说："所以说万物一体，是因为它们都具备此理，都从理那里出来。'生生之谓《易》'，生则是一时生出来，人与物都获得此理。人的特点是能自觉遵行此理，物则因为其气昏浊，没有遵行理的自觉性，但是不能说它没有理。"又说："'万物皆备于我'，这不仅是针对人来说的，物也是这样，都是从理这里出去的。只是物不能自觉推行，而人能够。"仔细体味这些话，这就是各正性命的意思，也就是格物的最重要内容。王、湛二人都当面滑过去了，说他们找不到理字，不是事实吗？那么是不是程子只谈物而没有谈事？就如他引俗语所说"杀人偿命，欠债还钱"，从这里也可以看出事事都有定理。

这个理，在天在人，在事在物，总之无论在哪里都是妥妥当当的，所以才叫做至善。果真找得到，见得真，在万殊里面悟到一致，就会知道人与天地万物原是一体之说，不是牵强附会。只有从事克己工夫，才能确立大公的思想，并产生顺应万物的行动，这就是圣门的实学。如果只求之于心，对于事物完全不去研究，讨厌繁难而喜欢易简，为了快快成圣而拔苗助长，那么那一点回光返照似的心得，他们自以为是千年不传的秘义，也不过是佛家的圆觉而已。儒书中只有良知一词与圆觉相似，阳明于是便接过来大加宣传，说什么"良知即天理"。孟子什么时候说良知是天理？这是诬蔑孟子嘛！

我曾读《阳明文录》，随便摘出几处，凡是原文有良知二字的地方，都像他说的那样，用天理二字去代替，读起来简直不成话。许多聪明干练的人，不知为什么都被他蒙骗过去，可叹呀！在《答陆元静书》中说："能戒慎恐惧的，是天理。"《答顾东桥书》说："所谓善恶的机括、真妄的区别，舍去吾心的天理，那么用什么来体察呢？"《答南元善》说："耳如果不靠天理，就不能听声；目如果不靠天理，就不能视物。心如果不靠天理，就不能思虑与知觉了。"《答欧阳崇一》说："由天理发出的思，自然明白易简，天理本身能够觉察这点；如果是私意安排的思，自然是纷乱劳扰的，天理本身也能够分辨这点。总之，思的是非邪正，天理没有不自知的。"《答魏师说》说："能知道意的是与非的，就叫作天理。"诸如此类的一些话，不但露出了手脚，甚至露出了心肝，他竟然不知道自省，反而诬蔑孟子，使之变成达磨。他撕裂中华的冠冕，断绝儒家思想的根源，说起来令人痛恨。他自误也就算了，但是有志于学的士人受他欺骗的无法计算。如果没有高明特立的君子亲自来阻挡王学逆流，灭其毒焰，想让儒道在世上大放光明可能吗？

我怀此想法已经多年，但是病卧在山里，没有人可以倾诉。现在由于《辨书》的感发，不觉说了许多。同声相应是自然之理。抵制邪曲行径，批评错误言论，全在您了，用不着多提希望。只是愿您推广这个意思，使后学都知道应往哪里走，而不迷于歧途。那么儒道与中国百姓，就都有依靠了。

三首诗我都依原韵奉和，写在另一张纸上了，意境与语言都很平常，望您指正。

再答林正郎贞孚 壬寅春（1542）

【原　文】

舍亲欧阳银台及曾进士先后过家，连得教札，兼承道履佳胜，甚慰渴仰之私。所惠《续记笺》《重笺》、福绢，俱奉领讫。珍感，珍感！往年附呈谬说，诚不知其可否，姑借此以为受教之地。过蒙不鄙，一以高见决之，使得因其所明，益求其所未至，爱与之厚，莫或加焉。

细阅《重笺》，可否大约相半。其所可者，亦既归于一矣，其所否者，在仆之愚，或犹未免滞于旧见，尚容仔细推寻，以卒承君子之教。再三之渎，今则有所未敢也。惟是第四章道心之说，第三十五章未发之中之说，实惟义理本原，圣学纲领，不容有毫发差互，而彼此议论参差乃尔，欲求斯道之明，其可得乎！辄敢复效其愚，以求归一之论，计亦在所欲闻而不厌也。

夫所谓道心者，果何自而有耶？盖人之生也，自其禀气之初，阳施阴受，而此理即具，主宰一定，生意日滋，缠绵周匝，遂成形质。此上智下愚之所同也。其名为道心，其实即天理。彼未尝学问者，虽不知天理为何物，天理曷尝有须臾之顷，不在其方寸中耶？盖无为之宰，譬如形影之相随，是以虽其昏扰之极，而至微之体自有不容离者。不然，则所谓"我欲仁，斯仁至矣"，是从何处来耶？善学者，固当默而识之矣。今详高论，乃谓"常人满腔子皆利欲之心"，是体固人心也，用亦人心也，夫何有于道？无乃见其末而遗其本乎？

若夫未发之中，仆尝即道心验之，其义一而已矣，苟明乎道心之说，则未发之中自可不言而喻，今犹未也，当就高论之所及者讲之。高论有云："常人未发之中，有则有之，决与圣人未发之中异。"此言误矣，中为天下之大本，大本即天命之性，果如高论，是天命之性有二矣，岂其然乎！盖圣凡之所以分，系于大本之立与不立，而所谓大本者，初未尝有两般也。高论又以"未发之中，人物皆有"之说为疑，岂不闻"乾道变化，各正性命"，初无分于人物耶？未发之中，性命之实体也，何独归之于人，而疑物之不能有耶？固知中和本指，只就人身而言，然吾人讲学，须是见得此理通乎天人物我而无间，方尽《中庸》一书之义，方可进于万物一体之仁。不然，则"鸢飞鱼跃"，于人有何干涉？子思才一拈出，程子便指为"吃紧为人处"耶？斯义也，拙《记》中言之颇详，且尝取证于明道先生之言，以见其非臆说。执事亦既闻之矣，倘不终以"过高""自是"见疑，而特加之意焉，幸甚，幸甚！若此论未能归一，其他合处虽多，终是无头脑学问，终非完全之物，误蒙爱与，不敢不尽其愚，友道当然，无嫌可避也。

至若"造端"之说所以不同，盖仆常玩味此章，似乎只是发明道体，不曾说到做工夫处，故于造端二字，只就生化上立说。高论自"君子之道，法乎天地"以下，却是修道工夫。《或问》中亦有此意，但求之子思本旨，似乎不甚合耳。然二说各是一义，殆不相妨，非如道心及未发之中，断不容不归于一说也。

【译 文】

您的亲戚欧阳银台和曾进士先后来我家，送来了您的大札，又知您修养工夫更深，使我思念仰慕的心情得到宽慰。惠赠的《续记笺》《重笺》及福绢也都收到了，十分感谢。往年写给您的谬论，我自己不知其对错，不过是借它来引出您的教导。现蒙您看得起，全都用高见来裁断，使我因已知的东西，求得未知的东西，您的爱护与帮助没有人比得上了。

细读《重笺》，对我是一半赞成，一半不赞成。您赞成的是已归于一致的看法，您不赞成的，我仍然停留在原来的看法上。请容我仔细思考，以便最终能接受您的教诲。再三用旧话亵渎您，我有所不敢，只是第四章关于道心的观点，第三十五章关于未发之中的观点，是义理的本原、圣学的纲领，不容有一点点差池，可我们的议论相差如此之大，想要求得儒道之明，能做到吗？因此我才敢再提出自己的看法，以求得两人议论的归一，我想您不会讨厌的。

所谓道心是从哪里来的呢？人生从他禀受阴阳二气开始，这个理就存在了。有了这个主宰，生意一天天滋长，气日益丰满，于是便成了形体。这是上智与下愚完全一样的。主宰的名字叫作道心，而其实质即是天理。那些没有学过道的人虽然不知天理是什么，但是天理没有一刻不在他们的心中。因为无为的主宰，就好像形影相随，即使人的内心极其昏扰，那个至微的天理也并未离开他，不然，"我欲仁，斯仁至矣"，那仁是从哪里来的呢？善于学习的人本当默默地认识它。但您的高论认为，"平常人满腔都是利欲之心"。这样说来，体是人心，用也是人心，道在何处呢？这是不是只见其末，而未见其本？

至于未发之中，我曾经就道心来验证，它们的意义是一样的。如果明白了道心的意思，那么未发之中自然可以不言而喻。但您还没有这样理解，这应该就您高论所谈的内容来讨论。您说："常人也是有未发之中的，但是肯定与圣人的未发之中不同。"这话错了。中是天下的大本，大本就是天命之性，真像您所说的那样，那么天命之性就有两种了，难道是这样的吗？圣人与普通人的区别，在于大本是否立了，而大本自身未尝两样。您又怀疑"未发之中，人与物都有"的论点，难道没有听说"乾道变化，各正性命"这句话对于人和物都是适用的吗？未发之中即是性命的实体，为什么说它仅仅为人所有而物不能有呢?《中庸》关于中与和的理论当然是就人身来说的,但是我们讲学,应该看到此理是贯穿天地人物的,这样才能弄通《中庸》的意义,并达到万物一体之仁的境界。不然,"鸢飞鱼跃"跟人有什么关系?为什么子思才一提出,程子便说这是子思急切地为人提出来的?这个道理,我在《困知记》中说得很详尽了,而且以明道先生的说法为证,可见这个观点不是臆说。您已经看到了,如果不怀疑我"过高""自是",而能留意一下,那就太幸运了。这个观点如果不能一致起来,其他一致之处再多,最终也是无头脑的学问,而不成个完整的东西。蒙您错爱,我不敢不把自己的想法全都讲出来,友道应该如此,不能敷衍。

至于"造端"之说所以不同,我曾玩味过,这一章似乎只是讲述道体,没有说到做工夫的问题,因此关于造端二字只从生生化化上来谈。您的高论,从"君子之道,法乎天地"以下是修道工夫,《或问》中也有这个意思,但是从子思本意来看,似乎不太相合。但二说各是一个道理,不相妨碍,不像道心和未发之中的问题,非归一不可。

答林次崖佥宪 壬寅冬（1542）

【原 文】

乡亲刘司训处人回，送到手书，甚慰饥渴。书词泉涌，所以开发愚陋者，殆无遗论，真可谓"切切偲偲"者矣。感佩，感佩！

仆虽不敏，然从事于程朱之学也，盖亦有年，反复参详，彼此交尽。其认理气为一物，盖有得乎明道先生之言，非臆决也。明道尝曰："形而上为道，形而下为器，须着如此说。器亦道，道亦器。"又曰："阴阳亦形而下者，而曰道者，惟此语截得上下最分明。原来只此是道，要在人默而识之也。"窃详其意，盖以上天之载无声无臭，不说个形而上下，则此理无自而明，非溺于空虚，即胶于形器，故曰"须着如此说"。名虽有道器之别，然实非二物，故曰"器亦道，道亦器"也。至于"原来只此是道"一语，则理气浑然，更无罅缝，虽欲二之，自不容于二之，正欲学者就形而下者之中，悟形而上者之妙，二之则不是也。前书虽尝举此二条，只是带过说，今特推明其意，以见其说之无可疑。惟是默识心通，则有未易言者耳。

凡执事之所为说，率本诸晦翁先生，仆平日皆曾讲究来，亦颇有得。谓"是理不离乎气，亦不杂乎气"，乃其说之最精者，但质之明道之言，似乎欠合。说来说去，未免时有窒碍也。姑借来书"父子慈孝"一语明之。夫父之慈，子之孝，犹水之寒，火之热也。谓慈之理不离乎父，孝之理不离乎子，已觉微有罅缝矣。谓慈之理不杂乎父，孝之理不杂乎子，其可通乎？抑尤有可疑者，曰"以气言之"则如何如何，"以理言之"则如何如何，道器判然，殆不相属。然则性命之理，果何自而明哉？良由将理气作二物看，是以或分或合，而终不能定于一也。然晦翁《辨苏黄门老子解》又尝以为一物，亦自有两说矣，请更详之。

细阅来书，于明道之言看得似别。盖其意本归于一，高论乃从而二之。于子思之言，看得又别。以"发育万物""礼仪三百，威仪三千"为"道之所生"，不是就把此当道。如此是器外有道矣，是子思语下而遗上矣。岂其然乎？然则谓"子思去了太极生两仪一段，只就天地上说起，乃是个无头脑学问"，未论诬与不诬，只恐子思复起，不肯承认。抑未闻天地之外别有所谓太极也，岂其急于立论而偶未及致详耶？

　　书末所云："如不用格物致知之功，而徒守理一分殊之说，切恐只为无星之称，无寸之尺，非可与议精义入神之妙也。"此言却甚当，近时学术多是如此。区区拙学，于鸢鱼花竹亦尝用心理会，颇见其所以然者，而况于仁敬孝慈之类人道大伦，安敢忽也！然分之殊者易见，而理之一也难明。且如《乾》之"亢龙"，《坤》之"龙战"，其为凶恶，不待言矣，而至精之理，未尝不在。执事以为然乎否？子必于此等处，皆灼见其所谓一者，方可谓之"精义入神"，不然，虽毫分缕析，犹为徒博也。

　　岁中多病，酬答甚龈，而谆谆之诲不可以虚辱，力疾布此，大意粗白，愧不能详也。倘犹有疑，更希嗣教。不宣。

【译 文】

　　乡亲刘司训身边的人回来，将您的手书送到，抚慰了我如饥似渴的想念。您的信文思泉涌，用来开导愚陋者的话，大概全都说到了，正如孔子说的相互切磋，令人感佩。

　　我虽然不才，但是研究程朱之学已经多年了，反复参验考究，对于程朱与我自己的观点都能把握了。我的"理气一物"的观点，是从明道先生的言论中体会出来的，不是凭空想象的。明道曾说："形而上的是道，形而下的是器，应该这样说，因为器也是道，道也是器。"又说："阴阳也是形而下的东西，但说它是道，是因为只有这话将上与下截得最明白。原来这个就是道，关键在人默识心通。"据我考察他的意思是，因为道本身无声无臭，不说个形而上与形而下，那么此理就无法点明，不是陷在虚空里，就滞于形器之中，所以明道才说"应该这样说"。名称虽然有道与器的区别，但本来不是两个东西，所以他又说，"器也是道，道也是器"。至于"原来这个就是道"这句话，则表明理气浑然，没有缝隙，即使想把它们分割为二，也是不可能的。正是要求学者从形而下的东西中，体悟那个形而上的东西，割裂为二就错了。我前一封信虽然举了这两条，但只是一带而过，现在我特别讲明其意义，表明这个观点是没有问题的。但是要做到默识心通，还不是很容易。

您所讲的那些道理，全是从朱子那里来的，我平时研究过，也颇有心得。朱子说："这个理不脱离气，也不与气相混杂。"这是他的理论最精微的部分。但是与明道先生的观点，好像不大相合，说来说去，未免常常有讲不通处。我姑且借您来信中所说的"父子慈孝"这话来说明。父的慈与子的孝，就好比水的寒冷与火的炽热一样。说慈之理不脱离父，孝之理不脱离子，已经感到有一定的缝隙了。说慈之理不与父相混杂，孝之理不与子相混，能通吗？而更可疑之处在于，朱子常说，"拿气来说"则如何如何，"拿理来说"则如何如何。道与器界限清楚，几乎互不沾边，这样的话，性命之理究竟怎样来说明呢？正是由于将理气当作两个东西来看，所以朱子有时把它们分开，有时又把它们合起来，总不能有一个定论。但是朱子的《辨苏黄门老子解》则认为理气是一物，可见在他本人那里也是有两种说法的，请您再详细考察。

细读您的信，觉得您对明道言论的理解走了样，他的想法是将理气归于一，而您则是将它们分而为二。对子思言论的理解，也走了样。您以为《中庸》的"发育万物""礼仪三百，威仪三千"等是"道所产生的东西"，而不是就把这个当作道。这样一来就是器外有道了，就是子思说的形下而忘了形上，难道真是这样的吗？您又说"子思去掉了太极生两仪那一段话，只从天地上说起，乃是个没有头脑的学问"。先不说是否冤枉了子思，只怕子思再生，不肯认这个账。另外，我们没有听说在天地之外另有一个太极。是不是您急于立论，没有来得及仔细审查？

来信的末尾说："如果不用格物致知的工夫，而空守着理一分殊的观点，我非常担心会成为无星之秤，无寸之尺，没有资格议论精义入神的道理。"这话说得很对。近来的学术多半是这样的。我做学问，对鸢飞鱼跃、黄花翠竹等等也曾用心领会过，深入地认识了它们的所以然，更何况仁敬慈孝这类的人伦道理，怎么敢忽视呢？但是分之殊是容易见到的，而理之一是难于明白的。比如，乾卦的"亢龙"，坤卦的"龙战"，不用说是非常凶恶的，即便如此，最精微的理也还是在其中，您说是不是这样？您一定要在这些地方，都清楚见到唯一的理，方才可以叫作"精义入神"。不然的话，即使能够条分缕析，也还是无用的博学。

这一年中身体多病，复信很艰难，但不能让您虚劳一场，我强撑着写了这些，粗粗说明了大意，惭愧的是不能详尽。如果还有不同意见，望再来信。不多说了。

答林次崖第二书 甲辰夏（1544）

【原 文】

乡亲刘掌教过家，得四月望日书，再承理气之教，慰感兼至。书词累幅，遇警策处，老目辄为之增明。然究其指归，总是"不离不杂"之说。仆前书颇尝推言其窒碍处，不意如水之投石也。人心道心，只是一个心。道心以体言，人心以用言，体用原不相离，如何分得？性命，理也，非气无缘各正。太和，气也，非理安能保合？亦自不容分也。"集义所生""配义与道"是教人养气之方，及养成之效，若论道体，只是个浩然之气，更从何处寻觅道义乎？今欲援此等以证理气之为二物，未见其为精切也。执事之学诚博，然亦不须多引，且说"乾，元亨利贞"一句，将以为理乎，将以为气乎？区区拙见，已具前书，更不欲泛引渎陈，诚恐枝叶愈繁而本根终蔽。前书尝就明道先生"元来只此是道"一语，推明其意，以为正欲学者就形而下者之粗，悟形而上者之妙，二之则不是也。言虽约而意已尽，义亦甚明。窃谓明道复起，亦必有取于斯言，而来教乃以为"错看"。偶记明道先生又尝有言曰："洒扫应对，便是形而上者。"《中庸》又直指君臣、父子、夫妇、昆弟、朋友为天下之达道。以此观之，不曾错也。参之高论，乃于"是道"之下添着"之所在"三字。明道立言，不应缺少，却恐是错。

又蒙见难"万物之多，三百、三千之仪，从何处钻出来？"谓仆"错看了圣人立言之昏"。敢问高论以"万物皆生于道"，道果在何处存站？存站处明白，钻出来处亦明白矣。程子释"逝者如斯"之义云："此道体也。天运而不已，日往则月来，寒往则暑来，水流而不息，物生而不穷，皆与道为体。"果如高论，程子得无错乎？且此章章首六句，明是一头两股，注所谓"极于至大""入于至小"，解得亦自分明。高论乃云："子思明曰，'大哉，圣人之道！洋洋乎！发育万物'。"将两句一直说下来，便截断了。只要迁就己意，更不问子思是如何立言。及说到三百、三千之仪，失了头脑，却去牵扯"中也者，天下之大本"一句，将来安插在上，讲学似此，果何益乎？

且吾二人之学，皆宗朱子者也。执事守其说甚固，必是无疑。仆偶有所疑，务求归于至一，以无愧乎尊信之实。道理自当如此，未可谓之"横生议论"也。盖朱子尝有言曰，"气质之性，即太极全体堕在气质之中"。又曰，"理只是泊在气上"。仆之所疑，莫甚于此。理果是何形状，而可以堕，以泊言之乎？"不离不杂"无非此意，但词有精粗之不同耳。只缘平日将理气作二物看，所以不觉说出此等话来。晚岁自言"觉得于上面犹隔一膜"，亦既明有所指，此正后学之所宜致察也。高论以"阴阳是道之所在"，与"泊在气上"之言有何差别？但不曾明用泊字耳，非习矣而不察之过欤？

格物之义，凡高论所及，皆学者之所习闻，但于"豁然贯通"处，不知何故略不拈及？程子曰："学而无觉，则亦何以学为哉！"此事全在觉悟，不然，虽格尽天下之物，内外终成两片，终不能无惑也。仆言"理一分殊最尽"，只是说道体。又尝言，"所贵乎格物者，正欲即其分之殊，而有见乎理之一"，方是说下学工夫。举"分殊"，则事物不待言矣，说"正欲"，便是教学者于分殊上体认。果能灼见此理之一，精粗隐显、上下四方一齐穿透，尚安有毫发之不尽乎？此则所谓物格而知至也。仆虽不敏，曷尝"徒守理一分殊之说"！但遍观自古圣贤论学，未有专事于博，而不归诸约者，故常以反说约为主。执事才拈着一句，更不推寻上下文意，辄譬之

"水上打棍""水底摸针"。斯言也，无乃伤于易乎？抑其中或有所不快乎？

"摸针""横议""错看"乃来书三大节目，不得无言，此外更不容强聒。子贡问友，子曰："忠告而善道之，不可则止。"幸遇同志之友，而未睹其同归，甚为可惜，然圣训不敢不遵也。惟心照，幸甚。

【译 文】

乡亲刘掌教到家里来，送到您四月十五日信。再次得到您关于理气问题的教诲，既觉得安慰也很感谢。您的信写了好多张，遇到警策处，我的老眼似乎格外清楚。不过考察其宗旨，还是"不离不杂"的思想。我前一封信曾详细说了它的不通之处，没想到好像往水里投石头。人心道心，只是一个心。道心是从体来说的，人心是从用来说的。体与用本来是不相分离的，分割不得。性命是理，如果没有气怎能有"各正"呢？太和是气，没有理怎能有"保合"呢？理气当然不容分割。"集义所生""配义与道"这些是教人养气的方法，和指示养成的效验的。如果要论道体，只是一个浩然之气，还能从哪里寻找道义呢？您要用这些来证明理气是两个东西，不能说是精切。您的学问确广博，但是用不着多引，请看"乾，元亨利贞"这句话，您认为是理呢，还是气呢？我的意见在上一封信中已经说了，不想多说，以免枝叶过多而遮蔽了根本。上一信中曾就明道先生的"元来这个就是道"这句话来说明它的意义，它正是要求学者从形而下的粗迹中，体悟形而上的理。将形上形下看作两个东西，则是不对的。话虽不多但是意思说完了，道理也明白了。我认为明道再生也一定认为此言不差，可是您的信却说我"错看"了。我记得明道还说过，"洒扫应对就是形而上者"。《中庸》认为君臣、父子、夫妇、昆弟、朋友等等，是天下的达道。由此来看，我并没有错。由您的观点来看，应该在"元来这个就是道"的下面加上"之所在"三个字。明道说话不应该缺少什么东西吧？所以您的观点恐怕是错了。

又蒙您质问我："万物以及三百、三千的仪节，是从何处钻出来的？"认为我"错看了圣人立言的本旨"。但我要先问问您，高论以为"万物皆生于道"，那么道究竟存在于何处？存在处明白了，钻出来的问题也就明白了。程子解释"逝者如斯"的意思时说："这就是道体。天运动不已，日往则月来，寒往则暑来，水流动不息，万物生生无穷，都是以道为体。"如果像您所说，那程子不是错了吗？而且《中庸》这章的开头六句，明明是一个头而分作两股发展下来，朱子注里面说"达到至大""入于至小"，解释得也很分明。高论却说："子思明明说：'大哉圣人之道！洋洋乎！发育万物！'"将两句一直说下来，到这便截断了，只管迁就自己的意思，根本不问子思是怎样说的。等说到三百三千之仪时，失去了头脑，于是又去拉扯"中也者，天下之大本"这句话，拿来安插在上面。像这样讨论问题，还有什么好处？

况且，我们二人的学术，都是尊信朱子的。您坚持朱说非常牢固，完全肯定没有疑问。我则是有的地方有疑问，想要求得一个正确的结论，以不愧于真正的尊信。道理自然应当这样，不能说这是"横生议论"。朱子曾经说过，"气质之性就是太极全体堕在气质之中"。又说，"理只是停泊在气上"。这是我最怀疑的论点。理究竟是什么形状的东西，而能用"堕"、用"泊"来说明它呢？所谓"不离不杂"也是这个意思，不过表达方式稍有不同而已。只因平日将理气当作两个东西来看，所以不知不觉说出这种话来。朱子晚年说自己，"觉得对于上面的道理还隔着一层"，明白地指出了这点，这正是后学所应考察的地方。您说"阴阳是道存在的地方"，这与"停泊在气上"有什么差别？只是没有用个"泊"字罢了。这不是因习惯而没有细察的过错吗？

格物的意义，您所说的都是求学者所熟知的东西，但是对于"豁然贯通"的问题不知为什么不提一下？程子说："学如果不觉悟，干嘛还要学呢？"学全在于觉悟，不然即使格尽了天下之物，内与外最终还是两个东西，不能免除迷惑。我说，"理一分殊最完备"，这只是谈道体。又说，"所以重视格物，正是要就着位分的殊异，而看到理的一致"，这才是说下学工夫。举出分殊，那么事物自然包括在其中了。说"正要"，就是教求学者在分殊上来体认。如能清楚地看到理之一，无论精粗隐显、上下四方，都能一齐穿透，哪里还有一丝一毫不穷尽呢？这即是所谓物格而知至。我虽不才，但绝非"空守理一分殊之说"。自古圣贤论学，没有主张专门从事于博，而不归结为约的，所以才常以反于简约为主。您才抓住一句话，根本不考察上下文，就譬喻为"水上打棍""水底摸针"。这些话岂不是太随便了吗？或者其中有什么不快之处吗？

"摸针""横议""错看"，乃是来信提出的三大问题，不能没有个说法，此外就不用多说了。子贡问孔子如何交友，孔子回答："尽心地告诚，好好地引导，不行便停止。"幸运地遇到观点基本一致的朋友，但是不能走到一起，非常可惜，但是圣人的话不敢不遵行。望您明白，幸甚！

答胡子中大尹书 即尧时，号仰斋

【原　文】

顷承见惠长书，欲以发老朽之所未发，爱厚之意，何日忘之！第素愚且耄，愧无以奉酬高论也。

来书反复乎致知格物之说，不下二千言，大概以《传习录》为主，将诚意与格物致知打成一片，更无先后之分。考之《大学》经文，容有未合，程朱训释，更不待言。然以为其说甚长，其未明既久，非有定见，殆不能为此言也。夫所为讲学者，只缘烛理未明，怀疑未决，故须就朋友商量切磋，审求其是，以弗迷其所往。若所见既定，固当自信而无疑矣，而又奚讲焉？且区区谬见，皆尝著之于篇，贤契既不鄙而遍读之，异同之际，度已判然如黑白之在目矣，而未闻稍契正。使犹有精华可发，亦将何自而入，以究其是非之实哉？况实无所有也。

然贤契格致之说，虽非仆所敢知，其以独知为持循之地，则固自修之第一义也。诚加以固守力行之功，必无自欺，必求自慊，所以润身而及物者，将岂无其验乎？老朽属望，实惟在此，计亦贤契之所自励而不能自已者也。

更有少渎。来书所举"穷致事物之理"一句，朱《注》原作至字。又"穷致中和之理"一句，则朱《注》所无。且《大学》《中庸》篇首两致字，朱子皆未尝以穷字训之，亦不容不为之别白也。一字异同，毫厘千里，切希照悉。

【译　文】

刚刚收到您的长信，想要发我所未发的论点，如此关怀，何时能忘？只是我素来愚钝而且年事已高，所以不能酬答您的高论。

来信反复讲格物致知之说，不下两千字，大体上是以《传习录》为主，将诚意与格物、致知打成一片，否认它们有先后的分别。详考《大学》的经文，这或许就有不合之处，至于程朱的训释就更不必说了。可您以为这个论点非常正确，但很久以来未被理解。如果不是有定见的话，恐怕不能说出这种话来。我认为，讲学的目的是，因为对理尚未看透，有疑问解决不了，所以要与朋友商量切磋，仔细地探求真理，而不迷失前进的方向。如果看法已定，就应当自信无疑，为什么还要讲学呢？而且我的看法，都已写在书上了，您既已通读，我们的异同，相信您是一清二楚了。但是您对我的观点，却没有稍微加以考核纠正。假如我还有精华可以发扬，那么该从哪里深入进去，以探究其是非呢？更何况我实际上是无所有啊！

您的格物致知之说，虽然我不敢同意，但您认为独知是持循的基础，的确是自我修养的第一条原则。如果加上固守与力行的工夫，不自欺，求心安，这些使人润身并且有益于他人的修养方法，在您那里难道会没有效验吗？我对您的希望就在这里，我想这也是您自己为之努力和精进的目标。

还要啰嗦几句。来信所举"穷致事物之理"这句话，朱子注中原作"穷至事物之理"。另外，"穷致中和之理"，则是朱注中没有的。而且《大学》《中庸》篇首的两"致"字，朱子并没有用"穷"字来解释，这也不容不分辨清楚。一字之差，千里之谬，望您察看清楚。

与钟筠谿亚卿

【原　文】

　　四月六日，得去年五月所惠书，开封细读，宛然故人之在目也，欣慰无量。缅惟养高林下，心逸日休，刚方之气不衰，进修之志逾励，所以增光吾道者多矣。仆年来愈觉衰惫，勉图寡过以毕余生，而过终未能寡，无足为知己道者。

　　承语及拙《记》，以"滋味自别"见称，其言过重，愧非浅陋所能及。然拙《记》之出，朋友间盖多见之，求如执事之能留意者鲜矣。近时学子，大抵悦新奇而忽平实，就令鄙说稍有滋味，亦何自而相入乎！以此知高明之学，笃于为己，精于取善，志同而声应，仆将不至于孤立矣，何幸如之！惟是各天一方，无缘聚首，以资切磋之益，念之未尝不惘然也。

　　往岁甲午秋，尝辱书及贺仪，追谢弗及。其冬即作报书，与舍侄入京觅便转寄，不意中途遭水，书、币皆坏。续令小儿抄白原书寄上，又不审何缘未达，深愧简礼。今作此书，恃有令郎大人可托，亦未卜何时方彻尊览。令郎克承家学，才志卓然，虽仕途稍淹，要为远到之器。前者亦蒙惠问，爰有所自来矣，何日忘之！

山林日长，必多著述，如《疑谊录》之类，便中倘蒙寄示一二，以相启发，幸甚。拙《记》颇尝增续，及近《答湛甘泉司马》一书，辄以求教，有合商量者，不惜逐条批谕，尤感。

临书倍勤驰遡，惟冀为斯文宝重，永绥多福，不宣。

【译　文】

四月六日收到您去年五月写给我的信，细读之后，觉得您似乎就在我的眼前，无限欣慰。遥想您在林下修养，心中和美，刚正依旧，进修不已，大为吾道增光。我一年来更加衰老，只想减少过失以度余生，但是过失始终未能少，没有什么值得说的。

您谈到拙著《困知记》，认为此书"滋味自是不同"。这话过重了，很惭愧我配不上。《困知记》出版以来，不少朋友见到了，能像您这样留意的却很少。近来的学子，大半喜欢新奇而忽视平实，即使我的书稍有滋味，他们也没法接受。由此可见，您是在切切实实提高自己，是善于学习别人长处的。我二人志向相同，相互应和，使我不再感到孤立，这是多么幸运！但是，我们天各一方，无法在一起进行切磋，想到这些又很怅惘。

甲午年秋天，曾接到您的书信与贺仪，但来不及追谢。那年冬天写信交我侄儿带到北京，找机会转寄，没想到中途遭水灾，信与礼物都坏了。后来让小儿抄录原信寄上，又不知为什么没有送到，深愧怠慢了您。现在写这封信，托令郎带去，但也不知何时才能让您看到。令郎继承家学，才能与志气都很了不起，虽然仕途不大顺利，但是前途远大。上一次也是他来问安，他承接了您对我的情谊，我永远不会忘记。

您久居山林，一定有不少像《疑谊录》之类的著作，方便时如能寄一两部来，给我以启发，那就太荣幸了。《困知记》曾几次续写，最近还有一封写给湛甘泉的信，一并请您指教，值得商榷的地方，请逐条批示，尤其感谢。

写信时希望快快让您看到，望您为中华文化多多保重，永远平安多福。不多说了。

与崔后渠亚卿书

【原文】

石江少宰过家，承惠教札及新刻《扬子折衷》，极感能念。伏自光膺召命，再入翰林，旋佐邦礼于南都，屡欲专书奉贺，因乏便未果，竟辱先施，负愧多矣。

执事高尚有年，进修不懈，著为文字，经纬整整，而一味崇正，尤用嘉叹。究观新刻湛甘泉太宰之辩，可谓谆详，而执事之助之也尤力，志同声应，异说其将息乎！然仆以所通之理为道，甘泉以精神之中正为道，是亦不能同也，未审高明何以处之？

仆年来目益昏，耳益聩，有书不能读，朋来不能讲，茅塞已甚，夫复何言！斯道之明且行，惟吾后渠暨同志诸君子是望，想切留意也。

兹遇舍亲曾举人行便，专此寓敬，因附见区区，伏希亮察，不宣。

【译 文】

石江侍郎来我家，转来您的书信与新刻《扬子折衷》，十分感谢您还能记挂着我。自从您受朝廷之召，再次入翰林院，很快又到南京任礼部侍郎，好几次想专门写信庆贺，都因不方便未能实现。现在您反而先写信来问候我，让我深感有愧。

您多年赋闲在家，进修不懈，写出的文章十分严整，而且一味崇尚儒家正学，更值得称赞。看新刻的湛甘泉尚书之辩，道理说得很是详尽，而您对他的帮助更加得力。志向相同，声气相应，异端邪说大概要止息了吧！但是我认为所通的理是道，甘泉认为精神的中正是道，这是不能相合的，不知您究竟怎么看？

我近年来眼睛更花，耳朵更背，有书不能读，朋友来了不能与之讨论，茅塞满心，还有什么可说？宣扬并实践儒道的重任，只有您与志同道合的各位君子来承担了，望特别留意。

现在乘我的亲戚曾举人去南京之便，特此致敬，顺便附上我的一点看法，望您明鉴。不一一详述了。

答萧一诚秀才书

【原　文】

音问不通，盖两年矣。近得前月二十二日所惠书，并疑问十六条。披览一再，足见向道之勤，良用嘉叹。但书中"开门纳士"之讽，似犹未免于殉名也。老夫山居岁久，闲门无日不开，朋来未尝不见，苟有所问，未尝不悉心条答，此开纳之实也。若彼不吾向，而乃崇饰标榜，诱之使来，是"我求童蒙"也，是好为人师也，岂不有昧于圣贤之训哉！此老夫所不能也。

至若十六条之问，多是主张自家见解，词若谦而气则盈。老夫茫然，殊不知所以为答。大凡讲学，须是本领上所见略同，又能择所信从而不为异说所惑，方好商量。不然，则虽往复频烦，只滕口说，终无益也。拙

《记》累千万言，紧要是发明心性二字，盖勤一生穷究之力，而成于晚年者也。虽或其间稍有未莹，不应便到"相背而驰"。今吾子云然，是乃全不相契。而其所见，殊非老夫所及矣，尚安能有益于吾子，犹欲使之譊譊焉以重增其失哉！

虽然，老夫盖尝有所感矣，不可不一言之。近世以来，谈道者所在成群，而有得者曾未一二，其故何耶？患在欲速而助长耳。孔子云："欲速则不达。"孟子云："助之长者，揠苗者也，非徒无益，而又害之。"程子云："若急迫求之，则是私己而已。终不足以得之也。"此皆切至之言，吾子盍试加循省？倘微有此病，宜速除之。就将所论人心道心四言，朝暮之间潜心体认，功深力到，自当见得分晓，切不可着一毫安排布置之私。所见果亲，则凡今日之所疑者，皆将涣然冰释，而无事于多辨矣。不审能信得及否乎？随机接引，老夫所短。后生可畏，必须循序而渐进。此区区爱助之意也。

【译文】

我们不通书信大概有两年了。最近接到您上月二十二日给我的信与疑问十六条。看了一两遍，足见您努力学道，很值得称赞。但是您在信中劝我开门收徒，似乎有求名的意思。我住在山中多年，大门无日不开，朋友来了没有不见的，提出问题都能悉心解答，这实质上就是开门收徒。如果人家不来，而自己要标榜一番，引诱他们来，这就是《易》说的"我求童蒙"，是好为人师，岂不是有违圣贤之训吗？这是我不能做的。

至于十六条问题，多半是主张自己的见解，用词好像很谦虚，但气则很盛。我感到茫然，不知怎么回答。大凡讲学，应该是根本上一致，又能择善而从，不受异说的影响，这样才好商量。不然，即使是反复交流，也只是徒费口舌，最终没有好处。拙著《困知记》有好几万字，重点是阐述"心性"二字，这是我用了一生穷究的工夫，而在晚年形成的看法。即使里面有些不清楚的地方，不应说是与儒家"相背而驰"。您就是这样说的，可见我们完全不相契合。而您的看法也绝不是我能同意的，在这种情况下，如何能够有益于您？还要让我讲看法，岂不是要大大增加我的过失吗？

虽然如此，但我仍有所感，不可不说。近些年来，谈道的人到处成群结伙，但是有收获的没看见几个，这是什么缘故？毛病在欲速而助长。孔子说："欲速则不达。"孟子说："凡助长的都是在拔苗，不仅无益反而有害。"程子说："如果想急迫地求道，那就是私心。最终是得不到道的。"这都是非常到家的话，您何不试加省察？如果稍微有这种毛病，应该赶快去掉，把"人心惟危，道心惟微"等四句话，从早到晚沉下心去体认。工夫深了，力气到了，自然会看清楚的，切不可从私心出发加以人为的安排。看得切实了，那么现在的疑问都将涣然冰释，用不着多辨。不知能相信我这话吗？根据实际情况给人以指点，这是我所欠缺的。后生虽然可畏，但必须循序渐进。这是我对您一点爱护与帮助的意思。

太极述

【原　文】

　　周元公先生之《太极图》，朱文公先生所以尊信而表章之者至矣。愚尝熟玩其图，详味其说，虽颇通其大义，然不无少疑。首疑"无极之真，二五之精，妙合而凝"三言，未免析理气为二物，其说已见于《困知记》中矣。次疑"圣人定之以中正仁义而主静"，不审为圣人自定耶？为定天下之人耶？以为自定，则"欲动情胜"乃圣人所必无。以为定天下之人，则主静二字难得分晓。朱门尝有问及此者，所答亦未见如何。至论下学工夫，仅有"君子修之吉"一言，疑亦太略。且其图之作，虽极力模拟，终涉安排，视《先天图》之易简精深而妙于自然，恐未可同年而语也，岂元公未尝见此图耶？

　　顷因朋友间有论及周学者，愚谓："天地造化之妙，圣学体用之全，《易》中言之甚悉，《太极图说》殆不能有所加。"虽有此言，而意则未尽也，于是略仿周说首尾间架，错取吾夫子《十翼》中语，组织成篇，以尽愚意。而以先天八卦揭于篇端，其象既陈，其妙因可默识，顾用心专一何如耳。凡此皆传吾夫子之旧，不敢妄赞一辞，故名其篇曰《太极述》。错取云者，不拘经文前后，要在血脉贯通，亦非敢自用，盖窃比《大学》《中庸》引用《诗》《书》例云。

八 卦
四 象
两 仪
太极

"《易》有太极，是生两仪，两仪生四象，四象生八卦。"太极之名始此，述此以明太极之全体也。学者当于一动一静之间求之。

"是故刚柔相摩，八卦相荡。鼓之以雷霆，润之以风雨，日月运行，一寒一暑，乾道成男，坤道成女。"述此以明太极之妙用也。

"天地绷缊，万物化醇。男女构精，万物化生。""一阴一阳之谓道，继之者善也，成之者性也。"述此以明万物之生，无非二气之所为，而一物各具一太极也。

"仁者见之谓之仁，知者见之谓之知，百姓日用而不知，故君子之道鲜矣。"述此以见人性皆善，而其分不能不殊也。

"君子体仁足以长人，嘉会足以合礼，利物足以和义，贞固足以干事。君子行此四道者，故曰'乾，元亨利贞'。"述此以明圣学体用之全，即所谓君子之道也。

"大哉，乾乎！刚健中正，纯粹精也。"

吾夫子赞乾道之大，累至七言，而归结在一精字。文公谓："纯粹乃刚健中正之至极，而精者又纯粹之至极。"得其旨矣。所谓"纯粹之至极"，非太极而何？故述此以明太极之义，以终此篇之旨。

【译 文】

周敦颐先生的《太极图》，朱熹先生十分尊信，加意提倡发扬。我曾仔细琢磨这个图，深入体会其解说，虽然相当了解其大义，但还有一些疑问。第一是怀疑"无极之真，二五之精，妙合而凝"三句话，认为这是将理气分割为二，理由已经写在《困知记》中了。第二是怀疑"圣人定之以仁义中正而主静"，不知这个定是圣人为自己而定，还是为天下人定呢？如果认为是自定，那么，"欲动情胜"的毛病必定是圣人没有的，因此不须定。如果以为是用来定天下人的，那么"主静"两字就不大明白。朱子有学生提出这个问题，朱子的回答也没有说出什么。至于下学工夫，《太极图说》中只说了"君子修之吉"一句话，我怀疑它太简略。而且这个图虽然极力模仿自然，但毕竟属于人为的安排，比起《先天图》的易简精深而极其自然，恐怕不能同日而语，难道周先生没有看到《先天图》吗？

近来因朋友中有议论周子之学的，我说过这样的话："天地造化的神妙，圣学体用的整体，《易经》中说得非常明白。《太极图》恐怕不能超过它。"虽然说了这句话，但是意思没有说完，于是我大体仿照周子《太极图说》的框架，参错援引孔子《易传》中的话加以编排，把我的认识全部表达出来。我还将先天八卦放在篇首，八卦的象既显示出来，其妙理也就可以默识了，只看用心是否专一。所有这些都是孔子的原话，我自己不敢妄加一句，所以这篇文章定名为《太极述》。为什么说是参错援引呢？是因为所引不拘经文前后，用意在血脉贯通，但这也不是我的发明，而是仿照《大学》《中庸》引用《诗经》《书经》的旧例。

| 八 卦 |
| 四 象 |
| 两 仪 |
| 太极 |

"易有太极，是生两仪，两仪生四象，四象生八卦。"太极的名字是从这里开始有的，引述这句话是用以说明太极的全体。求学者应该在一动一静之间来探索太极。

"是故刚柔相摩，八卦相荡，鼓之以雷霆，润之以风雨，日月运行一寒一暑，乾道成男，坤道成女。"引述这几句话用以说明太极的妙用。

"天地细缊，万物化醇。男女构精，万物化生。""一阴一阳之谓道，继之者善也，成之者性也。"引述这几句话用以说明万物的产生都是阴阳二气造成的，因此每一物都具备一个太极。

"仁者见之谓之仁，知者见之谓之知，百姓日用而不知，故君子之道鲜矣。"引述这几句话说明人性皆善，而各人的位分则是不同的。

"君子体仁足以长人，嘉会足以合礼，利物足以和义，贞固足以干事。君子行此四德者，故曰'乾，元亨利贞'。"引述这些话用以说明圣门孔子之学的本体与应用。这也就是君子之道。

"大哉，乾乎！刚健中正，纯粹精也。"孔子说明乾道的伟大，共用了七个字，而归结在一精字上。朱子说："纯粹是刚健中正的顶点，精又是纯粹的顶点。"这话抓住了根本。所谓"纯粹的顶点"不是太极是什么呢？所以，引述这些话说明太极的意义，并结束这一篇的内容。

参考书目

《周易》	董仲舒《春秋繁露》
《诗经》	司马迁《史记》
《书经》	扬雄《太玄》
《礼记》	扬雄《法言》
《春秋》	王充《论衡》
《左传》	王通《中说》
《谷梁传》	《孔丛子》
《公羊传》	韩愈《韩昌黎集》
	李翱《复性书》
《大学》	张载《正蒙》
《论语》	周敦颐《通书》
《孟子》	周敦颐《太极图》
《中庸》	邵雍《观物内篇》

《荀子》　　　　　　　　　　邵雍《观物外篇》

　　　　　　　　　　　　　程颢、程颐《二程遗书》

《老子》　　　　　　　　　　朱熹《朱子语类》

《庄子》　　　　　　　　　　朱熹《四书集注》

《列子》　　　　　　　　　　朱熹《四书或问》

魏伯阳《参同契》　　　　　　陆九渊《象山先生全集》

　　　　　　　　　　　　　杨简《慈湖遗书》

《楞伽经》　　　　　　　　　陈献章《陈献章集》

　　　　　　　　　　　　　薛瑄《读书录》

《金刚经》　　　　　　　　　湛若水《雍语》

《楞严经》　　　　　　　　　湛若水《新泉问辨录》

《圆觉经》　　　　　　　　　王守仁《王阳明全集》

神会《显宗记》　　　　　　　王守仁《传习录》

《法华经》　　　　　　　　　胡居仁《居业录》

释道原《景德传灯录》　　　　欧阳德《欧阳南野集》

黄宗羲《明儒学案》

张廷玉等《明史》

侯外庐等《中国思想通史》

任继愈《中国哲学史》

侯外庐等《宋明理学史》

陈垣《中西回史日历》